1700

Office 2000

Pablo J. García Nuñez

Licenciado en Ciencias Químicas

GUÍAS PRÁCTICAS

Responsable editorial:
Félix Fuentes Camacho

Diseño de cubierta:
Narcís Fernández

Realización de cubierta:
Gracia Fernández-Pacheco

Autoedición:
Slocum, S.L.

Reservados todos los derechos. El contenido de esta obra está protegido por la Ley, que establece penas de prisión y/o multas, además de las correspondientes indemnizaciones por daños y perjuicios, para quienes reprodujeren, plagiaren, distribuyeren o comunicaren públicamente, en todo o en parte, una obra literaria, artística o científica, o su transformación, interpretación o ejecución artística fijada en cualquier tipo de soporte o comunicada a través de cualquier medio, sin preceptiva autorización.

© EDICIONES ANAYA MULTIMEDIA, S. A., 1999
   Juan Ignacio Luca de Tena, 15. 28027 Madrid
   Depósito legal: M. 26.660-1999
   ISBN: 84-415-0895-X
   Printed in Spain
   Impreso en Lavel, S. A.
   Po. Ind. Los Llanos. C/ Gran Canaria, 12.
   28970 Humanes de Madrid (Madrid).

A David Revilla y Raúl López, por haber demostrado una gran fuerza de voluntad al cambiar las gratas mañanas de piscina por las interminables y agotadoras horas de corrección de este libro.

Índice

Introducción 17

Cómo usar 19

1. Instalación y aspectos generales de Microsoft Office 21

    1.1. Introducción 21
    1.2. Instalación rápida de Office 21
    1.3. Agregar o eliminar componentes de la suite 24
    1.4. Arrancar una aplicación Office 26
    1.5. Cuadro de diálogo Nuevo documento de Office 28
    1.6. Cuadro de diálogo Abrir documento de Office 29
    1.7. Menús personalizados o 31
    1.8. Menú contextual o menú rápido 33
    1.9. Barras de herramientas 34
    1.10. Otros elementos de la ventana de aplicación 35
    1.11. El Portapapeles de Office 36
    1.12. Ayuda 37
    1.13. El Ayudante de Office 38
    1.14. Cerrar una aplicación Office 40

2. Creación de documentos con Word 41

    2.1. Introducción 41
    2.2. La ventana de Word 41
    2.3. Escribir un documento 42
    2.4. Corrector ortográfico y gramatical 44
    2.5. Autocorrecciones 48
    2.6. Desplazar el cursor por el texto 48
    2.7. Visualización del documento 50

2.7.1. Vista Normal 51
2.7.2. Vista Diseño de impresión 51
2.7.3. Vista Esquema 52
2.7.4. Vista Diseño Web 53
2.8. Ver el mapa del documento 53
2.9. Visualización del documento en modo Pantalla completa 54
2.10. Guardar un documento..55
2.11. Cerrar un documento 56
2.12. Abrir un documento guardado 57
2.13. Guardar y Guardar como 58
2.14. Abrir una ventana para crear un nuevo documento 58
2.15. Trabajar con varios documentos 59
2.16. Crear documentos a partir de las plantillas 60
2.17. Salir del programa 62

3. Trabajar con bloques de texto. Modificar el aspecto del documento 63

3.1. Introducción 63
3.2. Selección de texto 63
3.3. Copiar un bloque de texto 65
3.4. Mover un bloque de texto 66
3.5. Borrar un bloque de texto 67
3.6. Deshacer y Rehacer 68
3.7. Escribir dando formato o dar formato una vez escrito 69
3.8. Cambiar el tipo y tamaño de letra 69
3.9. Cambiar los atributos de la fuente 71
3.10. Destacar texto 72
3.11. Estilos 73
3.12. Cambio de mayúsculas por minúsculas y viceversa 73
3.13. Alinear párrafos 74
3.14. Sangrías 76
3.14.1. Utilización del cuadro de diálogo Párrafo ..76
3.14.2. Utilización de la regla 78
3.14.3. Aumentar o disminuir la sangría izquierda 78
3.15. Numeración y viñetas 79
3.16. Interlineado y Espaciado 79
3.17. Añadir bordes y sombras 81

4. Otras operaciones con Word 83

  4.1. Introducción 83
  4.2. Búsqueda de un texto 83
  4.3. Reemplazar texto 85
  4.4. Tabulaciones 86
    4.4.1. Modificar las tabulaciones mediante la regla .. 87
    4.4.2. Modificar las tabulaciones mediante 90
      el cuadro de diálogo 90
  4.5. Insertar textos prefijados 91
  4.6. Insertar la fecha y la hora 91
  4.7. Insertar el número de página 92
  4.8. Insertar objetos 93
  4.9. Cambiar los márgenes de la página 94
  4.10. Cambiar el tamaño y la orientación del papel 95
  4.11. Introducir encabezados y pies de página 96
  4.12. Provocar un salto de página 98
  4.13. Vista preliminar 99
  4.14. Imprimir documentos 100
  4.15. Imprimir parte de un documento 102

5. Crear libros con Excel 105

  5.1. Introducción 105
  5.2. La ventana de Excel 105
  5.3. Libro de trabajo 107
  5.4. Desplazamiento en un libro 108
  5.5. Introducción de datos 110
    5.5.1. Introducción de textos o rótulos 110
    5.5.2. Introducir números 112
    5.5.3. Cómo introducir fórmulas 113
    5.5.4. Introducir fechas y horas 116
  5.6. Modificar datos: editar 118
  5.7. Borrar el contenido de una celda 119
  5.8. Ortografía 120
  5.9. Guardar y cerrar un libro 120
  5.10. Abrir un libro guardado 121
  5.11. Visualización a pantalla completa 121
  5.12. Salir del programa 122

6. Rangos. Celdas relativas y absolutas. Funciones 123

  6.1. Introducción 123
  6.2. Seleccionar rangos 123
  6.3. Nombrar un rango 125

6.4. Copiar rangos 127
    6.4.1. Utilizando el Portapapeles 127
    6.4.2. Arrastrar el rango 128
6.5. Mover rangos 129
    6.5.1. Arrastrar el rango 129
    6.5.2. Mediante el Portapapeles 130
6.6. Borrar un rango 130
6.7. Deshacer y Rehacer 131
6.8. Arrastrar un rango con el botón 131
    derecho del ratón 131
6.9. Eliminar filas o columnas 131
6.10. Insertar una fila o columna en un rango 132
6.11. Copiar fórmulas en un rango 133
6.12. Celdas relativas y celdas absolutas 135
6.13. Llenar un rango 137
6.14. Funciones 138
    6.14.1. Sintaxis de las funciones 139
6.15. Introducción de funciones 139
    6.15.1. Escribir la función 140
    6.15.2. Utilización de la paleta de fórmulas 140
6.16. Editar y copiar funciones 144
6.17. Funciones de Excel 144
    6.17.1. Funciones matemáticas y 145
    trigonométricas 145
    6.17.2. Funciones estadísticas 146
    6.17.3. Funciones financieras 147
    6.17.4. Funciones lógicas 148
    6.17.5. Función EUROCONVERT 149

7. Mejorar el aspecto de un libro. Crear gráficos.
   Imprimir 151

   7.1. Introducción 151
   7.2. Cambiar tipo, tamaño y atributos de letra 151
   7.3. Cambiar el ancho de una columna 153
   7.4. Cambiar la altura de las filas 153
   7.5. Alinear el contenido de las celdas 154
   7.6. Formatos numéricos 156
   7.7. Cambiar el color de los datos y el del fondo
       de las celdas 158
   7.8. Dibujar líneas y bordes 159
   7.9. Aplicar un Autoformato 161
   7.10. Cambiar el nombre de una hoja 162
   7.11. Gráficos 162

7.12. Crear un gráfico 163
7.13. Mover, modificar el tamaño, copiar y borrar
       un gráfico 166
7.14. Modificar un gráfico 167
7.15. Cambiar el tipo de gráfico 169
7.16. Imprimir los datos de una hoja 170
7.17. Vista preliminar 171
7.18. Cambiar las opciones de página 172

8. Crear bases de datos con Access. Trabajar con tablas ... 173

   8.1. Introducción 173
   8.2. Bases de datos 173
   8.3. Ejecutar Access y crear una base de datos ... 174
   8.4 Ventana de Access 176
   8.5. Diseñar y crear tablas 176
        8.5.1. Crear una tabla 178
        8.5.2. Definición de campos 179
        8.5.3. Crear los campos de una tabla 181
        8.5.4. Grabar la definición de una tabla 183
        8.5.5. Otras formas de crear tablas 184
   8.6. Ventana Hoja de datos / Ventana Diseño de tabla ... 184
   8.7. Introducir datos en una tabla 185
   8.8. Cerrar una tabla 187
   8.9. Abrir una tabla 187
   8.10. Introducir nuevos registros 188
   8.11. Desplazar el cursor por la tabla 190
   8.12. Modificar datos en una tabla 191
   8.13. Eliminar un registro 192
   8.14. Corregir ortografía 193
   8.15. Cerrar una base de datos 193
   8.16. Salir del programa 194

9. Modificar el formato de una tabla. Consultar datos 195

   9.1. Introducción 195
   9.2. Abrir una base de datos 195
   9.3. Ordenar los registros de una tabla 196
   9.4. Modificar el aspecto de una tabla 198
   9.5. Vista preliminar e impresión de los datos
        de una tabla 199
   9.6. Buscar un dato en una tabla 201
   9.7. Filtros por selección 203
   9.8. Consultas 205

11

9.9. Crear una consulta de selección mediante el Asistente 205
9.10. Visualizar el diseño de una consulta 207
9.11. Cerrar una consulta 209
9.12. Crear una consulta en la ventana Diseño 209
    9.12.1. Incluir los campos en una consulta 210
    9.12.2. Introducir condiciones para seleccionar 211
    registros 211
    9.12.3. Ordenar el resultado de una consulta 212
    9.12.4. Guardar la consulta 213
9.13. Utilización de comodines y operadores en las consultas 214
9.14. Utilización de varias condiciones en una misma consulta 216
9.15. Abrir una consulta desde la ventana de la base de datos 218
9.16. Imprimir el resultado de una consulta 218

10. Formularios e informes 219

10.1. Introducción 219
10.2. Formularios 219
10.3. Crear un formulario mediante el Asistente 220
10.4. Ventana del formulario 222
10.5. Ventana de diseño de un formulario 223
10.6. Controles 225
    10.6.1. Selección de controles 226
    10.6.2. Modificar el aspecto de un control 226
    10.6.3. Modificar el tamaño de un control 226
    10.6.4. Mover un control 227
    10.6.5 Eliminar controles 228
    10.6.6. Añadir controles 228
    10.6.7. Modificar las propiedades de un control 229
10.7. Guardar y cerrar un formulario 231
10.8. Activar un formulario 231
10.9. Informes 231
10.10. Generar un informe automático 232
10.11. Ventana de diseño de un informe 233
10.12. Guardar y cerrar un informe 235
10.13. Crear un informe con ayuda del Asistente 235
10.14. Abrir e imprimir un informe desde 240
la ventana de la base de datos 240

11. Otras aplicaciones de Office 241

   11.1. Introducción 241
   11.2. Cómo insertar objetos 241
   11.3. Galería de imágenes 242
   11.4. Utilizar Microsoft WordArt 244
   11.5. Utilizar el Editor de ecuaciones 247
   11.6. Utilizar Microsoft Note-It 249
   11.7. Utilizar Microsoft Organization Chart 250
   11.8. Utilizar Microsoft Graph 2000 254
   11.9. Utilizar las herramientas de dibujo 257
   11.10. Distribuir texto alrededor de un objeto
          insertado 257

12. Crear una presentación; diseñar diapositivas 259

   12.1. Introducción 259
   12.2. Arrancar PowerPoint 259
   12.3. La ventana de PowerPoint 261
   12.4. Crear diapositivas 262
   12.5. Agregar texto a una diapositiva 262
   12.6. Modificar el formato de un texto 263
   12.7. Añadir imagenes prediseñadas 264
   12.8. Añadir nuevas diapositivas 265
   12.9. Agregar objetos a una diapositiva vacía 265
   12.10. Agregar objetos desde archivos 266
   12.11. Crear una diapositiva con un objeto y texto 268
   12.12. Agregar tablas a diapositivas 269
   12.13. Activar las diapositivas 270
   12.14. Modos de visualizar las diapositivas 271
          12.14.1. Vista diapositiva 271
          12.14.2. Vista Esquema 272
          12.14.3. Vista Clasificador de diapositivas 272
          12.14.4. Vista Presentación con diapositivas 273
   12.15. Guardar y cerrar una presentación 273
   12.16. Salir de PowerPoint 274

13. Modificar, preparar y realizar una presentación 275

   13.1. Introducción 275
   13.2. Abrir una presentación guardada 275
   13.3. Colocar las diapositivas 276
   13.4. Eliminar una diapositiva 277
   13.5. Imprimir una presentación 277
   13.6. Configurar las diapositivas 279

13.7 Realizar la presentación en pantalla 279
    13.7.1. Avance de diapositivas en una presentación 281
    13.7.2. Transiciones e intervalos 281
13.8. Cambiar el diseño de las diapositivas 283
13.9. Otros modos de crear una presentación 286

14. Integración de las aplicaciones Office. Cuadernos 289

    14.1. Introducción 289
    14.2. Trabajar simultáneamente con varios 289
    documentos 289
        14.2.1. Documentos de una misma aplicación 290
        14.2.2. Documentos de distintas aplicaciones 292
    14.3. Transferencia de información 294
        14.3.1. Entre documentos de una misma aplicación 294
        14.3.2. Entre documentos de distintas aplicaciones 295
    14.4. Vincular e Incrustar 297
        14.4.1. Técnicas para vincular e incrustar 298
    14.5. Cuadernos 299
        14.5.1. El entorno de Microsoft Cuaderno 299
        14.5.2. Agregar secciones 300
        14.5.3. Organizar las secciones 303
        14.5.4. Imprimir un cuaderno 303
        14.5.5. Guardar y abrir un cuaderno 304

15. Microsoft Office e Internet 305

    15.1. Introducción 305
    15.2. Redes de área local, Internet e Intranet 305
        15.2.1. Redes de área local 306
        15.2.2. Internet 306
        15.2.3. Intranet 307
    15.3. Abrir y guardar documentos de otros lugares 307
        15.3.1 Abrir documentos 307
        15.3.2. Guardar documentos 308
    15.4. Enviar documentos Office por correo electrónico o por fax 309
    15.5. Navegar por la WEB 309
    15.6. Publicar documentos Office en la Web 311
        15.6.1. Publicar un documento Word 311
        15.6.2. Publicar un libro de Excel 313

    15.6.3. Publicar una presentación de PowerPoint .. 315
    15.6.4. Publicar información de una base de
            datos de Access 318
  15.7. Utilización de hipervínculos en documentos
        Office 322
    15.7.1. Insertar hipervínculos en documentos
            Office 323
    15.7.2. Almacenar hipervínculos en una tabla 326
  15.8. Creación de un sitio Web 327

16. Microsoft Outlook 331

  16.1. Introducción 331
  16.2. Configurar los servicios de Outlook 331
  16.3. La ventana de Microsoft Outlook 332
    16.3.1. Carpetas 333
  16.4. Utilización de Outlook 334
  16.5. Outlook para hoy 336
  16.6. Correo electrónico 337
    16.6.1. Bandeja de entrada 337
    16.6.2. Bandeja de salida 338
    16.6.3. Bandeja Elementos enviados 338
  16.7. Calendario 339
    16.7.1. Añadir citas 340
    16.7.2. Modificar, mover y eliminar citas 340
    16.7.3. Agregar un evento 341
  16.8. Tareas 342
  16.9. Contactos 342
  16.10. Diario 343
  16.11. Notas 344
  16.12. Explorar el PC 345
  16.13. Cerrar Outlook 346

Índice alfabético 347

Introducción

¿Quién no ha oído hablar de Microsoft Office?¿y de Office 2000?

Es muy probable que la contestación a la primera pregunta sea que pocas personas, ya que Microsoft Office es, sin duda alguna, la *suite* más popular y más utilizada por los usuarios de ordenadores, tanto a nivel personal como profesional. Quizá sea la segunda pregunta la que plantee algunas dudas, aunque es muy probable que deduzca, como así es, que se trata de una nueva versión de Office.

Si tiene duda de qué es una *suite*, decirle que se trata de un conjunto de aplicaciones informáticas con las que poder realizar multitud de tareas: un procesador de textos (**Microsoft Word**), una hoja de cálculo (**Microsoft Excel**), un gestor de bases de datos relacionales (**Microsoft Access**), un programa para realizar publicaciones (**Microsoft Publisher**), un gestor de correo e información personal (**Microsoft Outlook**), una aplicación para crear y realizar presentaciones electrónicas (**Microsoft PowerPoint**), un programa para crear y gestionar sitios Web (**Microsoft FrontPage**), aplicación para crear y editar gráficos (**Microsoft PhotoDraw**), así como otras herramientas para desarrollar aplicaciones.

Pero Microsoft Office no sólo agrupa aplicaciones capaces de actuar de forma independiente, sino que todas ellas tienen una interfaz común, están interrelacionadas entre sí, y permiten compartir y combinar información entre ellas de forma rápida y sencilla. Otro aspecto muy importante de las aplicaciones Office es su integración con Windows y Microsoft Internet Explorer, de modo que puedan aprovechar, por un lado las posibilidades del sistema operativo y, por otro, las funciones y posibilidades de Internet Explorer, de cara a Internet.

Son muchas las novedades de Microsoft Office 2000, lo que hace imposible describirlas todas; sin embargo, sí interesa destacar algunas:

- Todas las aplicaciones, excepto Access, siguen guardando sus documentos con los mismos formatos que la versión anterior (Office 97), por lo que pueden intercambiarse documentos sin problemas. Aunque Access 2000 utiliza un nuevo formato (Unicode), sí es capaz de reconocer y transformar las bases de datos creadas con Access 97.
- Todas las aplicaciones de Office permiten enviar sus documentos por correo electrónico o por fax.
- La publicación de documentos en páginas Web resulta muy sencilla; también existen Asistentes que permiten crear sitios Web constituidos por multitud de páginas Web. Pero si algo hay que destacar en cuanto a la publicación para Internet es el Asistente que incorpora Access para crear páginas Web dinámicas en las que se puede gestionar los datos de tablas y consultas situadas en otros ordenadores.
- Office 2000 incorpora un nuevo Portapapeles, independiente del de Windows, que permite disponer de hasta doce elementos diferentes, de cualquier naturaleza; estos elementos se pueden pegar de forma individual y selectiva, o de forma conjunta

Microsoft Office 2000, que incluye más aplicaciones que sus versiones anteriores, se va a comercializar en varias modalidades, de modo que cada usuario pueda elegir en función de sus necesidades. En la siguiente tabla se detallan las aplicaciones incorporadas en cada una de las ediciones de Microsoft Office.

	Standard	Professional	Premium	PYME	Developer
Microsoft Word 2000	✓	✓	✓	✓	✓
Microsoft Excel 2000	✓	✓	✓	✓	✓
Microsoft Access 2000		✓	✓		✓
Microsoft PowerPoint 2000	✓	✓	✓		✓
Microsoft Outlook 2000	✓	✓	✓	✓	✓
Microsoft Publisher 2000		✓	✓	✓	✓
Microsoft FrontPage 2000			✓		✓
Microsoft PhotoDraw 2000			✓		
Herramientas Office (aplicaciones menores)	✓	✓	✓	✓	✓
Herramientas para desarrolladores					✓
Herramientas para la PYME		✓	✓	✓	✓

Cómo usar este libro

Esta Guía Práctica contiene todo lo necesario para iniciarse en el manejo y utilización de las principales aplicaciones incorporadas en Microsoft Office 2000: Microsoft Word, Microsoft Excel, Microsoft Access, Microsoft PowerPoint y Microsoft Outlook, así como otras herramientas como Microsoft Cuaderno, Microsoft WordArt, Microsoft Note-It, Microsoft Organization Chart, Microsoft Graph 2000, Editor de ecuaciones, etc.

El libro se ha desarrollado considerando que el usuario tiene algunos conocimientos mínimos sobre el sistema operativo Windows; si no fuera así, tampoco debe pensar que no puede utilizar este libro, ya que todas las operaciones y tareas que se realizan en él están detalladas, paso a paso, de modo que pueden seguirse fácilmente. Estos pasos, además de estar numerados, incluyen comentarios y explicaciones para que el aprendizaje se realice de modo comprensivo.

El enfoque del libro es totalmente práctico; todos los temas están desarrollados mediante ejercicios prácticos que le enseñarán a realizar las distintas operaciones que van surgiendo de forma natural al trabajar con las distintas aplicaciones. Además, y para que la lectura del libro se pueda realizar sin estar obligatoriamente frente al ordenador (aunque así lo recomendamos), se han intercalado multitud de figuras, colocadas estratégicamente en el texto, de modo que permitan comprender los pasos que se estén realizando.

La secuencia de los capítulos y apartados no es aleatoria, sino que corresponde a un planteamiento que consideramos el más apropiado para el aprendizaje. Así, los capítulos del libro están organizados del siguiente modo:

El capítulo 1 permite instalar correctamente las aplicaciones con las que se va a trabajar; además, en este capítulo se detallan algunos conceptos y operaciones generales que afectan a todas las aplicaciones Office.

Los capítulos 2, 3 y 4 están destinados al estudio de Word; en ellos aprenderá a crear, guardar y recuperar documentos, así como a realizar otras operaciones habituales como la impresión de documentos, modificación del formato de los caracteres y de los párrafos, etc.

Los capítulos 5, 6 y 7 están dedicados a Excel; en ellos podrá encontrar el modo de crear libros, guardarlos, abrirlos, imprimir el contenido de un libro, modificar el aspecto de la hoja de cálculo, crear gráficos, etc.

En los capítulos 8, 9 y 10 se estudia Access; en ellos encontrará el modo de crear bases de datos y todos los objetos de éstas (tablas, consultas, informes, formularios...) necesarios para gestionar información.

El capítulo 11 agrupa el estudio de algunas herramientas de Office (pequeñas aplicaciones) que permiten crear diferentes tipos de objetos: expresiones científicas, textos artísticos, organigramas, gráficos, etc. Estas aplicaciones pueden ser invocadas (ejecutadas) desde el documento de cualquier aplicación principal de Office, de modo que los objetos creados queden insertados en el mismo.

Los capítulos 12 y 13 muestran cómo diseñar y realizar una presentación; en ellos creará y modificará diapositivas, las organizará, activará distintos efectos de animación para cada una de ellas, etc.

El capítulo 14 está dedicado a la integración de las aplicaciones Office; en él encontrará cómo trabajar con varios documentos a la vez (de una misma aplicación o de distintas), y cómo transferir información entre documentos. También utilizará otra aplicación, Microsoft Cuaderno, con la que agrupará, en uno solo, varios documentos creados con distintas aplicaciones.

En el capítulo 15 encontrará las posibilidades que ofrecen las aplicaciones Office para trabajar en Internet e Intranet; aprenderá a abrir y guardar documentos en la Web, a enviar documentos por correo electrónico o fax, y a publicar información en páginas Web.

Por último, el capítulo 16 le indicará cómo utilizar Microsoft Outlook para gestionar y administrar tanto el correo electrónico como información personal y profesional (citas, reuniones, notas, tareas, contactos, mensajes, faxes...).

1

Instalación y aspectos generales de Microsoft Office

1.1. Introducción

En este capítulo encontrará los pasos necesarios para instalar correctamente Microsoft Office 2000 Premium en su ordenador. De las dos posibilidades ofrecidas por el programa, se realizará la *instalación rápida*, recomendada para la mayoría de los usuarios ya que permite instalar y configurar las principales aplicaciones de Microsoft Office 2000. Pero además, en este capítulo encontrará el modo de agregar nuevas herramientas (componentes) de la suite o eliminar otras que no utilice.

Aunque este libro se ha desarrollado considerando que el usuario está familiarizado con el sistema operativo Windows, sus explicaciones y ejercicios prácticos permitirán que cualquiera pueda seguirlo sin mayores complicaciones; de todos modos, en este capítulo también se abordan ciertas cuestiones propias de Windows y otras comunes a todas las aplicaciones Office.

1.2. Instalación rápida de Office

En caso de no tener instalado Microsoft Office 2000 en su ordenador, enciéndalo y realice los siguientes pasos que le permitirán preparar las aplicaciones de esta suite para trabajar con ellas.

1. Introduzca el CD-ROM n.º 1 en la unidad correspondiente; se activará automáticamente el cuadro de diálogo del programa de instalación y, tras unos instantes, aparecerá otro cuadro en el que deberá introducir los datos de usuario y la clave del producto; si no apareciese este cuadro, lea la siguiente nota.

Nota: algunos lectores de CD-ROM no leen automáticamente el archivo ejecutable que comienza el proceso de instalación. En ese caso puede abrir el Explorador de Windows, visualizar el contenido del CD-ROM y hacer doble clic sobre el icono del archivo **Instalar.exe** para ejecutarlo. Otra opción para comenzar la instalación consiste en seleccionar **Inicio/Ejecutar** (para activar el cuadro de diálogo correspondiente), escribir `d:\instalar.exe` (si la instalación la va a realizar desde un CD y su unidad se identifica con la letra D) y hacer clic sobre el botón **Aceptar**.

2. Complete los datos relacionados con el usuario e introduzca la clave de identificación del producto que encontrará en la parte posterior del CD; posteriormente, haga clic sobre el botón **Siguiente**.
3. Una vez que haya leído el texto del contrato de licencia, haga clic sobre la opción **Acepto los términos del Contrato de licencia**, para activarla, y sobre el botón **Siguiente**. El cuadro de diálogo le ofrecerá dos posibilidades para instalar el programa, tal y como muestra la figura 1.1.

Nota: si está realizando una actualización de una versión anterior de Office, el programa de instalación la detectará y, en el cuadro de diálogo de la figura 1.1 ofrecerá la posibilidad de actualizarla automáticamente o de instalar la nueva versión manteniendo la anterior.

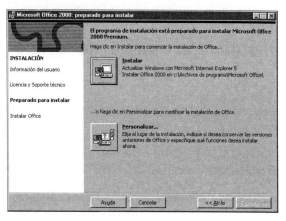

Figura 1.1

La opción **Instalar**, recomendada para la mayoría de los usuarios, permite instalar Microsoft Office de forma rápida. Esta opción no instala todas las herramientas de la suite, por lo que en algún momento puede notar que faltan ciertas herramientas o componentes; sin embargo, no debe preocuparse ya que podrá instalarlas posteriormente tal y como se explica en el siguiente apartado de este capítulo.

La opción **Personalizar** permite modificar algunos datos de la instalación: la carpeta en la que se grabarán los archivos (por defecto se grabarán en la carpeta C:\Archivos de programa\Microsoft Office), el modo de actualizar Windows (Office 2000 está optimizado para trabajar con Microsoft Internet Explorer 5.0, por lo que se propone una actualización estándar, aunque podría hacerse de forma mínima e incluso no hacerse), qué componentes y herramientas de Office se quieren instalar (por defecto se instalan las principales aplicaciones y herramientas de Office, aunque podrían instalarse otras cualesquiera, e incluso todas), etc.

4. Haga clic sobre el botón correspondiente a la opción **Instalar**, o en caso de estar realizando una actualización de Office sobre el botón **Actualizar ahora**. El proceso de instalación comenzará y el Asistente copiará los archivos necesarios en su disco duro. Cuando finalice esta operación, el programa de instalación le indicará, mediante el cuadro de diálogo de la figura 1.2, que el sistema debe ser reiniciado.

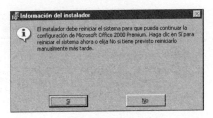

Figura 1.2

5. Haga clic sobre el botón **Sí**.

Una vez que se haya reiniciado el sistema, se actualizarán las configuraciones de Windows y de Microsoft Office 2000, finalizando de este modo todo el proceso de instalación.

1.3. Agregar o eliminar componentes de la suite

Tal y como se ha indicado en el apartado anterior, la instalación rápida no prepara todos los componentes de Office, por lo que en algunas ocasiones puede que necesite instalar algún componente ausente con el que realizar ciertas tareas. También puede ocurrir que le interese eliminar componentes que no utilice para liberar espacio en su disco duro.

La instalación o eliminación de componentes se puede iniciar de dos modos distintos:

a) Introduciendo el CD-ROM del programa en la unidad correspondiente; automáticamente aparecerá el cuadro de diálogo de la figura 1.3.
b) Seleccionando **Inicio / Configuración / Panel de control** y haciendo doble clic sobre el icono de la herramienta **Agregar o quitar programas**; se abrirá el cuadro de diálogo de esta herramienta, en el que deberá hacer doble clic sobre la opción **Microsoft Office 2000 Premium** para obtener el cuadro de diálogo de la figura 1.3.

Figura 1.3

Nota: el botón **Reparar Office** *permite restaurar las características originales de Office, mientras que el botón* **Quitar Office** *desinstalaría todas los componentes de la suite.*

Una vez activo el cuadro de diálogo del **Programa de instalación**, la instalación o eliminación de componentes es sencilla, tal y como va a comprobar con el editor de ecuaciones, herramienta de Office que no se instala por defecto y que necesitará en el capítulo 11:

1. Haga clic sobre el botón **Agregar o quitar funciones**; aparecerá un cuadro de diálogo análogo al de la figura 1.4, desde el que se pueden activar o desactivar los distintos componentes de Office.
2. Haga clic sobre el signo + situado a la derecha del grupo **Herramientas de Office**, para visualizar sus componentes (véase figura 1.4).

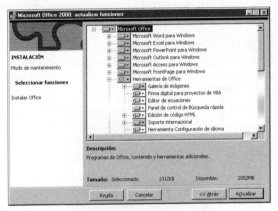

Figura 1.4

El icono representativo de cada herramienta indica el estado de ésta: instalada, disponible desde el CD o desde el ordenador, no instalada, etc. Si el icono se muestra en color gris significa que no están instalados todos sus componentes, situación contraria al icono blanco en el que sí está instalada la herramienta de forma completa.

3. Haga clic en el icono del editor de ecuaciones (se desplegará un menú con las opciones de instalación) y seleccione la opción **Ejecutar desde mi PC**; observe que el aspecto del icono ha cambiado.

Si quisiera agregar o eliminar otros componentes de la suite, debería proceder de modo análogo al realizado anteriormente.

4. Introduzca, si no lo hubiera hecho ya, el CD-ROM en la unidad correspondiente; posteriormente, haga clic sobre el botón **Actualizar**, para comenzar el proceso de instalación.
5. Cuando aparezca un cuadro de diálogo informando que la actualización ha finalizado, haga clic sobre su botón **Aceptar**.

1.4. Arrancar una aplicación Office

Durante la instalación, el programa incorpora, en el menú asociado al botón **Inicio** de la barra de tareas de Windows, las opciones que permiten arrancar las distintas aplicaciones de Microsoft Office. Por defecto, dichas opciones se encuentran en el menú **Programas**.

1. Haga clic sobre el botón **Inicio** y sitúe el ratón sobre la opción **Programas**; se desplegará el menú asociado, en el que visualizará las opciones de las aplicaciones, tal y como muestra la figura 1.5.

Figura 1.5

2. Haga clic sobre la opción **Microsoft Word**; el programa se cargará en memoria y aparecerá su ventana, análoga a la figura 1.6.

Nota: la primera vez que se ejecuta cada una de las aplicaciones de Office, se activa automáticamente el Ayudante; *si esto ocurre, haga clic sobre la opción* **Comenzar a utilizar Microsoft** *aplicación.*

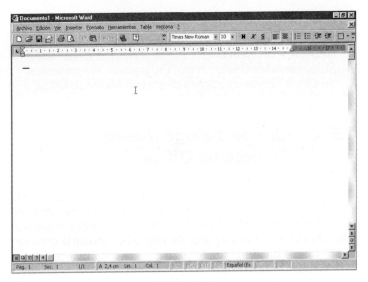

Figura 1.6

Aunque la figura 1.6 muestra la ventana de Word maximizada (ocupa todo el Escritorio), ésta no tiene por qué aparecer así ya que depende del tamaño que tuviera al cerrarse por última vez. Dentro de la ventana de aplicación se encuentra la ventana de documento, también maximizada y ocupando todo el área de trabajo.

Ambas ventanas contienen, además de los elementos comunes a todas ellas, y que consideramos que cualquier usuario de Windows ya conoce, otros específicos de cada aplicación que se irán describiendo en los capítulos correspondientes. Por ejemplo, en la figura 1.6 puede observarse que la ventana del procesador de textos, Word, presenta una regla graduada que permite conocer la situación de los márgenes, tabuladores, etc.

> *Nota: puede crear, en el Escritorio de Windows, accesos directos a las aplicaciones Office que utilice con más frecuencia; de este modo podrá arrancarlas rápidamente con sólo hacer clic sobre ellos.*

> *Información: existe una herramienta de Office,* **Barra de acceso directo de Office**, *constituida por botones que permi-*

ten realizar las tareas más frecuentes. Esta barra podrá situarla en cualquier lugar del Escritorio, personalizarla fácilmente y hacer que se ejecute automáticamente al arrancar el ordenador. Si desea instalarla, ejecute Inicio / Programas / Herramientas de Office / Barra de acceso directo de Microsoft Office.

1.5. Cuadro de diálogo Nuevo documento de Office

Cuando se arranca una aplicación, aparece automáticamente una ventana de documento vacía preparada para crear un documento nuevo. Por ese motivo, existe otro método alternativo para arrancar una aplicación Office basado en la creación de un nuevo documento, que se explica a continuación:

1. Haga clic sobre el botón Inicio, para desplegar su menú, y sobre la opción Nuevo documento de Office; aparecerá el cuadro de diálogo de la figura 1.7.

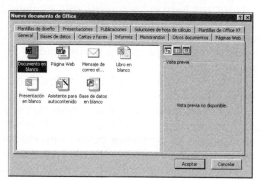

Figura 1.7

El cuadro de diálogo Nuevo documento de Office está constituido por multitud de fichas, cada una de las cuales permite crear, de distintos modos, los diferentes documentos Office; cualquiera de estos modos arrancaría automáticamente la aplicación correspondiente. La figura 1.7 muestra la ficha General, cuyos iconos permiten arrancar las distintas aplicaciones de Office y abrir una ventana de documento vacía, tal y como ocurre al utilizar las opciones del menú Inicio.

2. Si tiene abierto el cuadro de diálogo, haga clic sobre el botón Cancelar para cerrarlo.

1.6. Cuadro de diálogo Abrir documento de Office

Una de las operaciones que va a realizar con más frecuencia es la de recuperar los documentos anteriormente creados y guardados en sus correspondientes archivos; de este modo podrá continuar trabajando en ellos.

Quizás lo más frecuente es realizar esta operación desde la ventana de la aplicación correspondiente, pero ello exige tener el programa ejecutándose en ese momento. Sin embargo, cualquier documento Office puede abrirse sin necesidad de que su aplicación esté ejecutándose; en ese caso, el programa se arrancará automáticamente y se abrirá el documento en cuestión. En ambos casos, el documento ha de seleccionarse de un cuadro de diálogo análogo al de la figura 1.8.

La apertura de documentos desde las propias aplicaciones se estudiará en los próximos capítulos; ahora se detallan los pasos a realizar en caso de que la aplicación no estuviera ejecutándose.

1. Haga clic sobre el botón Inicio, para desplegar su menú, y sobre la opción Abrir documento de Office; aparecerá el cuadro de diálogo de la figura 1.8.

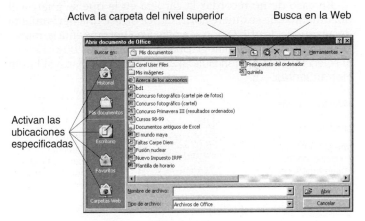

Figura 1.8

Por defecto, el cuadro de diálogo muestra todos los documentos creados con cualquier aplicación Office y que están almacenados en la carpeta **Mis Documentos**; puede ocurrir que aparezca otra carpeta distinta si se ha abierto o guardado algún documento anteriormente.

> *Nota: los documentos de Office tienen distintas extensiones e iconos que permiten identificar las aplicaciones con las que han sido creados:*
> *Documentos de texto de Word; extensión DOC e icono.*
> *Libros de Excel: extensión XLS e icono.*
> *Bases de datos de Access; extensión MDB e icono*
> *Presentaciones de PowerPoint; extensión PPT e icono*
> *Cuadernos de Microsoft Cuaderno; extensión OBD e icono*
> *Páginas Web de cualquier aplicación; extensión HTM e icono*

Para visualizar los archivos de otra carpeta, hay que activarla previamente; para ello se puede seleccionar de la lista desplegable **Buscar en** o bien utilizar los distintos botones señalados en la figura 1.8. Además, si en el listado de archivos apareciesen carpetas, se podría abrir cualquiera de ellas haciendo doble clic sobre su nombre.

Otro aspecto importante de éste y otros cuadros de diálogo, es la posibilidad de visualizar el listado de archivos de varios modos, cuyas características se comentan a continuación. Para activar una vista puede optar por seleccionarla de la lista asociada al botón **Vistas** (figura 1.9) o por hacer clic sobre dicho botón sucesivamente hasta obtener la vista deseada.

En caso de no recordar la carpeta en la que se guardó el documento que se quiere abrir, Office ofrece una herramienta de búsqueda de utilización sencilla. Esta herramienta se maneja desde el cuadro de diálogo **Buscar** (figura 1.10), que se activa al seleccionar la opción **Buscar...** del menú asociado al botón **Herramientas**.

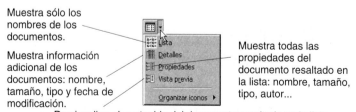

Muestra sólo los nombres de los documentos.

Muestra información adicional de los documentos: nombre, tamaño, tipo y fecha de modificación.

Muestra todas las propiedades del documento resaltado en la lista: nombre, tamaño, tipo, autor...

Previsualiza el contenido del documento resaltado en la lista.

Figura 1.9

Una vez activado el cuadro de diálogo, basta con indicar el nombre del documento completo, o parte de él, y el disco o carpeta en el que se desea realizar la búsqueda; posteriormente bastará con hacer clic sobre el botón Buscar ahora para obtener el resultado de la búsqueda.

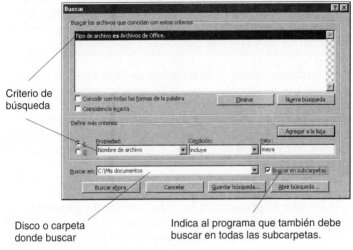

Criterio de búsqueda

Disco o carpeta donde buscar

Indica al programa que también debe buscar en todas las subcarpetas.

Figura 1.10

Una vez localizado el documento que desea abrir, debería hacer clic sobre él para resaltarlo y sobre el botón Abrir; cada documento tendrá una ventana propia, por lo que es posible tener varios documentos abiertos a la vez sin que éstos se mezclen.

2. Como en este caso no queremos abrir ningún documento, haga clic sobre el botón Cancelar, para cerrar el cuadro de diálogo

1.7. Menús personalizados o expandidos

Un elemento importante de cualquier ventana de aplicación es su barra de menús, en la que están englobadas todas las opciones con las que realizar las distintas operaciones con el programa. El modo de seleccionar una opción de menú es común en todas las aplicaciones Windows, y es muy probable que ya lo conozca, pero debido a su importancia, recordaremos el más utilizado: hacer clic sobre el menú que contiene la opción, para desplegarlo, y sobre ella para seleccionarla.

> **Nota**: *en este libro, la selección de opciones de menú se expresa del siguiente modo: Seleccione* **Menú / Opción**; *esto indica que debe hacer clic sobre el menú* **Menú**, *para desplegarlo, y posteriormente sobre la opción* **Opción** *para seleccionarla.*

Una de las nuevas características de Office hace referencia a los menús, ya que cada una de las aplicaciones controla qué opciones utiliza el usuario con más frecuencia y las muestra al desplegar los distintos menús. El resto de las opciones no han desaparecido, sino que están ocultas; bastará con situar el ratón sobre el botón de expansión ▼ para visualizar el menú completo.

Observe, en la figura 1.11, el menú Edición en presentación personalizada y en presentación expandida; tenga en cuenta que los menús personalizados irán cambiando a medida que vaya seleccionando las distintas opciones, por lo que su aspecto irá cambiando a medida que trabaje con el programa.

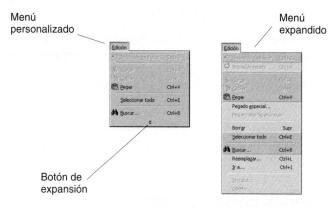

Figura 1.11

Todas las aplicaciones Windows, y entre ellas las de Office, utilizan una serie de convenciones en los menús que interesa conocer, ya que informan de ciertas particularidades. Observe, en la figura 1.11, el aspecto de las distintas opciones y lea a continuación el significado de las convenciones utilizadas:

- Las opciones en gris tenue no se pueden utilizar en ese momento.
- Las opciones con tres puntos suspensivos activarán, al seleccionarlas, un cuadro de diálogo en el que se mostrará o pedirá información adicional.
- Las opciones con un triángulo desplegarán un submenú con nuevas opciones.
- La combinación de teclas que aparece a la derecha de algunas opciones corresponde a las teclas que hay que pulsar para seleccionar rápidamente dichas opciones; por ejemplo, pulsar las teclas <**Control-V**> equivale a seleccionar la opción **Pegar** del menú **Edición**.
- El icono gráfico que muestran la mayoría de las opciones, permite identificar qué botón de las distintas barras de herramientas equivale a cada opción.
- Las opciones que presentan una marca de verificación (✓) están activadas; esto ocurre ya que existen opciones que pueden activarse o desactivarse según interese.
- Cuando una opción muestre su icono activado (hundido), indica que ella es la activa de un conjunto de opciones excluyentes entre sí.
- Al expandir un menú, las opciones que estuvieran ocultas en el menú personalizado se mostrarán en un plano posterior.

1.8. Menú contextual o menú rápido

Los menús contextuales o rápidos son menús asociados a los distintos objetos visibles en pantalla; éstos ofrecen opciones para realizar las operaciones más frecuentes con dichos objetos.

Cada tipo de objeto tiene un menú rápido característico, que se obtiene al pulsar el botón derecho del ratón sobre él. Las opciones de estos menús también utilizan las convenciones indicadas anteriormente.

1. Pulse el botón derecho sobre cualquier punto de la ventana de documento; obtendrá el menú rápido asociado al área de trabajo, cuyo aspecto es el de la figura 1.12.
2. Haga clic sobre cualquier punto exterior al menú, para cerrarlo sin seleccionar ninguna de sus opciones.

Figura 1.12

1.9. Barras de herramientas

Las barras de herramientas son conjuntos de botones que, al hacer clic sobre ellos, realizan ciertas operaciones. En realidad, cada botón equivale a una opción de menú, con la ventaja de la rapidez y sencillez para ser ejecutadas. Si al principio no sabe a qué opción corresponde un botón determinado, sitúe el puntero del ratón sobre él y el programa le mostrará su función.

Al igual que ocurre con los menús, las aplicaciones Office controlan qué botones utiliza el usuario con más frecuencia, y éstos son los que ofrecen en cada una de las barras de herramientas; para visualizar el resto de los botones de una barra tendrá que hacer clic sobre su botón de expansión . Observe, en la figura 1.13, la barra de herramientas Formato, tanto en su formato personalizado como expandido.

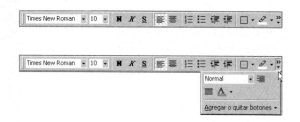

Figura 1.13

Algunos botones tienen agrupadas varias opciones; en ese caso, el botón mostrará, a su derecha, un pequeño botón, simbolizado con un triángulo hacia abajo, que permitirá desplegar un menú o cuadro contextual con las opciones que engloba, y desde el que podrá seleccionar la deseada. Si hiciera clic sobre el botón, se realizaría la operación que señalara en ese momento, y que será la última que se haya seleccionado.

Como comprobará a medida que trabaje con las distintas aplicaciones, existen varias barras de herramientas, algunas de las cuales están visibles por defecto; sin embargo, el usuario tiene la posibilidad de activar o desactivar aquéllas que le interese en cada momento. Las barras visibles, por defecto, en Word son las denominadas Estándar y Formato.

Para activar o desactivar cualquier barra de herramientas, lo más sencillo es pulsar el botón derecho del ratón sobre una de las barras visibles, para obtener su menú rápido (véase figura 1.14), y seleccionar su nombre de él.

Figura 1.14

> **Nota:** *las barras de herramientas y la barra de menús aparecen, por defecto, en la parte superior de la ventana de aplicación; sin embargo, se pueden situar en cualquier otro punto e incluso pueden dejarse como barras flotantes.*

1.10. Otros elementos de la ventana de aplicación

La mayor parte de la ventana de aplicación está destinada al área de trabajo, que estará ocupada, habitualmente, por una ventana de documento. El aspecto y los elementos de la ventana de documento dependen de la aplicación con la que esté trabajando. Así, la ventana de documento de Word está diseñada específicamente para escribir documentos, la de Excel presenta la estructura típica de una hoja de cálculo...

Los aspectos particulares de las distintas ventanas de documento se explicarán y comentarán en los capítulos correspondientes.

En todas las aplicaciones Office, el área de trabajo es muy superior al visible en la ventana de documento por lo que, en los laterales derecho e inferior de dicha ventana, aparecen las barras de desplazamiento vertical y horizontal, respectivamente. Éstas permiten visualizar las partes del documento no visibles, bien arrastrando el botón indicador situado en la barra, bien haciendo clic sobre los botones de flecha situados en los extremos de la misma.

Cualquier ventana de aplicación presenta, en su parte inferior, una barra de estado cuyo aspecto y funcionalidad depende de la propia aplicación. Habitualmente muestra información acerca del documento, de la activación de determinadas teclas especiales (<**BloqMayús**>, <**BloqNum**>...) y otros detalles particulares de cada aplicación.

1.11. El Portapapeles de Office

Si usted es un usuario de Windows, conocerá la existencia del **Portapapeles**, que facilita las operaciones de transferencia y copia de información entre documentos. Una limitación de este Portapapeles es que sólo ofrece la posibilidad de pegar el último elemento enviado a él.

Una novedad de Office 2000 es la incorporación de un nuevo Portapapeles, independiente del de Windows, cuya principal característica es que permite disponer de hasta 12 elementos distintos para pegar; estos elementos pueden ser de distinta naturaleza: textos, gráficos, rangos de celdas...

Aunque el portapapeles de Office se activa automáticamente al enviarle más de un elemento, también puede activarse o desactivarse como cualquier barra de herramientas. Una vez que se active la barra **Portapapeles**, estará disponible en todas las aplicaciones Office en las que trabaje. El aspecto de esta barra de herramientas depende del número de elementos disponibles y de su naturaleza. Observe, en la figura 1.15, su aspecto cuando se dispone de 7 elementos. Para saber el contenido de uno de los elementos, basta con situar el ratón sobre él, con lo que se visualizará parte de su contenido.

Figura 1.15

Cuando desee pegar un elemento concreto del Portapapeles, deberá hacer clic sobre su icono. Si deseara pegar el contenido de todos, debería hacer clic sobre el botón correspondiente de su barra de herramientas. Cuando necesite vaciar el Portapapeles, haga clic sobre el botón 🗙.

Si desea fijar la barra **Portapapeles**, haga doble clic sobre su barra de título y comprobará que se sitúa debajo de la barra de menús; en ese caso, aparecerá un nuevo botón **Elementos**, que permite visualizar los elementos disponibles en el Portapapeles. Para volver a dejar la barra flotante deberá arrastrarla, por su límite izquierdo, hasta un punto de la ventana de documento.

> **Nota:** *el último elemento disponible en el Portapapeles de Office será el que esté disponible en el Portapapeles de Windows.*

1.12. Ayuda

Todas las aplicaciones Office incorporan gran cantidad de información que el usuario puede consultar cuando se encuentre con alguna dificultad.

El sistema que utilizan las aplicaciones para mostrar la información es el propio sistema de ayuda de Windows, por lo que es muy posible que ya lo conozca. Si no fuera así, no ha de preocuparse ya que está diseñado para que su manejo sea muy sencillo.

Existen varios modos de obtener ayuda, análogos en todas las aplicaciones, que están disponibles en el menú **?**; las opciones de este menú, en el caso concreto de Word, son las que muestra la figura 1.16.

- Obtener información acerca de una opción de menú o de un objeto; bastará con seleccionar la opción **¿Qué es esto?** y hacer clic sobre la opción de menú o el objeto en

Figura 1.16

cuestión; la información aparecerá en un cuadro emergente análogo al de la figura 1.17.

- Obtener actualizaciones e información de Office desde el sitio Web de Microsoft; si dispone de conexión a Internet, la opción **Office en el Web** conectará, si no lo estuviera, su equipo a Internet y mostrará, automáticamente, el contenido de la página oficial de Office en su navegador Internet Explorer.
- Obtener ayuda de una tema determinado; todas las aplicaciones Office ofrecen un Ayudante que realiza una búsqueda inteligente de todos aquellos temas de ayuda relacionados con una o varias palabras clave. En el siguiente apartado encontrará el modo de hacerlo.

*Nota: todas las aplicaciones Office ofrecen la posibilidad de detectar y reparar ciertos problemas relacionados con su configuración, que no afectará a los archivos personales creados con ellas. Para llevar a cabo dicha reparación hay que seleccionar la opción **Detectar y reparar** del menú **Ayuda**.*

- Obtener ayuda en los distintos cuadros de diálogo que aparecen mientras se trabaja con las aplicaciones; para ello se puede utilizar el botón **Ayuda** (no siempre disponible) o el botón ?; este último botón, situado en la barra de título de los cuadros de diálogo, permite obtener, del mismo modo que con la opción **¿Qué es esto?** del menú ?, un cuadro emergente con información de cualquier elemento (véase figura 1.17).

1.13. El Ayudante de Office

Office incluye un Ayudante que ofrece ayuda al usuario durante la realización de ciertas tareas; este Ayudante es capaz

Figura 1.17

de interpretar las preguntas que se le planteen y mostrar los temas de ayuda relacionados con ella.

En caso de no tener el Ayudante activo, deberá seleccionar la opción **Ayuda de Microsoft aplicación** del menú ? o hacer clic sobre el botón ⓘ de la barra de herramientas **Estándar**. Al hacerlo, aparecerá con un cuadro en el que deberá escribir la pregunta de forma natural, por ejemplo ¿Cómo crear un índice?, y hacer clic sobre el botón **Buscar**; el Ayudante le mostrará todos los temas relacionados con la pregunta. Observe, en la figura 1.18, todo lo comentado anteriormente.

Figura 1.18

Una vez localizado el tema de ayuda, bastará con hacer clic sobre él para que aparezca una ventana de ayuda con la información del tema, entre la que encontrará enlaces que le permitirán obtener más información acerca de otros temas relacionados con el consultado; también puede encontrar hipervínculos a sitios Web que, en caso de disponer de acceso a Internet, le permitirían obtener información de la red.

El botón **Mostrar** de la ventana de ayuda permite ver las fichas **Contenido, Asistente para Ayuda** e **Índice**; si quisiera imprimir el tema de ayuda, haga clic sobre el botón .

Cuando desee cerrar la ventana de ayuda, lo más rápido es hacer clic sobre el botón **Cerrar** ; la ventana de aplicación volverá a ocupar todo el Escritorio, aunque el Ayudante seguirá visible.

Si desea plantearle otra pregunta al Ayudante, haga clic sobre él para obtener su cuadro. En algunas ocasiones, el propio Ayudante muestra un icono gráfico para indicarle que tiene alguna idea que proponerle; si hace clic sobre el icono podrá leer el mensaje.

Cuando desee ocultar el Ayudante, pulse el botón derecho del ratón sobre él y seleccione la opción **Ocultar** de su menú contextual. En este mismo menú se encuentra la opción **Elegir Ayudante**, que le permitirá seleccionar otros simpáticos Ayudantes.

1.14. Cerrar una aplicación Office

Para cerrar cualquier aplicación Office puede operar de varios modos:

a) Seleccionar **Archivo / Salir**.
b) Hacer clic sobre el botón **Cerrar** de la ventana de aplicación.
c) Hacer clic sobre el botón **Menú de Control** situado a la izquierda de la barra de título, para desplegar su menú, y seleccionar la opción **Cerrar**. El aspecto de este botón es característico para cada aplicación; el aspecto de este botón wn Word es .
d) Hacer doble clic sobre el botón **Menú de Control**.
e) Pulsar, con la ventana de la aplicación activa, <**Alt-F4**>.

Creación de documentos con Word

2.1. Introducción

En este capítulo aprenderá a identificar los elementos interactivos de la ventana de Word y comenzará a trabajar con este procesador de textos. En concreto aprenderá a escribir un documento, a corregir los posibles errores cometidos durante su escritura, a visualizar el documento escrito de varios modos, a guardarlo en un archivo, a recuperar un documento para volver a trabajar con él...

2.2. La ventana de Word

Al igual que el resto de las aplicaciones de Office, Word puede arrancarse mediante uno cualquiera de los métodos descritos en el capítulo 1. Éstos son:

a) Seleccionar las opciones Programas / Microsoft Word del menú Inicio de Windows.
b) Seleccionar Inicio / Nuevo documento de Office, para obtener el cuadro de diálogo Nuevo documento de Office, activar la ficha General y hacer doble clic sobre el icono correspondiente a Documento en blanco.

Una vez arrancado el programa, aparecerá su ventana con un aspecto similar al de la figura 2.1, en la que se pueden observar los elementos interactivos habituales.

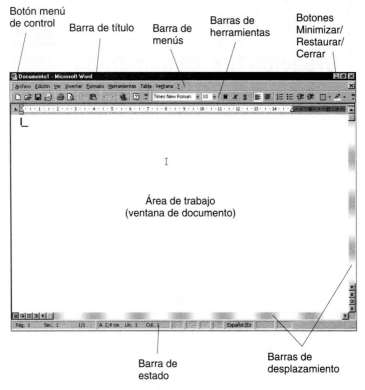

Figura 2.1

La ventana de documento se asemeja a una página en blanco, en cuya parte superior se visualiza una regla dividida en centímetros. Además de las barras de desplazamiento vertical y horizontal, situadas a la derecha y abajo respectivamente, esta ventana presenta en la esquina inferior izquierda cuatro botones denominados **botones de visualización**, que permiten ver el documento de diferentes modos.

2.3. Escribir un documento

Inicialmente, la ventana de documento está vacía; tan sólo se visualiza, en su esquina superior izquierda, un segmento vertical que informa de la posición del cursor, y otro horizontal que indica el final del documento. La posición del cursor señala, en cada momento, el lugar exacto en el que se insertarán los caracteres que se introduzcan desde el teclado. La introducción de texto se realiza de modo análogo a como se haría con cualquier máquina de escribir aunque, eso sí, con grandes ventajas.

Es probable que ya sepa utilizar correctamente el teclado, pero dada su importancia, se indica a continuación una serie de puntos que debe tener presente a la hora de escribir un texto:

- Una misma tecla puede tener asignados dos o tres caracteres distintos; para obtener cada uno de ellos deberá actuar tal y como indica la figura 2.2.

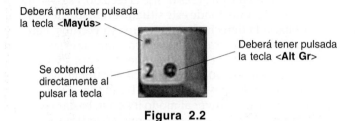

Figura 2.2

- Para escribir un carácter en mayúsculas debe mantener pulsada la tecla <**Mayús**>. Si el número de caracteres a escribir es elevado, interesará activar el bloqueo de mayúsculas mediante la tecla <**BloqMayús**>; esta misma tecla le servirá para desactivar dicho bloqueo.
- No debe preocuparse cuando el cursor llegue al final de línea, Word habilitará, automáticamente, nuevas líneas. Tampoco debe preocuparse si, mientras escribe un texto, la pantalla se desplaza horizontalmente y parte del texto desaparece de la vista.
- Cuando quiera situar el cursor en una nueva línea sin completar aquélla en la que esté escribiendo (crear un punto y aparte), pulse <**Intro**>.

Nota: provocar un salto de línea pulsando la tecla <Intro> implica cerrar un párrafo, que no es más que el conjunto de caracteres contenido entre dos puntos y aparte.

- Cuando se comienza un nuevo párrafo, es habitual dejar unos espacios en blanco en su primera línea. Para ello no

debe introducir espacios en blanco (<**Barra espaciadora**>), sino que debe pulsar la tecla <**Tab**>.
- Para dejar una o varias líneas en blanco entre párrafos, puede pulsar <**Intro**> tantas veces como sea necesario aunque, tal y como comprobará en próximos capítulos, existe un método mejor.
- La tecla <**Retroceso**> permite borrar el carácter situado a la izquierda del cursor. Si desea borrar la palabra completa situada a la izquierda del cursor, pulse <**Control-Retroceso**>.
- La tecla <**Supr**> permite borrar el carácter situado a la derecha del cursor. Si lo que desea borrar es la palabra completa, pulse <**Control-Supr**>.
- Al introducir caracteres desde el teclado, éstos se insertan en el punto donde esté situado el cursor, desplazando hacia la derecha los caracteres ya escritos. Pero, en ocasiones, interesa que los nuevos caracteres sustituyan a los existentes en un documento; para ello deberá activar el modo Sobrescribir haciendo doble clic sobre el indicador ▦ existente en la barra de estado. Para desactivarlo y volver al modo Insertar, bastará con volver a hacer doble clic sobre el mismo indicador.

Teniendo en cuenta las indicaciones anteriores, escriba el texto que se muestra en la figura 2.3. Si no ha modificado las opciones predeterminadas en el programa, el tipo de letra activo será Times New Roman con tamaño 10. Si no fuera así, puede que el aspecto de su documento sea distinto al de la figura; en ese caso, no se preocupe; tampoco debe hacerlo si algunas palabras quedan subrayadas con una línea quebrada de color rojo o verde; en el siguiente apartado entenderá su significado.

2.4. Corrector ortográfico y gramatical

Word dispone de una serie de funciones que hacen de él uno de los mejores procesadores de textos del mercado; una de ellas es el corrector ortográfico y gramatical.

Si al escribir el texto anterior ha cometido algún error ortográfico, es muy probable que el programa haya subrayado

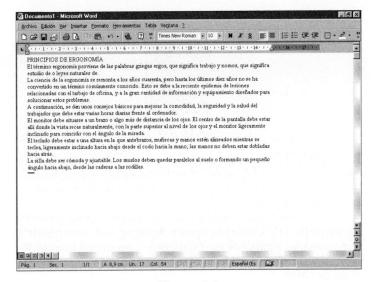

Figura 2.3

la palabra incorrecta con una línea quebrada de color rojo, ya que Word dispone de una función que detecta tales errores de modo automático, aunque algunas veces se equivoca y marca algunas palabras correctas. Por otra parte, el programa también incorpora un corrector gramatical que permite detectar muchos errores gramaticales, que deja subrayados con una línea quebrada de color verde. Las líneas quebradas utilizadas por el programa para marcar los errores no aparecerán en la impresión del documento.

El corrector ortográfico funciona comparando cada una de las palabras escritas en el documento con las existentes en un diccionario; cuando el programa no encuentra en él una palabra del documento, la considera errónea y la marca. Sin embargo, este procedimiento tiene sus pequeños inconvenientes: puede que considere palabras correctas como erróneas, ya que éstas no están en su diccionario; también puede suceder que no detecte errores cometidos en aquellas palabras que tienen distinta sintaxis dependiendo de su significado ("tubo" y "tuvo"; "este", "éste" y "esté"...), etc.

Cuando Word marca una palabra como incorrecta, puede pulsar el botón derecho del ratón sobre ella para obtener su menú asociado, análogo al de la figura 2.4 que se ha obtenido de la palabra tarbajo (escrita incorrectamente).

Figura 2.4

Este menú muestra las palabras que el programa considera correctas; en caso de que una de ellas fuera la correcta, bastará con hacer clic sobre ella para que sustituya automáticamente a la incorrectamente.

Si la palabra del documento está escrita correctamente, conviene hacer clic sobre la opción **Agregar**, para incorporarla al diccionario; a partir de ese momento, el programa la considerará correcta. Tenga cuidado de no añadir palabras incorrectas al diccionario.

Si la palabra del documento es correcta pero no desea añadirla al diccionario, seleccione la opción **Omitir todas**; el programa la ignorará cada vez que aparezca en ese documento.

Por otra parte, el corrector gramatical marca, con una línea quebrada verde, todos aquellos errores que se cometan en cuanto a reglas gramaticales se refiere; es capaz de detectar concordancia de plurales, en los espacios de puntuación, etc. Al pulsar el botón derecho del ratón sobre un error gramatical, aparecerá un menú contextual en el que el programa indicará el error cometido y ofrecerá la posibilidad de solucionarlo automáticamente. Observe, en la figura 2.5, un ejemplo en el que el corrector gramatical informa de un error.

Nota: en algunas ocasiones, el Autocorrector gramatical está desactivado. Si desea activarlo, seleccione **Herramientas / Opciones**, *active la ficha* **Ortografía y gramática** *y la opción* **Revisar gramática mientras escribe.**

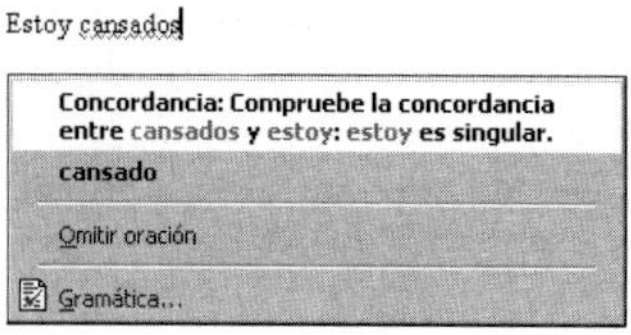

Figura 2.5

Otro modo de corregir los errores ortográficos y gramaticales consiste en seleccionar **Herramientas / Ortografía y gramática** o pulsar <F7>. En ambos casos aparecerá el cuadro de diálogo **Ortografía y gramática**, cuyo aspecto cambia dependiendo del tipo de error localizado; si éste es ortográfico, el cuadro de diálogo tendrá el aspecto de la figura 2.6. En él informa qué palabra es errónea y ofrece posibles palabras correctas; si el error localizado fuera gramatical, el cuadro de diálogo informaría de la regla sintáctica incumplida.

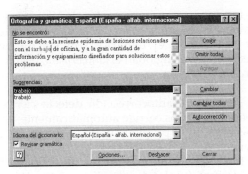

Figura 2.6

Los botones de este cuadro de diálogo hacen que su utilización sea sencilla e intuitiva. Para sustituir una palabra errónea por la correcta, bastará con seleccionarla de las sugeridas y hacer clic sobre el botón **Cambiar**; si la palabra marcada no fuera incorrecta, o simplemente no deseara sustituirla, bastaría con hacer clic sobre el botón **Omitir todas**. Cuando desee cerrar el cuadro de diálogo sin finalizar la corrección, haga clic sobre el botón **Cancelar**.

A continuación debe corregir los errores cometidos. En caso de tener el cuadro de diálogo **Ortografía y gramática** abierto, utilícelo para realizar la corrección; en caso contrario, realice los siguientes pasos:

1. Pulse el botón derecho del ratón sobre la palabra ergos, para desplegar su menú corto.
2. Como esta palabra es correcta, seleccione la opción **Omitir todas**, o si desea agregarla al diccionario la opción **Agregar**. La marca de incorrección desaparecerá.
3. Pulse el botón derecho del ratón sobre la palabra tarbajo, para desplegar el menú corto, y seleccione la opción trabajo; esta palabra sustituirá a la incorrecta.

4. En el caso de que en su documento tenga más errores, realice los pasos que necesite hasta corregirlos.

> **Nota:** *el botón* ⬚ *de la barra de estado permite, al hacer doble clic sobre él, detectar el siguiente error ortográfico o gramatical.*

2.5. Autocorrecciones

Otras funciones muy importantes de Word son aquéllas que permiten al programa tomar decisiones acerca del trabajo que está realizando el usuario; son las denominadas autocorrecciones, que engloban el *autoformato*, el *autotexto* y la *autocorrección*.

- La función de autocorrección detecta ciertos errores tipográficos y los corrige automáticamente; en algunas ocasiones, ni el propio usuario se da cuenta de dicha acción.
- La función de autoformato identifica algunos formatos de escritura (títulos, bordes, listas automáticas con números, números fraccionarios...), de modo que el programa realiza automáticamente ciertas acciones como: escribir el siguiente número de una lista, mostrar las fracciones con un único carácter...
- La función de autotexto es capaz de imaginar la palabra o la expresión que el usuario está comenzando a escribir, de modo que si en realidad es lo que se quiere escribir, bastará con pulsar <**Intro**> para hacerlo automáticamente.

Existen ocasiones en las que interesa que el programa no realice algunas de estas acciones automáticas o, por el contrario, interesa añadir nuevas opciones a las funciones de autocorrecciones; ambas operaciones se realizan en el cuadro de diálogo **Autocorrecciones** (véase figura 2.7), que se activa seleccionando Herramientas / Autocorrección.

2.6. Desplazar el cursor por el texto

El cursor indica el punto en el que se insertarán los caracteres que se escriban o en el que se realizarán las modificaciones.

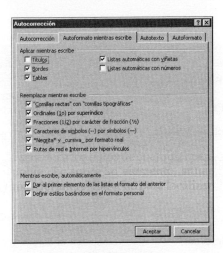

Figura 2.7

El modo más rápido de situar el cursor en un punto es hacer clic sobre él.

La posición del cursor está siempre visible en la barra de estado, tal y como muestra la figura 2.8.

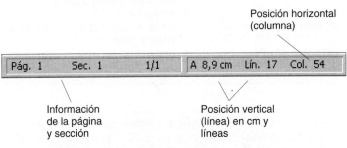

Figura 2.8

Si desea situar el cursor en un punto que no se encuentra en pantalla, deberá visualizarlo previamente mediante las barras de desplazamiento y, a continuación, hacer clic sobre él.

Otro método para situar el cursor en cualquier punto del texto consiste en utilizar las teclas de movimiento (<**Flecha dcha**>, <**Flecha izda**>, <**Flecha arriba**> y <**Flecha abajo**>), aunque suele ser más lento. Las teclas de la tabla 2.1 le permitirán realizar desplazamientos más largos mediante el teclado.

Tabla 2.1.

Teclas	Acción
<Control–Flecha dcha>	Desplaza el cursor al principio de la siguiente palabra.
<Control-Flecha izda>	Desplaza el cursor al principio de la palabra anterior.
<Control-Flecha arriba>	Desplaza el cursor al principio del párrafo.
<Control-Flecha abajo>	Desplaza el cursor al principio del siguiente párrafo.
Inicio	Desplaza el cursor al principio de la línea actual.
Fin	Desplaza el cursor al final de la línea actual.
<Control-Inicio>	Desplaza el cursor al principio del documento.
<Control-Fin>	Desplaza el cursor al final del documento.
RePág	Desplaza el cursor a la posición correspondiente a una pantalla anterior.
AvPág	Desplaza el cursor a la posición correspondiente a una pantalla posterior.
<Control-RePág>	Sitúa el cursor al comienzo de la página anterior.
<Control-AvPág>	Sitúa el cursor al comienzo de la siguiente página.

Nota: el cuadro de diálogo *Ir a...* permite situar el cursor en objetos concretos: una página, un gráfico, una tabla... Dicho cuadro de diálogo se activa mediante la opción *Ir a...* del menú *Edición*.

2.7. Visualización del documento

La visualización de un documento en pantalla puede realizarse de cuatro modos diferentes y, además, en cada uno de ellos se puede variar el tamaño de visualización mediante la herramienta *zoom*.

Los distintos modos de visualización pueden activarse con la opción correspondiente del menú Ver o mediante los botones situados en la esquina inferior izquierda de la ventana de documento (véase figura 2.9).

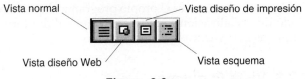

Figura 2.9

> *Nota: existen elementos de las ventanas de aplicación y de documento que pueden activarse o desactivarse a voluntad. De este modo, la regla que aparece visible por defecto, puede ocultarse desactivando la opción* **Regla** *del menú* **Ver**. *Las barras de herramientas también pueden activarse o desactivarse mediante la opción* **Barras de herramientas** *del menú* **Ver**.

2.7.1. Vista Normal

Éste es el modo de visualización por defecto, ya que es el que menos ralentiza la escritura y edición de documentos; el texto aparece con todos sus atributos de formato (negrilla, cursiva, subrayado, etc.), aunque no se ven los márgenes de la página, ni los encabezados y pies de página, etc.

Esta vista se puede activar haciendo clic sobre el botón Vista Normal o seleccionando Ver / Normal.

> *Nota: la función* **Zoom** *permite aumentar o disminuir el tamaño con el que se visualiza el documento, sea cual sea la vista activa. Para modificar su valor, que por defecto es 100%, puede utilizarse el botón de la barra de herramientas o la opción* **Zoom** *del menú* **Ver**.

2.7.2. Vista Diseño de impresión

Este modo de visualización permite ver el documento tal y como quedaría si se imprimiera. Esta vista resulta útil para comprobar la colocación de texto, gráficos y otros objetos incluidos en los documentos; también permite ver y modificar los encabezados y pies de página, ajustar los márgenes, trabajar con columnas, etc.

Para activar esta vista puede hacer clic sobre el botón **Vista Diseño de impresión** o seleccionar **Ver / Diseño de impresión**. En algunas ocasiones, es el propio programa el que activa este modo de visualización, como por ejemplo al dar formato de columnas periodísticas a un documento.

2.7.3. Vista Esquema

Esta vista permite ver y modificar la estructura general de un documento, ya que es posible mover y copiar bloques de texto con sólo arrastrar los títulos afectados, modificar los atributos de títulos y subtítulos, etc. En esta vista, el documento se puede contraer o expandir según interese para visualizar todo el texto o sólo los títulos principales, los subtítulos...

1. Haga clic sobre el botón **Vista Esquema** o seleccione **Ver / Esquema**, para activar este modo de visualización; el aspecto del documento será como el de la figura 2.10.
2. Seleccione **Ver / Normal**, para volver a activar esta vista.

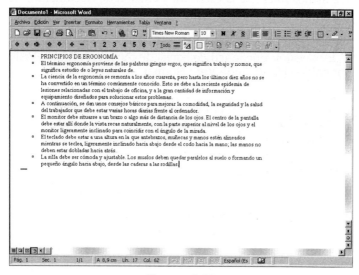

Figura 2.10

2.7.4. Vista Diseño Web

Esta vista, novedad en esta versión de Office, es útil para crear páginas Web, aunque también puede utilizarse para otros documentos. Con esta visualización se verán los fondos utilizados en los documentos, el texto se ajustará a la ventana, y los objetos insertados se colocarán tal y como se verían en Microsoft Internet Explorer, o en cualquier otro navegador Web.

Cuando desee activar esta vista, puede optar por hacer clic sobre el botón Vista Diseño Web o por seleccionar Ver / Diseño Web.

2.8. Ver el mapa del documento

Word permite visualizar un mapa del documento activo, tal y como muestra la figura 2.11. Este mapa, que muestra una lista de títulos, puede utilizarse para desplazar el cursor rápidamente a un punto del documento.

Para visualizar el mapa del documento, deberá activar la opción Mapa de documento del menú Ver; cuando desee ocultarlo, deberá desactivar la misma opción de menú.

En la figura 2.11 se muestra el aspecto de otro documento, diferente al que ha escrito anteriormente, cuyo mapa es más significativo que el del documento activo.

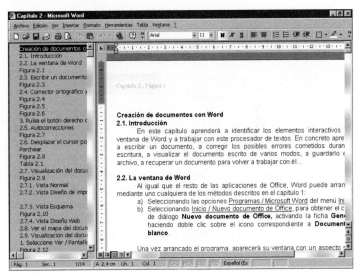

Figura 2.11

2.9. Visualización del documento en modo Pantalla completa

Word permite trabajar con un documento ocultando temporalmente las ventanas de aplicación y de documento, así como todos sus elementos. En ese caso, el documento ocupará toda la pantalla y sólo quedará disponible un botón que permite volver a la vista que estuviera activa anteriormente (véase figura 2.12).

1. Seleccione Ver / Pantalla completa. Visualizará el documento como en la figura 2.12.

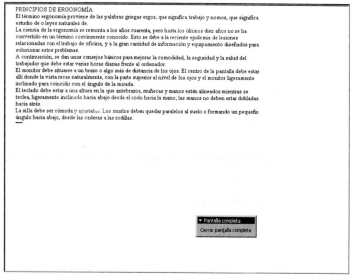

Figura 2.12

Puede situar el botón Cerrar pantalla completa en la parte superior de la pantalla con sólo hacer doble clic sobre la barra de título de su ventana. Al contrario de lo que puede parecer, los menús de Word siguen disponibles; basta con situar el ratón en la parte superior de la pantalla para que éstos aparezcan.

2. Haga clic sobre el botón Cerrar pantalla completa o pulse <Esc>; volverá a restaurar la vista anterior.

2.10. Guardar un documento

Una vez que haya escrito un documento, lo mejor que puede hacer es guardarlo para no perder el texto escrito; de este modo podrá trabajar posteriormente con él.

1. Seleccione **Archivo / Guardar** o haga clic sobre el botón ▣. Obtendrá el cuadro de diálogo **Guardar como** (véase figura 2.13).

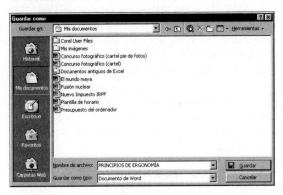

Figura 2.13

Como puede comprobar, el cuadro de diálogo presenta algunas opciones activadas por defecto:

- Los documentos se almacenarán en la carpeta **Mis Documentos**, tal y como se puede observar en la opción **Guardar en**, situada en la parte superior. Si deseara guardarlo en otra carpeta del disco activo o en otra unidad de disco, podría escribirlas directamente en dicho recuadro o seleccionarlas de la lista desplegable.
- El nombre del archivo propuesto por Word corresponde al título del documento o a una parte de él, tal y como muestra el cuadro de la opción **Nombre de archivo**. Si quisiera asignar otro nombre al fichero, debería activar dicho cuadro y escribir el nuevo nombre.
- El formato del fichero será el propio de Word, tal y como muestra el cuadro de la opción **Guardar como tipo**. El formato de un fichero es importante ya que determina qué programas podrán reconocerlo (trabajar con él) y cuáles no.

> *Nota:* la opción **Opciones generales** del botón **Herramientas** permite obtener un cuadro de diálogo en el que pueden activarse determinadas opciones, entre las que destaca la posibilidad de proteger la confidencialidad del documento mediante una contraseña.

2. Compruebe que el nombre propuesto por Word para el documento es **Principios de ergonomía**; en caso contrario, escríbalo en el recuadro correspondiente. No importa que el programa utilice caracteres mayúsculas para el nombre, ya que las mayúsculas y minúsculas no diferencian a dos archivos, aunque éste siempre se visualizará con los caracteres utilizados.
3. Haga clic sobre el botón **Guardar.**

Aunque el texto esté guardado, seguirá visible en la ventana de documento y, además, la barra de título de la ventana de aplicación mostrará el nombre del documento.

2.11. Cerrar un documento

Una vez que ha guardado el documento en un fichero, puede cerrar su ventana. Al hacerlo, quedará activa otra ventana de documento que estuviera abierta; si no hubiera ninguna, el área de trabajo quedará de color gris para indicar que no existen documentos en los que trabajar. En esa situación, puede optar por salir de la aplicación o por abrir una nueva ventana de documento, con o sin texto.

Si a la hora de cerrar un documento, Word detecta que se han realizado modificaciones y que no se han guardado, ofrecerá la posibilidad de hacerlo en un cuadro de diálogo análogo al de la figura 2.14.

Figura 2.14

1. Seleccione **Archivo / Cerrar.**

2.12. Abrir un documento guardado

Para poder trabajar con un documento guardado en un archivo, es necesario abrirlo en una ventana de documento. Tal y como se indicó en el capítulo 1, existen varios modos de realizar esta operación; ahora lo hará desde la ventana de Word.

1. Seleccione **Archivo / Abrir...** o haga clic sobre el botón de la barra de herramientas. Obtendrá el cuadro de diálogo **Abrir** (véase la figura 2.15), cuya funcionalidad es análoga a la del cuadro de diálogo **Abrir documento de Office** explicada en el capítulo 1.

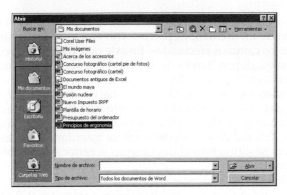

Figura 2.15

2. Una vez que visualice el nombre del documento, **Principios de ergonomía**, haga clic sobre él y sobre el botón **Abrir**; también se podría haber abierto automáticamente haciendo doble clic sobre su nombre.

Nota: *existe un método alternativo y más rápido para abrir un documento, que consiste en seleccionarlo del menú **Archivo**. Este menú muestra, en su parte inferior, el nombre de los documentos utilizados recientemente.*
*Si la lista de documentos no apareciese en el menú **Archivo**, seleccione **Herramientas / Opciones...**, active la ficha **General** y la opción **Archivos usados recientemente**, e indique el número de documentos que desea disponer en el menú **Archivo** que, por defecto, es 4.*

A continuación va a añadir un nuevo párrafo al documento.

3. Sitúe el cursor en una nueva línea al final del documento, y escriba el texto que muestra la figura 2.16.

El ratón debe estar a una altura tal que brazo, muñeca y mano estén alineados en una posición neutral. Las muñecas, mientras se esté tecleando, no deben apoyarse en nada y no deben doblarse hacia atrás, hacia abajo o hacia un lado; son los brazos los que deben mover las manos, y los dedos estirarse para pulsar las teclas. Existen accesorios para dejar descansar las muñecas, pero sólo deben utilizarse en las pausas. Los dedos deben quedar en línea recta con el antebrazo.

Figura 2.16

2.13. Guardar y Guardar como

Cuando se realizan modificaciones en un documento recuperado de un archivo, es preciso volver a guardarlo para no perder los cambios efectuados. En este caso tiene dos opciones diferentes, dependiendo de si desea guardarlo en el mismo archivo o en otro diferente

Si selecciona Archivo / Guardar, o hace clic sobre el botón 🖫, el programa almacenará el documento automáticamente con el mismo nombre, sin mostrar el cuadro de diálogo Guardar como... En ese caso, todo el texto se guardará en el mismo archivo, sustituyendo al documento anterior sin posibilidad de recuperarlo.

Si le interesara guardar el nuevo documento creado a partir del recuperado en otro archivo, debería seleccionar Archivo / Guardar como...; en ese caso aparecería el cuadro de diálogo Guardar como, en el que podría indicar otro nombre para el nuevo archivo. De ese modo, el documento se almacenaría en un archivo, distinto al que contenía el documento original, quedando este último tal y como era. El resultado es que dispondría de dos archivos con distintos nombres, cuyos contenidos sólo se diferenciarían en las modificaciones realizadas.

1. Haga clic sobre el botón 🖫 para guardar las modificaciones en el mismo archivo.

2.14. Abrir una ventana para crear un nuevo documento

Cuando desee escribir un nuevo documento, necesitará una ventana de documento vacía. No importa que tenga una o varias ventanas abiertas, ya que Word tiene capacidad para trabajar con varios documentos a la vez.

1. Seleccione **Archivo / Nuevo**; aparecerá el cuadro de diálogo de la figura 2.17; la ficha **General** permite abrir una ventana de documento vacía y convencional, mientras que el resto de las fichas permiten abrir ventanas en las que crear documentos muy concretos (faxes, cartas, informes, memorandos y páginas WEB) de dos modos: a partir de las plantillas incorporadas en Word o con ayuda de los Asistentes.

Figura 2.17

2. Active, si no lo estuviera, la ficha **General** y haga doble clic sobre el icono que permite abrir una nueva ventana de documento sencillo.

El nombre de la nueva ventana es **Documento número**, siendo este último el correspondiente al número de ventanas abiertas en la sesión de trabajo actual.

> *Nota: existe un método más rápido para abrir una nueva ventana de documento convencional, que consiste en hacer clic sobre el botón ▢ de la barra de herramientas.*

2.15. Trabajar con varios documentos

Como ya se ha indicado anteriormente, Word, al igual que cualquier aplicación Office, permite trabajar simultáneamente con varios documentos. En realidad, lo que el programa permite es tener varias ventanas de documento abiertas a la vez; de ese modo, cada ventana contiene un documento, por lo que bastará con activar la ventana del documento en el que se desee trabajar. Cuando se trabaja con varios documentos, es muy importante no olvidar que las operaciones que se realicen no afectarán a todos los documentos, sólo al de la ventana activa.

En este momento tiene dos documentos abiertos, **Principios de ergonomía** y **Documento2**, siendo este último el activo. Para activar el documento no activo, puede optar por seleccionar su nombre del menú **Ventana** o por hacer clic sobre su botón identificador que estará situado en la barra de tareas de Windows (esta última posibilidad es una novedad en esta versión de Word).

1. Seleccione **Ventana / Principios de ergonomía**; se activará este documento.
2. Haga clic sobre el botón [Documento2 - Micr...]; se activará la ventana del documento vacío.
3. Seleccione **Archivo / Cerrar**, para cerrar el documento 2, que debería estar vacía. Al cerrar esta ventana, quedará activa la del otro documento.
4. Seleccione **Archivo / Cerrar**, para cerrar la ventana del documento escrito en este capítulo. No guarde las posibles modificaciones.

> **Nota:** *cuando se trabaja simultáneamente con varios documentos, es posible visualizarlos a la vez tal y como se explica en el capítulo 14.*

2.16. Crear documentos a partir de las plantillas

Word incorpora una serie de *plantillas* que permiten crear documentos muy concretos como cartas, faxes, memorandos, informes, páginas WEB... Una plantilla es un documento maestro en el que se pueden realizar modificaciones para personalizarlo y crear otro documento nuevo.

Su utilización facilita enormemente la creación de documentos cuyos formatos sean más o menos complejos. Ahora va a utilizar una de estas plantillas para crear un documento de fax.

1. Seleccione **Archivo / Nuevo...**
2. Active la ficha **Cartas y faxes,** y haga clic sobre el icono correspondiente a la plantilla **Fax moderno.** Observe, en la **Vista previa,** el aspecto global que tendrá el documento (véase figura 2.18).

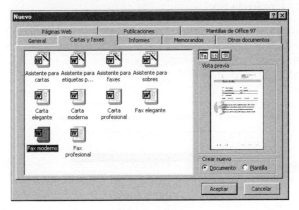

Figura 2.18

3. Haga clic sobre el botón **Aceptar.**

Las plantillas constan de un texto fijo (aunque también podría modificarse) y de unos cuadros en los que se debe escribir el texto que personalizará la plantilla. Cada uno de estos cuadros muestra, entre corchetes, una aclaración del texto que debe escribirse en él y cómo debe hacerse. Lo más fácil para introducir el texto es hacer clic sobre los cuadros o lugares adecuados y escribirlo. En algunas plantillas conviene aumentar el valor del zoom para visualizar mejor tanto su contenido como su formato.

4. Haga clic sobre el primer recuadro (esquina superior derecha de la página) y escriba su dirección.
5. Haga clic sobre los siguientes recuadros y escriba la información que corresponda. Observe, en la figura 2.19, una situación intermedia durante la creación del fax.

Cuando haya introducido toda la información, debe guardar el nuevo documento. No importa que asigne el mismo nombre que tenía las plantillas, ya que se trata de distintos tipos de documentos que no reemplazan unos a otros.

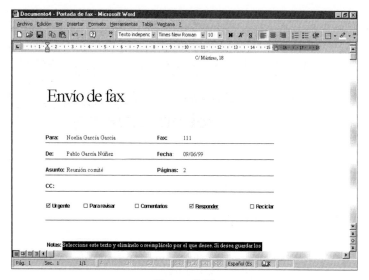

Figura 2.19

6. Seleccione Archivo / Guardar.
7. Escriba un nombre para el fax o acepte el propuesto por el programa, y haga clic sobre el botón Guardar.

2.17. Salir del programa

Cuando decida dejar de trabajar con Word, deberá salir del programa empleando alguno de los métodos indicados en el capítulo 1, como pueden ser:

- Hacer clic sobre el botón Cerrar de la ventana de aplicación.
- Seleccionar Archivo / Salir.
- Pulsar <**Alt-F4**>.

No hace falta cerrar previamente las ventanas de documento para salir de la aplicación; además, el programa siempre comprueba si algún documento no ha sido guardado o si en alguno de ellos se han realizado modificaciones desde la última vez que se guardó; si fuera necesario, el programa mostrará un cuadro de diálogo ofreciendo la posibilidad de almacenar los cambios.

3

Trabajar con bloques de texto. Modificar el aspecto del documento

3.1. Introducción

En este capítulo aprenderá a seleccionar un bloque de texto para realizar en él una operación determinada. Se estudiarán las operaciones habituales de cortar, copiar y pegar, que permiten duplicar, mover o eliminar bloques de texto.

Además, este capítulo le mostrará algunas de las herramientas que Word ofrece para modificar el aspecto de un documento. Estudiará aspectos relacionados con los caracteres (tipo y tamaño de fuente, atributos...) y con los párrafos (alineación, sangrías, interlineado...).

3.2. Selección de texto

Muchas de las operaciones que se pueden realizar con Word pueden afectar a uno o varios caracteres. Para que una operación afecte a un conjunto de caracteres más o menos amplio, éste debe ser seleccionado previamente. De ese modo, por ejemplo, puede borrar tres líneas de texto a la vez mediante la tecla <**Supr**>, puede resaltar en negrita una frase en un solo paso, puede cambiar el tipo de letra de un párrafo, etc.

Por otra parte, cuando un bloque de texto está seleccionado, se pueden realizar las operaciones copiar/pegar para duplicarlo, o cortar/pegar para desplazarlo a otro lugar del documento.

La selección de texto se puede realizar mediante ratón o teclado y, en ambos casos, el texto quedará resaltado (véase la figura 3.1).

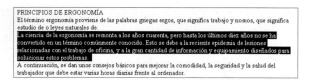

Figura 3.1

- **Selección con teclado.** Para seleccionar un bloque de texto mediante el teclado, debe situar el cursor al comienzo o final del texto, pulsar la tecla <**Mayús**> y, sin soltarla, desplazar el cursor hasta el otro extremo.
- **Selección con ratón.** La selección mediante ratón se realiza arrastrando éste por encima del texto a seleccionar. Por lo tanto, deberá hacer clic sobre un extremo del bloque de texto y, sin soltar el botón del ratón, desplazarlo hasta el otro extremo.

Además de los métodos generales indicados anteriormente, Word permite seleccionar, de forma rápida, algunos bloques particulares, tal y como se indica en la tabla 3.1.

Tabla 3.1

Bloque	Modo de selección
Una palabra	Haciendo doble clic sobre la palabra.
Una línea	Haciendo clic en el margen izquierdo, a la altura de la línea.
Un párrafo	Haciendo doble clic en el margen izquierdo, a la altura del párrafo, o triple clic sobre él.
Documento completo	Haciendo triple clic sobre el margen izquierdo o pulsando <**Control-E**>.
Una frase	Haciendo clic sobre cualquier punto de ella mientras se tiene pulsada la tecla <**Control**>.

Para cancelar la selección de un texto basta con hacer clic sobre cualquier punto del documento o con pulsar cualquier tecla de movimiento. Además, al seleccionar un bloque, se cancela automáticamente la selección del que estuviera activo.

Puede aumentar o disminuir el tamaño del bloque de texto seleccionado manteniendo pulsada la tecla <**Mayús**>.

3.3. Copiar un bloque de texto

Word, como las demás aplicaciones Office, puede utilizar tanto el Portapapeles de Windows como el propio de Office para realizar las operaciones de copiar, cortar y pegar elementos. Estas operaciones se realizan con las correspondientes opciones del menú **Edición** o con los botones equivalentes de la barra de herramientas.

Los ejercicios prácticos se van a realizar con el texto que muestra la figura 3.2, correspondiente a una canción de Rosana, y con el Portapapeles de Office. Por lo tanto:

1. Escriba el texto de la figura 3.2
2. Seleccione **Ver / Barras de herramientas / Portapapeles**, para activar el Portapapeles de Office y visualizar su barra de herramientas.

> No quiero estar sin ti
> Si tú no estás aquí me sobra el aire
> No quiero estar así
> Si tú no estás la gente se hace nadie
>
> Si tú no estás aquí no sé
> Qué diablos hago amándote
> Si tú no estás aquí sabrás
> Que Dios no va a entender por qué te vas
>
> No quiero estar sin ti
> Si tú no estás aquí me falta el sueño
> No quiero andar así
> Latiendo un corazón de amor sin dueño

Figura 3.2

Ahora debe continuar escribiendo el documento, que sigue con un párrafo idéntico al segundo pero, en vez de escribirlo, copiará el existente:

3. Seleccione la segunda estrofa "Si tú no estás aquí no sé…", arrastrando el ratón sobre su texto. En este caso no puede seleccionarse haciendo doble clic en el margen izquierdo ya que la estrofa no constituye un párrafo sino cuatro (se ha pulsado <**Intro**> para pasar de línea).
4. Seleccione **Edición / Copiar** o haga clic sobre el botón . El texto del bloque se habrá copiado en el Portapapeles, tal y como muestra la barra **Portapapeles**.
5. Sitúe el cursor en una nueva línea al final del documento, dejando una vacía, ya que aquí es donde debe copiarse el párrafo.

6. Seleccione **Edición** / **Pegar** o haga clic sobre el botón. Una copia del texto se habrá pegado a partir de la posición del cursor (véase la figura 3.3).
7. Escriba, dejando una línea vacía, la quinta estrofa de la figura 3.3.
8. Sitúe el cursor en una nueva línea, dejando una vacía, y haga clic sobre el elemento de la barra **Portapapeles**; obtendrá una nueva copia del párrafo, tal y como muestra la figura 3.3; tenga en cuenta que se ha desactivado la visualización de la regla y barra de estado para visualizar todo el documento.

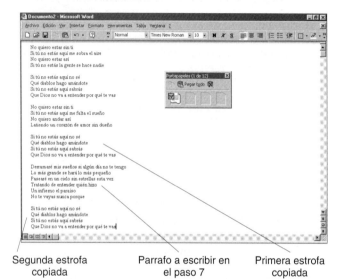

Figura 3.3

Nota: *existe un método rápido para duplicar un texto seleccionado que consiste en arrastrarlo, manteniendo pulsada la tecla <Control>, hasta el punto en el que se desea obtener la copia.*

3.4. Mover un bloque de texto

El Portapapeles también puede utilizarse para mover un bloque de texto mediante la técnica **Cortar/Pegar**, tal y como va a comprobar a continuación. Como ejemplo va a mover la penúltima estrofa hasta el final del documento.

1. Seleccione el texto de la penúltima estrofa.
2. Seleccione **Edición / Cortar** o haga clic sobre el botón .
   El texto habrá desaparecido del documento, pero una copia suya quedará disponible en el Portapapeles, tal y como puede comprobar en su barra.
3. Sitúe el cursor en una línea vacía, al final del documento.
4. Haga clic sobre el segundo elemento de la barra **Portapapeles**. El texto se pegará a partir de la posición del cursor (véase figura 3.4). Como el texto que se quería pegar era el último elemento enviado al Portapapeles, también podría haberlo pegado seleccionando **Edición / Pegar** o haciendo clic sobre el botón .

Figura 3.4

Nota: existe un método rápido para mover un bloque de texto; una vez seleccionado, basta con arrastrarlo hasta el lugar deseado.

5. Mueva la estrofa desplazada anteriormente a su posición original (penúltima posición).

Nota: si no hubiera activado el Portapapeles de Office, las operaciones de cortar, copiar y pegar texto las hubiera podido realizar igualmente gracias al Portapapeles de Windows; la única diferencia es que este Portapapeles sólo puede almacenar un elemento, por lo que sólo sería posible pegar el último elemento enviado.

3.5. Borrar un bloque de texto

Para eliminar un bloque de texto del documento es necesario seleccionarlo previamente y, a continuación, elegir entre borrarlo, utilizando cualquiera de los métodos que se indican a continuación, o cortarlo. La diferencia es que el texto cortado se envía al Portapapeles, quedando disponible para ser pegado en cualquier momento.

A continuación va a borrar dos estrofas del documento.

1. Seleccione la primera y segunda estrofas.
2. Seleccione Edición / Borrar o pulse <Supr>. Las estrofas habrán desaparecido.

3.6. Deshacer y Rehacer

Word incorpora una opción que permite deshacer algunas de las operaciones realizadas. Gracias a ello puede, por ejemplo, recuperar texto que se hubiera borrado accidentalmente.

Si la operación que desea deshacer es la última que ha realizado, puede seleccionar Edición / Deshacer acción; una vez desecha la última, esta opción permitirá deshacer la penúltima y así sucesivamente. Pero además, el programa permite deshacer un número determinado de acciones seleccionándolas de la lista correspondiente al botón Deshacer ⌐ de la barra de herramientas (véase figura 3.5).

Figura 3.5

1. Haga clic sobre el botón Deshacer; los párrafos borrados volverán a estar en el documento.
2. Guarde el documento en un archivo de nombre Si tú no estás (Rosana).

Además de la opción Deshacer, Word ofrece otra complementaria, denominada Rehacer acción, que permite rehacer lo deshecho con la opción Deshacer. Cada vez que se deshace una acción, ésta pasa a la lista de acciones posibles de rehacer.

Para rehacer la última operación deshecha, puede optar por seleccionar Edición / Rehacer acción o por utilizar el botón Rehacer ⌐, de funcionamiento idéntico al botón Deshacer.

Una curiosidad es que, en ciertas ocasiones, la opción Rehacer acción no se encuentra en el menú Edición, dejando su lugar a la opción Repetir acción, que permite repetir la última acción.

3.7. Escribir dando formato o dar formato una vez escrito

Existen dos modos básicos de dar formato a un texto y ninguno de ellos es mejor que el otro, por lo que su elección dependerá del propio usuario y de la situación en la que se encuentre. Éstos son :

a) Escribir el texto del documento y, una vez escrito, modificar su formato; para aplicar este método será necesario seleccionar los bloques de texto cuyo formato se desee modificar y activar los atributos necesarios.
b) Escribir el texto directamente con el formato deseado. En este caso, a medida que se va escribiendo el texto, se deben ir activando las características y atributos deseados para cada bloque de caracteres (negrita, cursiva, tipo de letra...) ; una vez escrito un bloque específico, se deberán desactivar sus atributos y activar los específicos del próximo bloque y así sucesivamente.

En el libro se va a modificar el formato de un texto ya escrito. En cada apartado se indica el modo de realizar las distintas modificaciones; en caso de querer aplicar el formato directamente mientras escribe un texto, sólo varía cada proceso en que tendrá que activar la opción de formato antes de comenzar la escritura del texto y, una vez finalizada, deberá desactivar la opción.

3.8. Cambiar el tipo y tamaño de letra

Word presenta una gran variedad de tipos de letra o *fuentes* que pueden ser utilizadas en un documento para destacar diferentes partes del mismo. Existen dos medios diferentes de modificar el tipo de letra: mediante el cuadro de diálogo **Fuente** o mediante el botón correspondiente de la barra de herramientas **Formato**.

Para poder elegir un tipo de letra desde el cuadro de diálogo **Fuente** (véase figura 3.6), debe activar éste seleccionando **Formato / Fuente...**

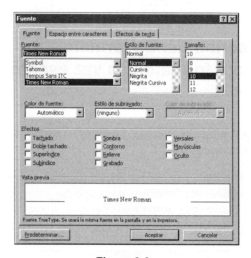

Figura 3.6

El cuadro de diálogo permite seleccionar el tipo de letra, estilo, tamaño y color; además, permite activar algunos efectos especiales como subrayado, tachado, superíndice...

El botón **Fuente** de la barra de herramientas permite modificar sólo el tipo de letra, manteniendo tanto el tamaño como el resto de atributos; para ello debe hacer clic sobre él, para desplegar su lista, y sobre la fuente que desee seleccionar. Observe, en la figura 3.7, la lista desplegable, en cuya parte superior están las fuentes utilizadas con más frecuencia. Cuando desee modificar sólo el tamaño de los caracteres, lo más sencillo y rápido es utilizar el botón **Tamaño de fuente** 12 ▼. Este botón permite introducir directamente el tamaño deseado o seleccionarlo de su lista desplegable. Los tamaños que pueden asignarse dependen de la propia fuente y de la tecnología de la impresora que tenga instalada.

1. Cierre el documento **Si tú no estás (Rosana)**, por ejemplo seleccionando **Archivo / Cerrar**.

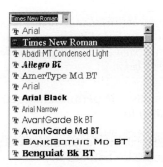

Figura 3.7

2. Abra el documento Principios de ergonomía.
3. Si lo desea, puede cerrar la barra Portapapeles haciendo clic sobre su botón ⌧.
3. Seleccione el título del documento.
4. Seleccione, de la lista del botón Fuente, el tipo de letra CharlesWorth.
5. Con el texto aún seleccionado, haga clic sobre el botón `12` para desplegar su menú, y seleccione el tamaño 14.

3.9. Cambiar los atributos de la fuente

Es muy frecuente que en un documento interese resaltar alguna palabra, frase o párrafo. Para ello existen, en el cuadro de diálogo Fuente, diferentes características especiales para la fuente; algunas deben seleccionarse de la lista Estilo de subrayado mientras que otras basta con activar su casilla de verificación (véase figura 3.6).

Además del cuadro de diálogo Fuente, Word permite activar los atributos más habituales (negrita, cursiva y subrayado) mediante los botones correspondientes de la barra de herramientas o mediante sus combinaciones de teclas.

Tabla 3.2

Atributo	Botón	Combinación de teclas
Negrita	N	**\<Control-N\>**
Cursiva	K	**\<Control-K\>**
Subrayado	S	**\<Control-S\>**

> **Nota:** *recuerde que las barras de herramientas se personalizan automáticamente, por lo que en algunas ocasiones puede que ciertos botones no estén visibles; en ese caso debe expandir la barra mediante su botón.*

Los siguientes pasos le permitirán seguir modificando el aspecto del documento:

1. Seleccione la palabra **"ergonomía"** del primer párrafo y haga clic sobre los botones N y K.
2. Repita el paso anterior para la misma palabra, "ergonomía", del segundo párrafo.
3. Seleccione la palabra **"monitor"**, situada en el cuarto párrafo, y haga clic sobre el botón. Repita el proceso con las palabras **"teclado"**, **"silla"**, **"ratón"** y **"muñecas"** situadas al comienzo de los siguientes párrafos.
4. Seleccione el texto **"el monitor ligeramente inclinado para coincidir con el ángulo de la mirada"**, del cuarto párrafo, y haga clic sobre el botón S.
5. Subraye los textos **"las manos no deben estar dobladas hacia atrás"** y **"los dedos deber quedar en línea recta con el antebrazo"** situados en los párrafos del *"teclado"* y *"muñecas"*, respectivamente.

3.10. Destacar texto

Además de poder modificar los atributos de la fuente, también es posible cambiar el color del texto y/o resaltarlo como si se subrayase con un rotulador fluorescente. El método más sencillo para realizar estas operaciones consiste en utilizar los botones, situados en la barra de herramientas **Formato**.

Al hacer clic sobre uno de estos botones, el texto seleccionado quedará marcado con el color que muestre el botón. Para cambiar de color, deberá desplegar su cuadro y seleccionar el que desee; a partir de ese momento, el botón mostrará el nuevo color.

1. Seleccione el texto **"consejos básicos"**, del tercer párrafo, y haga clic sobre el botón para destacarlo.
2. Seleccione la palabra **"comodidad"**, del tercer párrafo; posteriormente, despliegue la lista del botón y seleccione el color **Azul**.

3. Coloree, de color azul, las palabras "**seguridad**" y "**salud**" situadas en el tercer párrafo.

Una vez realizadas las modificaciones de los apartados anteriores, el aspecto de su documento debe ser análogo al de la figura 3.8.

> PRINCIPIOS DE ERGONOMÍA
> El término *ergonomía* proviene de las palabras griegas ergos, que significa trabajo y nomos, que significa estudio de o leyes naturales de.
> La ciencia de la *ergonomía* se remonta a los años cuarenta, pero hasta los últimos diez años no se ha convertido en un término comúnmente conocido. Esto se debe a la reciente epidemia de lesiones relacionadas con el trabajo de oficina, y a la gran cantidad de información y equipamiento diseñados para solucionar estos problemas.
> A continuación, se dan unos consejos básicos para mejorar la comodidad, la seguridad y la salud del trabajador que debe estar varias horas diarias frente al ordenador.
> El **monitor** debe situarse a un brazo o algo más de distancia de los ojos. El centro de la pantalla debe estar allí donde la vista recae naturalmente, con la parte superior al nivel de los ojos y el monitor ligeramente inclinado para coincidir con el ángulo de la mirada.
> El **teclado** debe estar a una altura en la que antebrazos, muñecas y manos estén alineados mientras se teclea, ligeramente inclinado hacia abajo desde el codo hacia la mano, las manos no deben estar dobladas hacia atrás.
> La **silla** debe ser cómoda y ajustable. Los muslos deben quedar paralelos al suelo o formando un pequeño ángulo hacia abajo, desde las caderas a las rodillas.
> El **ratón** debe estar a una altura tal que brazo, muñeca y mano estén alineados en una posición neutral.
> Las **muñecas**, mientras se esté tecleando, no deben apoyarse en nada y no deben doblarse hacia atrás, hacia abajo o hacia un lado; son los brazos los que deben mover las manos, y los dedos estirarse para pulsar las teclas. Existen accesorios para dejar descansar las muñecas, pero sólo deben utilizarse en las pausas. Los dedos deben quedar en línea recta con el antebrazo.

Figura 3.8

3.11. Estilos

Se denomina *estilo* al conjunto de características propias de los caracteres (fuente, tamaño, color, atributos...) más otras que afectan al párrafo, que se estudiarán posteriormente.

La utilización de los estilos permite asignar, a un bloque de texto, todas sus características en una única acción. Además de los estilos predefinidos en Word, que podrían modificarse e incluso eliminarse, el usuario puede crear otros nuevos.

Los estilos existentes pueden seleccionarse de la lista del botón **Estilo** Normal ▼, situado en la barra de herramientas **Formato**. Observe, en la figura 3.9, algunos de los estilos disponibles por defecto.

3.12. Cambio de mayúsculas por minúsculas y viceversa

Esta función brinda la posibilidad de convertir el texto seleccionado a caracteres mayúsculas o minúsculas. Para ello debería realizar los siguientes pasos:

Figura 3.9

1. Seleccionar el texto que desea modificar.
2. Seleccionar Formato / Cambiar mayúsculas y minúsculas; aparecería el cuadro de diálogo de la figura 3.10.

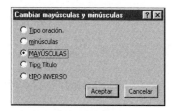

Figura 3.10

3. Activar la opción deseada y hacer clic sobre el botón Aceptar.

3.13. Alinear párrafos

El concepto de párrafo es muy importante en Word. Aunque se defina habitualmente un párrafo como el texto comprendido entre dos puntos y aparte, esto no es cierto del todo: si la creación del punto y aparte se ha realizado pulsando <Intro>, la definición sí es correcta; sin embargo, si el salto de línea se hubiera producido mediante la combinación <**Mayús-Intro**>, la nueva línea seguiría perteneciendo al mismo párrafo anterior. Por lo tanto, sería más correcto decir que un párrafo es el texto comprendido entre dos saltos de línea manual, creados mediante la tecla <**Intro**>.

Entre los distintos aspectos que se pueden modificar en un párrafo, destaca su alineación, que corresponde a la distribución del texto en él.

Tabla 3.3

Tipo de alineación	Distribución del texto.
Alineación izquierda	El texto queda alineado en el margen izquierdo.
Centrado	El texto queda centrado entre los márgenes. Cuando esta alineación esté activa, el texto que se escriba irá apareciendo en el centro de cada línea.
Alineación derecha	El texto queda alineado en el margen derecho. Si esta alineación está activa, el texto que se escriba se irá insertando a la derecha de cada línea.
Justificado	El texto queda alineado tanto en el margen izquierdo como en el derecho. Para conseguirlo, el programa expandirá o contraerá el espacio entre los caracteres.

Word, por defecto, presenta activa la alineación izquierda; sin embargo, ésta puede ser modificada mediante los botones correspondientes de la barra **Formato** (véase figura 3.11).

Figura 3.11

Para poder modificar las características de un párrafo (por ejemplo su alineación), no hace falta seleccionar todos sus caracteres sino que bastará con situar el cursor en él. Sin embargo, si desea que la modificación afecte a varios párrafos, deberá seleccionar todo o parte del texto de cada uno de ellos.

Por supuesto que si lo desea, puede activar la alineación de un párrafo antes de escribir su texto; en ese caso deberá desactivarla cuando vaya a comenzar otro nuevo, ya que quedará activo.

1. Sitúe el cursor en el título del documento (1ª línea) y haga clic sobre el botón **Centrar**.
2. Sitúe el cursor al final de la 1ª línea y pulse <**Intro**>

3. Seleccione el resto del documento y haga clic sobre el botón **Justificar**. El aspecto del documento será como el de la figura 3.12.

Figura 3.12

> **Nota:** *otro modo de modificar la alineación de un párrafo consiste en seleccionar la opción **Alineación** del cuadro de diálogo **Párrafo** (véase la figura 3.13).*

3.14. Sangrías

Se puede decir que *sangrar un párrafo* consiste en introducir, una o varias líneas del mismo, unas cuantas posiciones, tanto por el margen izquierdo como por el derecho. Dependiendo del margen por el que se sangra y de las líneas afectadas, se definen distintos tipos de sangrías: sangría de primera línea, sangría francesa...

Word ofrece dos métodos para sangrar un párrafo: mediante el cuadro de diálogo **Párrafo** o mediante la regla.

3.14.1. Utilización del cuadro de diálogo Párrafo

A continuación va a utilizar el cuadro de diálogo **Párrafo** para sangrar varios párrafos del documento.

1. Seleccione todo o parte del texto de los tres primeros párrafos, excluyendo el título del documento.
2. Seleccione **Formato / Párrafo...**
3. Active, si no lo estuviera ya, la ficha **Sangría y espacio**; en esta ficha (véase la figura 3.13) hay que indicar el tipo y el valor de la sangría deseada.

Figura 3.13

En los recuadros Sangría izquierda y Sangría derecha hay que indicar la distancia que desea sangrar el párrafo respecto a los márgenes correspondientes; en el recuadro Especial debe seleccionar una de sus tres opciones:

- Ninguna. Todas las líneas del párrafo se sangrarán de igual modo.
- Primera línea. En este caso, además del sangrado indicado en los recuadros correspondientes a las sangrías izquierda y derecha, la primera línea aumentará su sangría izquierda en la cantidad especificada; por defecto, 1,25 cm.
- Sangría francesa. Al seleccionar esta opción, todas las líneas, excepto la primera, aumentarán su sangría izquierda en la cantidad indicada.

El mejor modo de entender las opciones de sangría consiste en activarlas y comprobar el efecto que producen en el recuadro Vista previa.

4. Introduzca 1 cm como valor de sangría izquierda, y seleccione Primera línea del recuadro Especial; si hubiera pulsado <**Tab**> al escribir el párrafo, esta opción se hubiera seleccionado automáticamente.
5. Haga clic sobre el botón Aceptar. Los párrafos se mostrarán tal y como aparecen en la figura 3.15.

3.14.2. Utilización de la regla

Word permite sangrar un texto utilizando la regla que aparece debajo de las barras de herramientas; en caso de no estar visible, actívela seleccionando la opción Regla del menú Ver.

La regla está graduada en centímetros y presenta tres marcadores que indican el valor y el tipo de las sangrías del párrafo activo; el párrafo activo es aquél en el que está situado el cursor.

El significado de cada uno de estos marcadores puede verse en la figura 3.14.

Figura 3.14

El modo de establecer la sangría de un párrafo mediante la regla es muy sencillo: basta con situar el cursor en el párrafo, para activarlo, y desplazar los marcadores adecuados a los lugares deseados. Mientras arrastre un marcador, visualizará una línea vertical sobre el documento que le ayudará a fijar la posición del mismo.

> *Nota: los marcadores de sangría pueden desplazarse de forma independiente, excepto el de la sangría Izquierda; éste desplaza los marcadores Sangría 1ª línea y Francesa manteniendo la proporción entre ellas.*

3.14.3. Aumentar o disminuir la sangría izquierda

Los botones Disminuir sangría y Aumentar sangría de la barra de herramientas Formato, permiten aumentar o disminuir la sangría izquierda de un párrafo sin necesidad de activar el cuadro de diálogo Párrafo o de desplazar los marcadores de la regla.

3.15. Numeración y viñetas

En algunas ocasiones interesa numerar los párrafos o marcarlos con *viñetas*, que no son más que símbolos. Una vez seleccionados los párrafos, se puede activar su numeración mediante el botón ⋮≡ de la barra de herramientas Formato. Del mismo modo, pero empleando el botón ⋮≡, se pueden marcar con la viñeta que esté activa.

El cuadro de diálogo Numeración y viñetas, que se activa al seleccionar la opción de mismo nombre del menú Formato, permite elegir o modificar el formato de los números o de las viñetas.

1. Seleccione los cinco últimos párrafos.
2. Haga clic sobre el botón ⋮≡, para activar viñetas.
3. Con los párrafos anteriores seleccionados, haga tres veces clic sobre el botón Aumentar sangría; el aspecto del documento será análogo al de la figura 3.15.

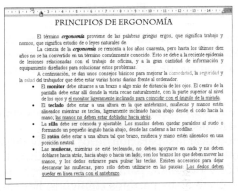

Figura 3.15

3.16. Interlineado y Espaciado

Además de la sangría y alineación de los párrafos, existen otras características que pueden modificarse con el fin de mejorar el aspecto final del documento: el *interlineado* (separación entre las líneas de un párrafo) y el *espaciado* (separación entre dos párrafos).

La modificación de ambos aspectos debe realizarse en la ficha **Sangría y espacio** del cuadro de diálogo **Párrafo** (véase figura 3.16).

Figura 3.16

El valor del interlineado debe seleccionarse de la opción **Interlineado**, pudiendo elegir entre **Sencillo** (un espacio entre líneas igual al ancho de una línea), **1,5 líneas** (un espacio entre líneas igual a 1,5 veces el ancho de una línea), **Doble** (espacio entre líneas igual al doble del ancho de una línea), **Mínimo**, **Exacto** y **Múltiple**; en estas últimas opciones, se debe indicar un valor en el recuadro **En**.

Para modificar la separación de los párrafos (espaciado), se debe introducir el valor deseado en los recuadros de las opciones **Anterior** y **Posterior**, para indicar la separación de cada párrafo respecto a sus párrafos contiguos; hay que tener en cuenta que ambos valores son aditivos.

A continuación va a modificar el interlineado y el espaciado de todos los párrafos del documento. Para ello:

1. Compruebe que no tiene ninguna línea vacía entre los párrafos; si las hubiera, bórrelas situando el cursor en ellas y pulsando <**Supr**>.
2. Pulse <**Control-E**> para seleccionar todo el documento.
3. Seleccione **Formato** / **Párrafo**.
4. Seleccione, del recuadro de las opciones de interlineado, **1,5 líneas**.

5. Introduzca, en el recuadro de la opción **Anterior**, el valor `6 pto`.
6. Haga clic en el botón **Aceptar**.
7. Pulse cualquier tecla de movimiento para cancelar la selección y, posteriormente, seleccione **Ver / Pantalla completa**; el aspecto del documento será como el de la figura 3.17.

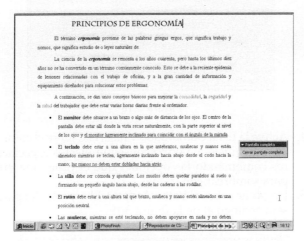

Figura 3.17

3.17. Añadir bordes y sombras

Entre las herramientas gráficas que Word ofrece para mejorar el aspecto de un documento se encuentra una que permite poner bordes y sombras a un párrafo.

1. Active la primera línea del documento "PRINCIPIOS DE ERGONOMÍA", bien seleccionando su texto, bien situando el cursor en ella.
2. Seleccione **Formato / Bordes y sombreado...**; aparecerá el cuadro de diálogo correspondiente.
3. Active la ficha **Bordes** y las opciones que muestra la figura 3.18, que permitirán dibujar un borde tridimensional con un estilo de línea doble (gruesa-fina) de color rojo. Cuando desee eliminar alguna de las líneas del borde, hágalo mediante los botones que aparecen en el recuadro **Vista previa**.

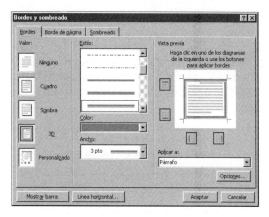

Figura 3.18

4. Active la ficha **Sombreado** y haga clic sobre el color gris 25%. Si quisiera, podría conseguir efectos espectaculares combinando las opciones que el programa ofrece para sombrear con tramas.
5. Haga clic sobre el botón **Aceptar**. El aspecto del párrafo será análogo al de la figura 3.19.

Figura 3.19

6. Guarde el documento, haciendo clic sobre el botón 🖫.
7. Cierre la ventana de documento.

Cuando sólo desee dibujar los bordes de un párrafo, puede utilizar el botón Borde ▫▾ de la barra Formato. Al hacer clic sobre él, se dibujarán las líneas que en ese momento muestre el botón; si deseara dibujar otras líneas, debería seleccionar la opción correspondiente de su cuadro contextual (véase la figura 3.20).

Figura 3.20

4

Otras operaciones con Word

4.1. Introducción

En este capítulo utilizará otras funciones de Word que le permitirán realizar, entre otras, las siguientes tareas: buscar una palabra o un texto dentro del documento, reemplazar un texto por otro, insertar distintos objetos (fecha actual, número de página...) en el documento, etc.

También empleará los tabuladores para distribuir un texto correctamente en varias columnas sin que la modificación del tipo o tamaño de letra tenga consecuencias nefastas.

Por último, verá cómo modificar el formato de las páginas (márgenes, tamaño, orientación, encabezados y pies de página...) para mejorar el aspecto global del documento y, finalmente, lo imprimirá.

4.2. Búsqueda de un texto

Word permite buscar un texto determinado dentro del documento activo. Esta opción puede ser interesante para desplazar el cursor rápidamente a un punto concreto del documento, para localizar una palabra determinada, para comprobar si hemos repetido muchas veces una palabra, etc.

1. Abra el documento **Principios de ergonomía**.
2. Seleccione **Edición / Buscar...** Aparecerá el cuadro de diálogo que muestra la figura 4.1, aunque estará vacío. En caso de que su cuadro sea más amplio, puede hacer clic sobre el botón ⬚ para contraerlo.

3. Escriba el texto que desea buscar, antebrazos, y haga clic sobre el botón **Buscar siguiente**. Word buscará la palabra y, cuando la localice, la resaltará en el documento; el cuadro de diálogo permanecerá abierto (véase figura 4.1).

Figura 4.1

4. Haga clic sobre el botón **Buscar siguiente**; el programa buscará una nueva palabra y, como no existen más palabras iguales, informará en un cuadro de diálogo. Ciérrelo haciendo clic sobre el botón **Aceptar**.

Si expande el cuadro de diálogo **Buscar y reemplazar**, haciendo clic sobre el botón [Más »], visualizará todas sus opciones, algunas de las cuales se comentan a continuación:

- **Buscar**; permite indicar la dirección en la que debe realizarse la búsqueda; por defecto, la opción es **Todo**, lo que obliga al programa a buscar en todo el documento, de forma cíclica. Las otras posibilidades son **Hacia delante** y **Hacia atrás**.
- **Coincidir mayúsculas y minúsculas**; al activarla, el programa buscará sólo las palabras escritas con los mismos caracteres mayúsculas y minúsculas que la especificada.
- **Sólo palabras completas**; si se activa, el programa no dará como resultado de la búsqueda palabras que contengan a la especificada. De ese modo evitará que al buscar la palabra **Sol**, el programa dé como resultado la palabra **Solitario**.

5. Haga clic sobre el botón **Cancelar**; observe que el cuadro de diálogo se cierra pero que la última palabra localizada queda resaltada.

4.3. Reemplazar texto

Además de buscar un determinado texto, Word permite reemplazarlo automáticamente por otro. Esta opción es importante para evitar que una misma palabra se repita demasiadas veces en un documento.

La sustitución de palabras o texto se realiza desde el cuadro de diálogo que se activa mediante la opción **Reemplazar** del menú **Edición**. En realidad, la búsqueda y el remplazamiento de texto se realiza en el mismo cuadro de diálogo, pero en distintas fichas, por lo que una vez abierto éste, podrían activarse sus fichas haciendo clic sobre sus solapas.

Como ejemplo, va a reemplazar algunas de las palabras estar, escritas en el documento, por la palabra situarse.

1. Pulse <**Control-Inicio**> para situar el cursor al principio del documento.
2. Seleccione **Edición / Reemplazar**... Aparecerá el cuadro de diálogo correspondiente, en el que estará aún la palabra anteriormente buscada; si apareciese expandido, haga clic sobre el botón ⬚
3. Escriba, en el recuadro de la opción **Buscar**, el texto que desea reemplazar: estar.
4. Escriba, en el recuadro de la opción **Reemplazar con**, el texto que reemplazará al anterior: situarse.
5. Haga clic sobre el botón **Buscar siguiente**; el programa localizará y resaltará la palabra, tal y como muestra la figura 4.2.

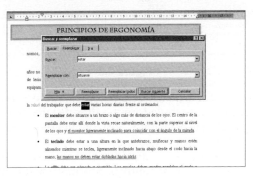

Figura 4.2

6. Como esta palabra no deseamos reemplazarla, haga clic sobre el botón **Buscar siguiente**; el programa resaltará la próxima palabra que encuentre.
7. Como esta palabra tampoco deseamos reemplazarla, haga clic sobre el botón **Buscar siguiente**.
8. Ahora sí deseamos reemplazar la palabra resaltada, luego haga clic sobre el botón **Reemplazar**; el programa sustituirá la palabra y buscará la siguiente.
9. Siga realizando los pasos anteriores hasta sustituir las palabras **estar** que desee.
10. Cuando haya finalizado, haga clic sobre el botón **Cerrar**.
11. Guarde el documento, haciendo clic sobre el botón 🖫 y cierre posteriormente su ventana.

Nota: si hubiera querido reemplazar todas las palabras iguales existentes en el documento, lo podría haber hecho automáticamente mediante el botón Reemplazar todos.

4.4. Tabulaciones

En más de una ocasión tendrá que colocar y alinear parte del texto de un documento, de modo que éste adquiera un aspecto similar al de la figura 4.3.

La siguiente tabla recoge el peso en kilogramos y el tamaño en centímetros de ciertas especies, así como la clase a la que pertenecen.

Especie	Clase	Peso (Kg)	Tamaño(cm)
Águila real	Aves	6	95
Foca	Mamíferos	120	200
Trucha	Peces	0,5	30
Ciervo	Mamíferos	350	250
Mochuelo	Aves	0,06	16
Salamandra	Anfibios	0,04	20

Figura 4.3

Para conseguir la distribución del texto como en la figura, lo mejor es utilizar los tabuladores o saltos de tabulación, que no son más que ciertas posiciones horizontales de la página en las que se coloca y alinea el texto.

No debe caer en el error de utilizar la barra espaciadora para insertar espacios en blanco entre la información de cada columna, ya que ello presentaría graves problemas, por ejemplo, al cambiar la fuente y/o el tamaño utilizados. La razón es que estaría insertando caracteres en blanco que, al modificar la fuente o el tamaño de ésta, también se verían afectados, con lo que el documento podría adoptar un aspecto no deseado, tal y como muestra la figura 4.4.

La siguiente tabla recoge el peso en kilogramos y el tamaño en centímetros de ciertas especies, así como la clase a la que pertenecen.

Especie	Clase	Peso (Kg)	Tamaño (cm)
Águila real	Aves	6	95
Foca	Mamíferos	120	200
Trucha	Peces	0,5	30
Ciervo	Mamíferos	350	250
Mochuelo	Aves	0,06	16
Salamandra	Anfibios	0,04	20

Figura 4.4

La solución, como ya se ha indicado, consiste en utilizar los saltos de tabulación, que son las posiciones a las que saltará el cursor cada vez que pulse la tecla <**Tab**>. Por defecto, estos saltos se encuentran situados cada 1,25 cm, de modo que, al pulsar repetidamente dicha tecla, el cursor se situará, sucesivamente, en las posiciones 1,25; 2,5; 3,75; 4...

Sin embargo, la mayoría de las veces estas posiciones no sirven y deben modificarse. Para ello puede recurrirse a la regla o al cuadro de diálogo Tabulaciones.

Existen cuatro tipos de tabuladores que se diferencian en cómo se alinea la información respecto a su posición: a la izquierda, a la derecha, al centro o respecto al separador decimal numérico. Los saltos de tabulación iniciales son del tipo alineación izquierda.

4.4.1. Modificar las tabulaciones mediante la regla

Para colocar un salto de tabulación, basta con activar el tipo de tabulador en el botón Tipo de tabulador, situado a la izquierda de la regla, y hacer clic sobre el punto exacto de la regla en el que desee fijarlo.

Cuando se fija un salto de tabulador, quedan automáticamente eliminados todos los tabuladores iniciales (predeterminados en el programa) que estén situados delante de él; sin embargo, no se eliminan los que hayan sido colocados por el usuario.

El programa representa cada tipo de tabulador con un símbolo particular. El botón **Tipo de tabulador** tendrá el aspecto de uno de estos símbolos en función del tabulador que permite añadir en ese momento; haciendo clic sobre él podrá modificar el tipo de tabulador.

Tabla 4.1.

Icono	Tipo de tabulación
L	Tabulación izquierda.
⌐	Tabulación derecha.
⊥	Tabulación centrada.
⊥·	Tabulación decimal.

Nota: *existe otro tipo de tabulación,* **Barra**, *que dibuja automáticamente una línea vertical en el punto indicado para el tabulador.*

Cuando necesite eliminar algún salto de tabulación insertado, bastará con que arrastre su marca fuera de la regla. Si elimina todos los saltos de tabulación añadidos, volverán a activarse los tabuladores predeterminados de Word.

A continuación va a escribir el documento de la figura 4.3; comenzará escribiendo el primer párrafo y, posteriormente, tendrá que situar los tabuladores necesarios para la tabla.

1. Abra una ventana de documento vacía y escriba el texto `La siguiente tabla recoge el peso en kilogramos y el tamaño en centímetros de ciertas especies, así como la clase a la que pertenecen.`
2. Pulse dos veces <**Intro**>, para situar el cursor en una nueva línea, a partir de la cual va a comenzar a escribir la tabla.
3. Haga clic sobre el botón **Tipo de tabulación** hasta tener activo el tabulador izquierda **L**.
4. Haga clic sobre la posición 2 de la regla.
5. Haga clic sobre el botón **Tipo de tabulación** hasta activar el tabulador centrado **⊥**, y sobre la posición 6 de la regla.

6. Haga clic sobre el botón **Tipo de tabulación** hasta activar el tabulador decimal ⊥, y sobre la posición 10 de la regla.
7. Haga clic sobre el botón **Tipo de tabulación** hasta activar el tabulador derecha ⌐, y sobre la posición 13 de la regla. El aspecto de la regla debe ser análogo al de la figura 4.5.

Figura 4.5

Una vez insertados los saltos de tabulación, debe escribir el texto que desea distribuir en columnas.

8. Pulse <**Tab**>, para situar el cursor en el primer tabulador, y escriba Especie.
9. Pulse <**Tab**>, para situar el cursor en el segundo tabulador, y escriba Clase.
10. Pulse <**Tab**>, para saltar al siguiente tabulador, y escriba Peso(kg).
11. Pulse <**Tab**> y escriba Tamaño(cm); la primera línea está completa.
12. Pulse <**Intro**>, para situar el cursor en la siguiente línea, y repita los pasos anteriores hasta escribir todos los datos de la tabla; recuerde que debe pulsar <**Tab**> antes de escribir el nombre de cada especie.
13. Aplique los atributos negrita y subrayado a los nombres de cada columna.

Los saltos de tabulación pueden modificarse tantas veces como sea necesario dentro de un mismo documento, pero es muy importante tener en cuenta que las modificaciones realizadas sólo afectarán al párrafo activo. Si las modificaciones se realizan en la última línea del documento, éstas tendrán efecto en todos los párrafos que se creen a continuación.

14. Sitúe el cursor en la primera línea de la tabla.
15. Arrastre el tabulador decimal a la posición 11 y el tabulador derecho a la posición 14. Las modificaciones realizadas tendrán efecto sólo en la línea activa, y el aspecto de la tabla habrá mejorado tal y como muestra la figura 4.6.

La siguiente tabla recoge el peso en kilogramos y el tamaño en centímetros de ciertas especies, así como la clase a la que pertenecen.

Especie	Clase	Peso (Kg)	Tamaño(cm)
Águila real	Aves	6	95
Foca	Mamíferos	120	200
Trucha	Peces	0,5	30
Ciervo	Mamíferos	350	250
Mochuelo	Aves	0,06	16
Salamandra	Anfibios	0,04	20

Figura 4.6

4.4.2. Modificar las tabulaciones mediante el cuadro de diálogo

El control de las tabulaciones también puede realizarse desde el cuadro de diálogo Tabulaciones, que se puede obtener seleccionando Formato / Tabulaciones... o haciendo clic en el botón Tabulaciones... existente en el cuadro de diálogo Párrafo.

1. Sitúe el cursor en una nueva línea, al final del documento, y seleccione Formato / Tabulaciones... Se activará el cuadro de diálogo de la figura 4.7, en el que se puede comprobar que siguen activos los tabuladores definidos para la tabla.

Figura 4.7

Para fijar una nueva tabulación debe introducir su posición, seleccionar el tipo de tabulador deseado y hacer clic en el botón Fijar.

Si desea borrar una tabulación concreta, haga clic sobre ella y sobre el botón Eliminar. Si deseara eliminar todos los tabuladores definidos, debería hacer clic sobre el botón **Eliminar todas**.

Los distintos **Rellenos** son líneas que el programa dibujará, automáticamente, delante del tabulador en el que se hayan activado.

2. Haga clic sobre el botón **Eliminar todas**, para borrar los tabuladores, y sobre el botón **Aceptar**.
3. Guarde el documento con el nombre **Datos de especies animales**, y cierre su ventana

4.5. Insertar textos prefijados

Word permite insertar, en cualquier documento, un conjunto de textos que están prefijados; además, usted mismo puede añadir nuevos textos a este conjunto.

La mayoría de estos textos se encuentran disponibles en la opción **Autotexto** del menú **Insertar**, tal y como muestra la figura 4.8. Al seleccionar uno de estos textos, el programa lo insertará automáticamente en el punto que estuviera el cursor.

Figura 4.8

1. Abra una ventana de documento nueva e inserte algunos de los autotextos ofrecidos por el programa.

4.6. Insertar la fecha y la hora

Cuando necesite escribir la fecha y/o la hora actual en un documento, tenga en cuenta que Word lo puede hacer automáticamente; el programa tomará los datos del reloj interno del ordenador, por lo que si éste no está actualizado, el programa introducirá un texto erróneo.

1. Seleccione **Insertar / Fecha y hora**... Aparecerá el cuadro de diálogo de la figura 4.9, en el que se pueden ver todos las posibilidades que el programa ofrece.

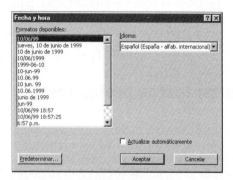

Figura 4.9

2. Resalte el formato que desee, y haga clic sobre el botón **Aceptar**. El texto se insertará en el documento.

> *Nota*: al activar la opción **Actualizar automáticamente**, la fecha que se añade al documento tendrá la particularidad de que se actualizará automáticamente al imprimir el documento.

4.7. Insertar el número de página

Cuando un documento tiene un número elevado de páginas, se hace indispensable imprimirlas con su numeración correspondiente. En ese caso, bastará con insertar el número de página en una cualquiera para que el programa lo agregue, automáticamente, a todas las del documento. Para ello:

1. Seleccione **Insertar / Números de página**... Obtendrá el cuadro de diálogo de la figura 4.10.
2. Seleccione la posición y alineación que desee para el número, por ejemplo las de la figura 4.10.
3. Haga clic sobre el botón **Aceptar**.

Figura 4.10

4. Active la vista Diseño de impresión y desplácese hacia la parte superior o inferior de la página, dependiendo de donde haya colocado el número de página, para visualizarlo.

4.8. Insertar objetos

Word permite añadir multitud de objetos, de naturaleza muy variada, en un mismo documento. Aunque en el capítulo 11 se estudiará, detalladamente, cómo crear e insertar algunos de los objetos más frecuentes, a continuación se indican algunas de las posibilidades existentes:

- **Crear y añadir un dibujo.** Word permite dibujar directamente en el documento utilizando las herramientas de dibujo que ofrece en la barra Dibujo. Esta barra se puede activar haciendo clic sobre el botón . Por supuesto que también es posible transferir cualquier dibujo creado con otro programa a un documento, mediante el Portapapeles, tal y como se estudiará en el capítulo 14.
- **Añadir un archivo.** Gracias a esta posibilidad es posible fusionar el texto de varios documentos distintos. El modo de operar sería:

  1. Abrir un documento y situar el cursor en el punto exacto en el que se desee insertar el texto del otro documento.
  2. Seleccionar la opción Insertar / Archivo... Aparecerá el cuadro de diálogo Insertar archivo, en el que debe seleccionarse el documento cuyo texto se desea insertar.

- **Añadir objetos de distinta naturaleza.** Dependiendo de las aplicaciones instaladas en su ordenador, el cuadro de diálogo **Objeto** (véase figura 4.11) ofrece diferentes opciones para crear e insertar distintos objetos a un documento; este cuadro de diálogo se activa al seleccionar Insertar / Objeto....

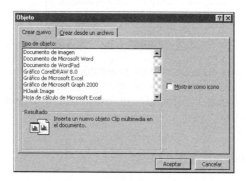

Figura 4.11

- **Añadir objetos creados con otras aplicaciones incorporadas en Office**. Office incorpora una serie de aplicaciones, independientes de las denominadas aplicaciones principales (Word, Excel, Access y PowerPoint...), que permiten crear distintos tipos de objetos.

Cada uno de estos objetos se crea con su aplicación, y quedan insertados automáticamente en el documento activo. Puesto que estos objetos pueden crearse en cualquier documento de las aplicaciones principales (Word, PowerPoint...), la explicación de cómo insertarlos se realiza en el capítulo 11.

4.9. Cambiar los márgenes de la página

Existen una serie de características propias de las páginas que pueden modificarse para obtener un diseño especial de una o varias páginas del documento. Todas las características que afectan al diseño de página se encuentran englobadas en el cuadro de diálogo **Configurar página** (véase figura 4.12).

1. Cierre el documento abierto, sin guardar los cambios, y abra el documento Principios de ergonomía.

2. Seleccione **Archivo / Configurar página...**
3. Haga clic sobre la solapa **Márgenes**, para activar dicha ficha; visualizará los valores de cada uno de los márgenes (véase figura 4.12), que equivalen a la distancia a la que quedará el texto del documento respecto a cada uno de los bordes de la página.

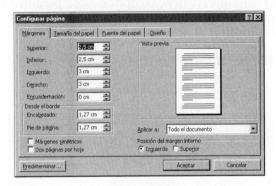

Figura 4.12

El valor introducido para el borde del encabezado indica la distancia entre el borde superior de la página y la parte superior de la línea correspondiente al texto introducido como encabezado. Del mismo modo, el valor indicado para el pie de página corresponde a la distancia entre el borde inferior de la página y la parte inferior del texto introducido como pie de página.

3. Introduzca el valor 4 para los márgenes superior e izquierdo; compruebe el nuevo aspecto del documento en el cuadro **Vista previa**.
4. Como deseamos que los márgenes afecten a todas las páginas del documento, compruebe que la opción del cuadro **Aplicar a:** es **Todo el documento**; en caso contrario, selecciónela;
5. Haga clic sobre el botón **Aceptar**.

4.10. Cambiar el tamaño y la orientación del papel

En algunas ocasiones interesará cambiar el tamaño del papel y/o la orientación de la página. Al realizar estas operaciones,

Word modificará automáticamente la ventana de documento para adecuarla a la nueva página.

1. Seleccione Archivo / Configurar página...; obtendrá el cuadro de diálogo Configurar página.
2. Haga clic sobre la solapa Tamaño del papel, para activar la ficha que contiene las opciones que permiten modificar el tamaño y/o la orientación de la página (véase figura 4.13).

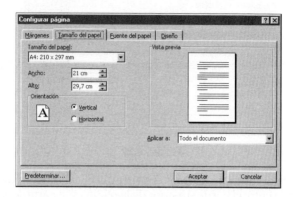

Figura 4.13

Además de poder elegir uno de los tamaños de papel más frecuentes en la opción Tamaño del papel, es posible especificar las medidas de otro cualquiera mediante la opción Tamaño personal.

Si necesitara modificar la orientación del papel, bastaría con activar la opción correspondiente del cuadro Orientación.

3. Haga clic sobre el botón Cancelar, para cerrar el cuadro de diálogo.

4.11. Introducir encabezados y pies de página

Los encabezados y los pies de página son un texto que se imprimirá en todas las páginas, si no se indica lo contrario, en la parte superior e inferior, respectivamente. Éstos suelen utilizarse para imprimir el título y autor del documento, la fecha de creación o impresión, la numeración de página, etc.

Para introducir un encabezado o pie de página debe seleccionar la opción **Encabezado y pie de página** del menú **Ver**. Word activará automáticamente, si no lo estuviese, el modo de visualización Diseño de impresión, ya que éste es la única vista en la que se visualizan los encabezados y pies de página.

1. Seleccione **Ver / Encabezado y pie de página**. Aparecerá un recuadro de línea discontinua, titulado **Encabezado**, en cuyo interior estará el cursor listo para escribir; además, habrá aparecido una barra de herramientas con los botones que permiten crear y modificar los encabezados y pies de página, tal y como muestra la figura 4.14.

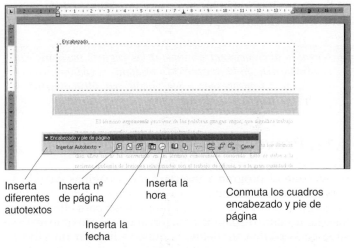

Figura 4.14

2. Como el cursor está a la izquierda del encabezado, escriba Ergonomía.
3. Pulse <**Tab**>, dos veces, para situar el cursor a la derecha del encabezado, y escriba su nombre. Si el cursor quedara fuera del recuadro, desplace el tabulador hasta situarlo en su interior.
4. Haga clic en el botón **Cambiar entre encabezado y pie**, para activar el recuadro del pie de página, situado en la parte inferior.
5. Pulse <**Tab**>, para situar el cursor en el centro.
6. Escriba Página nº y pulse <**Barra espaciadora**>, para insertar un carácter en blanco.

7. Haga clic en el botón **Número de página** ▣, para que el programa inserte el número de página.
8. Haga clic en el botón **Cerrar**, de la barra de herramientas **Encabezado y pie de página**.

Las únicas posibilidades para visualizar el encabezado y pie de página son dos: realizar una presentación preliminar o activar la vista Diseño de impresión.

Si desea modificar un encabezado o un pie de página, debe operar del mismo modo que si fuera a crearlo, es decir, seleccionar **Ver / Encabezado y pie de página**. En ese caso, los recuadros mostrarán el texto de cada uno de ellos, sobre los que podrá realizar las modificaciones que desee. Para borrar un código introducido (fecha, hora, numeración de página, etc.), deberá seleccionarlo y pulsar **<Supr>**

*Nota: la diferencia entre numerar las páginas mediante el cuadro de diálogo **Numeración** o mediante el código correspondiente del encabezado o pie, es que este último método permite acompañar al número de un texto cualquiera.*

4.12. Provocar un salto de página

Aunque el programa inserta nuevas páginas cuando se completa una, en algunas ocasiones puede interesar dejar incompleta una y comenzar en otro nueva; para ello hay que insertar un salto de página para forzar que el próximo texto se sitúe en la página siguiente. Si quisiera insertar un salto de página entre un texto escrito, debería situar, previamente, el cursor en el punto exacto.

Los pasos que debe realizar para provocar un salto de página son:

1. Seleccionar **Insertar / Salto...**; se activará el cuadro de diálogo de la figura 4.15.
2. Activar la opción **Salto de página** y hacer clic sobre el botón **Aceptar**.

Los saltos de página provocados, denominados *saltos de página manual*, se visualizan en pantalla con el aspecto que muestra la figura 4.16; por el contrario, los saltos de página automáticos, provocados por el programa cuando se llena una página, se visualizan sólo como una línea discontinua.

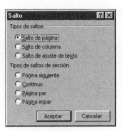

Figura 4.15

Figura 4.16

Si deseara eliminar un salto de página manual, sitúe el cursor sobre la línea discontinua y pulse <**Supr**>.

> *Truco: puede provocar un salto de página pulsando <**Control-Intro**>*

4.13. Vista preliminar

Aunque ya ha comprobado algunas de las vistas ofrecidas por el programa para visualizar un documento, existe otra, denominada *Vista preliminar*, que permite ver el documento con el aspecto que va a tener al imprimirlo.

Esta vista se realiza en una ventana especial que se activa seleccionando **Archivo / Vista preliminar** o haciendo clic sobre el botón.

1. Haga clic sobre el botón. Se activará la ventana **Vista preliminar**, cuyo aspecto varía en función de cómo se cerrara la última vez, pero que será parecida a la figura 4.17.

Las función de los botones más utilizados de la barra de herramientas de esta ventana se indican en la figura 4.18.

En esta ventana, a no ser que esté activado el zoom, también es posible hacer cambios en el documento. Si la regla está visible, se podrá modificar la posición de los tabuladores y márgenes.

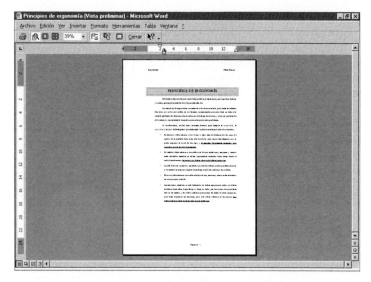

Figura 4.17

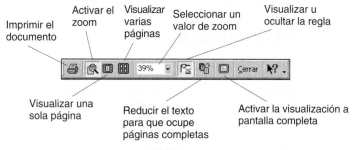

Figura 4.18

3. Haga clic sobre el botón Cerrar, o sobre uno de los botones de las vistas (situados en la parte inferior izquierda), para cerrar esta ventana especial.

4.14. Imprimir documentos

Por defecto, Word utiliza la impresora predeterminada en Windows, con la configuración realizada en dicho sistema operativo. Aún así, Word permite seleccionar otra impresora o dispositivo de impresión correctamente configurado, e incluso posibilita la opción de enviar directamente un documento por fax (siempre y cuando disponga de un modem-fax).

Existen distintos modos de imprimir el documento completo, dependiendo de la ventana que tenga activa en ese momento:

a) Desde la ventana del documento, haciendo clic sobre el botón Imprimir 🖨; el resultado será la impresión de todo el documento mediante la impresora predeterminada por defecto.
b) Desde la ventana Vista preliminar, haciendo clic sobre el botón Imprimir 🖨; el resultado será el mismo que con el método anterior.
c) Desde la ventana de documento, seleccionando la opción Archivo / Imprimir, para activar el cuadro de diálogo Imprimir; en este caso podrá modificar las opciones de impresión.

1. Seleccione Archivo / Imprimir. Aparecerá el cuadro de diálogo Imprimir, análogo al de la figura 4.19.

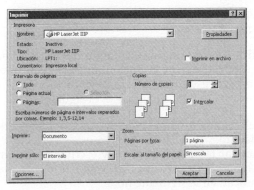

Figura 4.19

Algunas de las posibilidades que ofrece este cuadro de diálogo son:

- Indicar otra impresora o dispositivo de impresión, seleccionándolo de la lista desplegable correspondiente a la opción Nombre.
- Indicar el número de copias y cómo se desean obtener.

2. Una vez seleccionadas las opciones de impresión, haga clic sobre el botón Aceptar.

4.15. Imprimir parte de un documento

Si no desea imprimir todo el texto de un documento, dispone de varias posibilidades en el cuadro de diálogo Imprimir (véase figura 4.20).

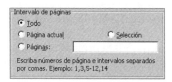

Figura 4.20

Imprimir una página. Para imprimir una única página del documento, lo mejor es:

1. Situar el cursor en la página a imprimir.
2. Seleccionar Archivo / Imprimir, para obtener el cuadro de diálogo.
3. Activar la opción Página actual y hacer clic sobre el botón Aceptar.

Imprimir varias páginas. Cuando desee imprimir varias páginas, podría utilizar la opción anterior para imprimirlas una a una, pero resultaría lento. El mejor método para imprimir simultáneamente varias páginas es el siguiente:

1. Seleccionar Archivo / Imprimir, para obtener el cuadro de diálogo.
2. Activar la opción Páginas y escribir el número de las páginas que desea imprimir siguiendo las reglas que se indican en la siguiente nota.
3. Realizar la impresión, haciendo clic sobre el botón Aceptar.

Nota: cuando desee indicar páginas aisladas, separe sus números con una coma (,); si las páginas están contiguas, escriba los números de la primera y última separados por el carácter guión (-). Algunos ejemplos son:
3 imprimiría sólo la página 3.
1,3 imprimiría la 1ª y 3ª página.
1-6 imprimiría desde la 1ª hasta la 6ª página, ambas inclusive.
1,3,5-7 imprimiría la 1ª, 3ª, 5ª, 6ª y 7ª.

Imprimir un bloque de texto. Si lo que desea es imprimir parte de un documento que no se ajusta a un número determinado de páginas, opere del siguiente modo:

1. Seleccione el bloque de texto que desea imprimir.
2. Seleccione Archivo / Imprimir, para obtener el cuadro de diálogo.
3. Active la opción Selección y haga clic sobre el botón Aceptar.

Imprimir sólo las páginas pares o impares. Además de las opciones indicadas anteriormente, puede interesar imprimir sólo las páginas pares o impares. En este caso, y una vez activado el cuadro de diálogo Imprimir, habrá que seleccionar la opción correspondiente de la lista desplegable Imprimir sólo (véase la figura 4.21).

Figura 4.21

Información: las opciones del recuadro Zoom del cuadro de diálogo Imprimir permiten modificar, de forma temporal, el tamaño de las páginas del documento; de ese modo se pueden imprimir varias páginas del documento en una misma página física. Las opciones mostradas en la figura 4.22 permitirían obtener dos páginas de documentos en cada página de tamaño A4.

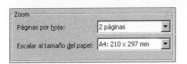

Figura 4.22

1. Imprima, si no lo hubiera hecho ya, el documento Principios de ergonomía.
2. Cierre la ventana de documento, guardando los cambios, y cierre la aplicación Word.

5

Crear libros con Excel

5.1. Introducción

En este capítulo encontrará cómo crear *libros* con Excel. Un libro es el documento de trabajo de Excel que, como su nombre indica, está constituido por un conjunto de hojas, en cada una de las cuales se puede almacenar, calcular y organizar información.

Conocerá los elementos de la ventana de Excel y comenzará a trabajar con una *hoja de cálculo*. Además de los conceptos básicos, aprenderá a introducir los distintos tipos de datos (rótulos, números, fechas, horas), así como las fórmulas necesarias para calcular nuevos datos a partir de los existentes en un libro.

5.2. La ventana de Excel

Excel se puede arrancar de cualquiera de los modos descritos para las aplicaciones Office en el capítulo 1:

a) Seleccionando Inicio / Programas / Microsoft Excel.
b) Seleccionando Inicio / Nuevo documento de Office, para activar el cuadro de diálogo Nuevo documento de Office, y haciendo doble clic sobre el icono correspondiente a un libro en blanco.

1. Ejecute Excel y maximice, si no lo estuviera, su ventana.

Una vez que se ha arrancado Excel, aparecerá su ventana con un aspecto similar al de la figura 5.1; tenga en cuenta que

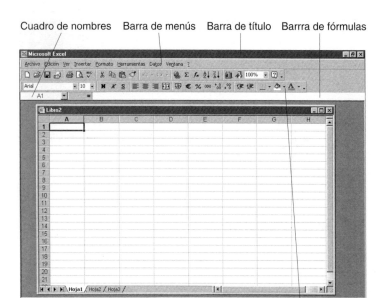

Figura 5.1

se ha restaurado la ventana de documento para distinguirla de la ventana de aplicación.

Además de los elementos comunes a las demás ventanas de aplicación, ésta tiene algunas características particulares; a continuación se describen los elementos más importantes:

- *Cuadro de nombres.* Este cuadro tiene varias funciones, siendo la más importante la de identificar la *celda activa*, concepto que estudiará más adelante.
- *Barra de fórmula.* En esta barra se visualizará, y se podrá modificar, el contenido de la celda activa.

> **Nota:** *si desea que las barras de herramientas* **Estándar** *y* **Formato** *estén en la misma línea, tal y como ocurría en Word, seleccione* **Herramientas / Personalizar** *y active la opción* **Las barras Formato y Estándar comparten una fila** *existente en la ficha* **Opciones**.

5.3. Libro de trabajo

Como ya se ha indicado, los documentos en Excel se denominan *Libros de trabajo*, ya que están formados por varias hojas, denominadas *hojas de cálculo*. Si observa en la barra de título, el programa asigna, a los documentos, nombres genéricos como *Libro1*, *Libro2*, *Libro3*...

En la figura 5.2 se señalan los elementos más característicos de la ventana de un libro.

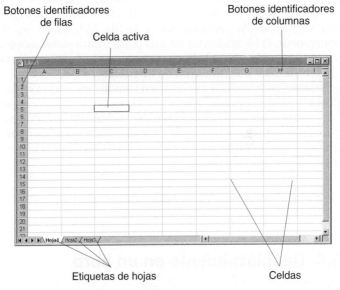

Figura 5.2

El número de hojas de cálculo que contiene un libro es, inicialmente, 3, aunque podría aumentar si fuera necesario. En principio, las hojas se identifican como *Hoja1*, *Hoja2*, *Hoja3*..., tal y como se puede comprobar observando las etiquetas de hoja. Estas etiquetas también permiten saber qué hoja está activa, llamada así a la hoja en la que se está trabajando en un momento determinado.

Cada hoja está constituida por un conjunto de filas y de columnas. El número de columnas es de 256, y se nombran con letras que comienzan en la A hasta la Z, continuando por AA, AB...BA, BB... hasta la última, IV. En la parte superior del cuaderno aparecen los botones que identifican las columnas, rotulados con su letra o letras correspondientes.

El número de filas es de 65.536, nombradas con un número comprendido entre 1 (correspondiente a la primera fila) y 65.536 (correspondiente a la última). En el borde izquierdo de la ventana se encuentran los botones que identifican cada una de las filas, rotulados con sus números correspondientes.

La intersección de una fila con una columna genera una *celda*, lugar en el que se almacena la información. Cada celda se identifica por la letra de la columna y el número de la fila que la generan. Así, la celda H4 es la celda situada en la intersección de la columna H y la fila 4; la celda AC145 se encontrará en la intersección de la columna AC y la fila 145. Como puede comprobar, el identificador de una celda indica su situación o dirección, por lo que se habla indistintamente de la referencia, el identificador o la dirección de una celda.

El número de celdas que pueden visualizarse en la ventana de documento depende, además del tamaño de la ventana, de varios factores más: altura de las filas, anchura de las columnas y de la resolución activa en la pantalla. Para visualizar cualquier celda no visible, puede utilizar las teclas de movimiento o las barras de desplazamiento.

> **Nota:** *el número total de celdas de una hoja de cálculo 16.777.216 (65.536 filas x 256 columnas).*

5.4. Desplazamiento en un libro

Cuando se introduce un dato en un libro de trabajo, éste queda almacenado en la celda activa, cuya referencia se visualiza en el cuadro de nombres. Además debe tener en cuenta que un libro contiene más de una hoja por lo que, además de la celda, deberá tener activa la hoja adecuada.

Cuando quiera introducir un dato en otra celda distinta, deberá activarla previamente. Existen diversos modos de activar una celda del libro, tanto con ratón como con teclado. Aunque en la mayoría de los casos utilizará el ratón, en la tabla 5.1 encontrará los desplazamientos más frecuentes realizados con el teclado.

A continuación se citan algunas observaciones acerca de la utilización del ratón:

- Para activar una celda que esté visible, basta con hacer clic sobre ella.
- Si la celda no está visible, primero deberá visualizarla mediante las barras de desplazamiento vertical y/u horizontal, y después hacer clic sobre ella.
- Si la celda que desea activar pertenece a otra hoja del libro, deberá primero activarla haciendo clic sobre su etiqueta. Cuando el número de hojas es tan elevado que no se pueden visualizar todas sus etiquetas, deberá utilizar los botones de desplazamiento situados a la izquierda de éstas (véase la figura 5.3).

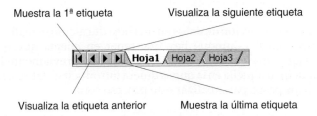

Figura 5.3

Como ya se ha indicado, además del ratón puede utilizarse el teclado para activar una celda determinada. Las teclas o combinaciones de teclas más utilizadas para activar celdas son las mostradas en la tabla 5.1.

Tabla 5.1

Tecla	Descripción
← → ↑ ↓	Activan, respectivamente, la celda situada a la izquierda, derecha, encima y debajo de la celda activa.
\<Tab\>	Activa la celda situada a la derecha de la activa.
\<Mayús-Tab\>	Activa la celda situada a la izquierda.
\<Intro\>	Esta tecla, que se utiliza para aceptar la introducción de un dato en la celda activa, provoca además la activación de la celda inferior.
\<Inicio\>	Activa la celda intersección de la columna A con la fila activa.
\<Control-Inicio\>	Activa la celda A1 de la hoja activa.
\<AvPág\>	Activa la celda situada una pantalla más abajo.
\<RePág\>	Activa la celda situada una pantalla más arriba.
\<Control-AvPág\>	Activa la siguiente hoja de cálculo.
\<Control-RePág\>	Activa la hoja de cálculo anterior.

Existe otro modo de activar una celda concreta; basta con activar el cuadro de diálogo Ir a, bien seleccionando Edición / Ir a bien pulsando <F5>, escribir la referencia de la celda y hacer clic sobre el botón Aceptar.

> **Nota:** *el cuadro de nombres permite activar cualquier celda: basta con hacer clic sobre él, para activarlo, escribir la referencia de la celda y pulsar <Intro>*

5.5. Introducción de datos

La introducción de datos en una hoja de cálculo se realiza de forma sencilla, aunque hay que tener en cuenta que éstos quedan almacenados en celdas, por lo que previamente hay que activar aquélla en la que se quiera introducir el dato escrito. Así, los pasos para realizar este proceso son:

a) Activar la celda en la que se desea introducir el dato.
b) Escribir el dato.
c) Pulsar <Intro>, o activar cualquier otra celda, para aceptar la operación y que el dato quede almacenado en la celda.

Según se vaya escribiendo un dato, éste se irá visualizando tanto en la celda activa como en la barra de fórmulas. Además, durante la introducción del dato, en la barra de fórmulas aparecerán los tres botones que se muestran en la figura 5.4.

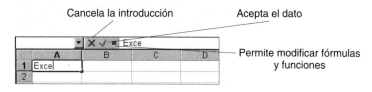

Figura 5.4

5.5.1. Introducción de textos o rótulos

Los textos o rótulos son conjuntos de caracteres alfanuméricos (letras, números, símbolos...) que se utilizan para introducir nombres, direcciones, etc. También suelen emplearse para explicar el significado de otros datos numéricos de modo que cualquier usuario pueda interpretarlos adecuadamente.

Es muy frecuente, antes de comenzar a introducir datos, maximizar la ventana de documento; compruebe que la suya está maximizada y, posteriormente, realice los siguientes pasos :

1. Active, si no lo estuviera ya, la celda A1.
2. Escriba el rótulo Cálculo de comisiones.
3. Pulse <Intro>, o haga clic sobre el botón **Aceptar** de la barra de fórmulas, para introducir el dato; si ha pulsado <Intro>, el programa habrá activado automáticamente la celda inferior.

Precaución: si durante la introducción de un dato observa un error, no debe utilizar las teclas de movimiento para situar el cursor en él y corregirlo, ya que ello supondría su introducción y la activación de una de las celdas contiguas. Para corregir el error puede optar por:

- *Pulsar <**Retroceso**> hasta borrar los caracteres erróneos y escribir los correctos.*
- *Aceptar el dato, aunque erróneo, y corregirlo posteriormente tal y como se indica en el apartado Edición de datos.*
- *Pulsar <Esc>, o hacer clic sobre el botón **Cancelar** de la barra de fórmulas, para anular la introducción del dato y comenzar a escribirlo de nuevo.*

El texto introducido en una celda puede contener hasta 32.000 caracteres aunque, lógicamente, en muchas ocasiones no podrán visualizarse todos ellos. Aunque un dato no pueda visualizarse de forma completa en una celda, éste sí estará almacenado en su totalidad; Como ya verá en los próximos capítulos, el tamaño de las celdas puede aumentarse para corregir ese pequeño inconveniente y visualizar textos largos.

4. Active la celda A3, escriba 1er. Trimestre y pulse <**Intro**>.
5. Active la celda D3, escriba Zapatería y pulse <**Flecha dcha.**>. El dato quedará introducido en la celda D3 y se activará la celda E3.
6. Continúe introduciendo los datos que muestra la figura 5.5.

Figura 5.5

Como ha podido comprobar, los datos introducidos quedan alineados a la izquierda de cada celda, ya que ésta es la alineación, por defecto, para los rótulos. Sin embargo, la alineación puede cambiarse, de modo sencillo, gracias a los botones de alineación de la barra de herramientas, idénticos a los existentes en la ventana de Word.

7. Haga clic sobre la celda D3, para activarla, y sobre el botón ▩ de la barra de herramientas. El dato quedará centrado en su celda.
8. Repita el paso anterior para centrar los datos de las celdas E3 y F3.

Nota: Excel tiene una función, denominada autocompletar, que permite introducir datos sin necesidad de escribirlos completos; el programa, mientras escribe un dato, lo está comparando con los ya introducidos en la hoja y, cuando lo identifica como uno de ellos, ofrece la posibilidad de escribirlo automáticamente pulsando <Intro>.

5.5.2. Introducir números

Un número es un valor que representa una magnitud. Para introducir un número hay que escribirlo tal cual o precedido de uno de los siguientes caracteres:

+ para indicar que el número es positivo; éste puede omitirse.
- para introducir un número negativo.
, la coma es el separador decimal, por lo que este carácter permite introducir números menores que 1 expresados en forma decimal. Curiosamente, la tecla del carácter punto del teclado numérico también corresponde al separador decimal (,).

En el caso de que un valor numérico comience o contenga otro carácter distinto a los indicados anteriormente, Excel interpretará el dato no como número, sino como texto, por lo que no podrá realizar operaciones matemáticas con él. Excepcionalmente se puede escribir los caracteres monetario (Ptas o €) o tanto por ciento (%) detrás de un número, ya que el programa lo interpretará como un valor monetario o un porcentaje.

1. Introduzca, en las celdas correspondientes, los números que muestra la figura 5.6.

	A	B	C	D	E	F	G
1	Cálculo de comisiones						
2							
3	1er. Trimestre			Zapateria	Moda	Hogar	
4		Carlos Cabello		245000	398500	465000	
5		Pili Ribeiro		162000	405000	532100	
6		Leandro Peladilla		228000	200000	558500	
7		Amelia Torbellino		248000	384200	330700	
8							
9							
10							

Figura 5.6

Cuando el número que se introduce en una celda tiene más dígitos de los que la celda puede mostrar, Excel lo expresará en notación científica. Observe, en la figura 5.7, la notación utilizada por Excel para mostrar algunos números.

Números introducidos   Notación utilizada por Excel para mostrarlos

325300	325300
650000000000	6,5E+11
0,000067	0,000067
0,000000254	2,54E-07

Figura 5.7

Los valores numéricos quedan, por defecto, alineados a la derecha de la celda que los contiene pero, al igual que los rótulos, éstos pueden alinearse según interese mediante los botones de la barra de herramientas.

5.5.3. Cómo introducir fórmulas

La utilización de fórmulas en Excel permite realizar cálculos con los valores numéricos introducidos en distintas celdas. También pueden emplearse para introducir valores numéricos desconocidos y que se puedan obtener como resultado de alguna operación matemática.

Para que una fórmula sea reconocida como tal, ésta debe comenzar por uno de los siguientes caracteres: signo igual (=), signo positivo (+) o signo negativo (-).

A continuación va a calcular, en la celda G4, el total de las ventas realizadas por el primer vendedor.

1. Introduzca, en la celda G3, el rótulo `Total`.
2. Active la celda G4.
3. Escriba =245000+398500+465000 y pulse <Intro>. La fórmula quedará introducida en la celda y en ella aparecerá el resultado de la operación. Observe esta situación especial en la figura 5.8; en la barra de fórmulas se visualiza el verdadero contenido de la celda, la fórmula, mientras que en la celda se ve el resultado de la misma.

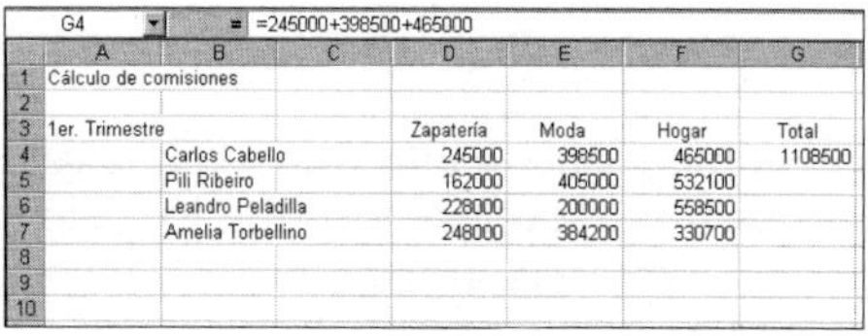

Figura 5.8

Aunque el empleo de fórmulas permite introducir valores calculados tal y como ha comprobado anteriormente, lo más importante de ellas es que pueden "operar con las celdas de una hoja de cálculo", aunque en realidad lo hacen con los números introducidos en dichas celdas.

4. Introduzca, en la celda G5, la fórmula =D5+E5+F5; la celda G5 mostrará el valor 1099100, que corresponde a la suma de las ventas del segundo vendedor.
5. Introduzca, en la celda G6, la fórmula =D6+E6+F6.
6. Introduzca, en la celda G7, la fórmula =D7+E7+F7.

Nota: La ventaja de utilizar la dirección de una celda en fórmulas es que, cuando se modifique el valor numérico de la celda, el programa recalculará automáticamente todas las fórmulas en las que se hubiera hecho referencia a la misma, y mostrará los nuevos valores de modo inmediato.

Existe otro método distinto al anterior para introducir una fórmula en una celda; éste consiste en escribir los operadores aritméticos desde el teclado e indicar las celdas involucradas mediante el ratón o el teclado. La diferencia con el método anterior es que las direcciones de las celdas no hay que escribirlas, ahorrando tiempo y evitando errores.

A continuación va a calcular, mediante la fórmula =G4+G5+G6+G7, el total de las ventas efectuadas por los cuatro vendedores; en este caso no escribirá la fórmula, sino que la va a "componer":

7. Active la celda G8, ya que en ella va a introducir la fórmula.
8. Pulse < = >, para que Excel sepa que va a introducir una fórmula.
9. Active, mediante el ratón o el teclado, la celda G4; ésta quedará enmarcada por una débil línea discontinua y su referencia aparecerá escrita en la fórmula.
10. Pulse <+> para indicar que desea sumar el contenido de otra celda; volverá a activarse la celda en la que se está introduciendo la fórmula, G8.
11. Active la celda G5, para introducir esta celda en la fórmula y pulse <+>. Volverá a activarse la celda G8.
12. Active la celda G6 (tercera celda cuyo contenido desea sumar) y pulse <+>.
13. Active la celda G7 (cuarta y última celda cuyo contenido desea sumar) y pulse <**Intro**>, para indicar a Excel que la fórmula está completa; la celda mostrará el resultado de la suma: 4257000.

Excel permite utilizar, en las fórmulas, tanto los operadores aritméticos como los paréntesis para indicar las operaciones que han de realizarse. Estos operadores tienen un orden de prioridad que es necesario conocer para obtener el resultado correcto:

- Primero se realizan las operaciones encerradas entre paréntesis.
- A continuación se realiza la exponenciación (^).
- Después se realizan las multiplicaciones y divisiones (*, /). Si hubiera más de una, se efectuarían según su colocación en la fórmula, de izquierda a derecha.
- Por último, se realizan las sumas y restas (+,-); si hubiera varias, se realizarían en el orden indicado anteriormente.

> **Información:** *existen unas fórmulas especiales, denominadas funciones, que vienen incorporadas en el programa y permiten realizar operaciones complejas. Así, con la introducción de la función adecuada, se puede calcular el interés de un crédito hipotecario, el coseno de un ángulo, etc. La introducción de las funciones se estudiará más adelante.*

Una de las principales características de una hoja de cálculo es que, una vez introducidas las fórmulas, al modificar el valor de una celda involucrada en una o varias fórmulas, el programa automáticamente realiza los cálculos necesarios para reflejar los nuevos resultados.

Suponga que las ventas de Leandro en Moda están equivocadas y que su valor correcto es 300000 pesetas.

14. Active la celda E6 e introduzca el valor 300000. El programa recalculará las fórmulas en las que se haya incluido la referencia de dicha celda; observe los nuevos valores en la figura 5.9.

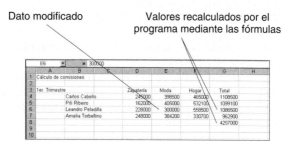

Figura 5.9

5.5.4. Introducir fechas y horas

Para introducir fechas y horas hay que escribirlas en alguno de los diversos formatos que Excel reconoce; de lo contrario, el programa interpretaría el dato como un texto.

Algunos de los formatos que Excel reconoce para las fechas y horas son los de la tabla 5.2.

Si desea introducir en una celda la fecha actual, Excel lo hará automáticamente al pulsar la combinación de teclas <**Control-Mayús-,**>; si lo que desea es introducir la hora actual, deberá pulsar <**Control-Mayús-.**>

Tabla 5.2

Formato	Interpretación
18/10/99	Interpreta la fecha como 18 de octubre de 1999, y la muestra tal cual.
18-Octubre-99	Interpreta la fecha, pero la muestra como 18-oct-99.
18/Oct/99	Interpreta la fecha, pero la muestra como 18-oct-99.
18/10	Interpreta la fecha como 18 de octubre del año actual, pero la muestra como 18-oct.
Oct/99	Interpreta la fecha como 1 de Octubre de 1999 y la muestra como oct-99.
13:45	Interpreta la hora y la muestra tal y como se ha escrito.
5:30 PM	Interpreta las 17:30 horas, pero la muestra tal como se ha escrito.
11:30 AM	Interpreta las 11:30 de la mañana, y la muestra tal y como se ha escrito.

1. Active la 2ª hoja, haciendo clic sobre su solapa.
2. Introduzca, en la celda C2, su fecha de nacimiento; por ejemplo 16/02/64.
3. Active la celda C3 y pulse <**Control-Mayús-,**>; quedará introducida la fecha actual.

Nota: es posible introducir una fecha y una hora en la misma celda; para ello basta con separarlas mediante un espacio en blanco.

Internamente, Excel trata las fechas y las horas como números que calcula a partir de una fecha y una hora de referencia. Gracias a ello, es posible realizar cálculos con ellas, como por ejemplo el número de días transcurridos entre dos fechas o el tiempo transcurrido entre dos horas determinadas.

4. Introduzca, en la celda C4, la fórmula =C3-C2; el programa mostrará el resultado de la fórmula como una fecha.
5. Haga clic sobre el botón de la barra de herramientas; en el próximo comprenderá la operación que acaba de realizar, cuyo resultado es la visualización del número de días transcurridos desde su nacimiento.
6. Introduzca los rótulos que muestra la figura 5.10.

C4 ▼	=	=C3-C2	
A	B	C	D
1			
2	Fecha de nacimiento	16/02/64	
3	Fecha actual	10/06/99	
4	Días vividos	12.898	
5			

Figura 5.10

5.6. Modificar datos: editar

En apartados anteriores se explicó cómo corregir los errores cometidos durante la introducción de datos; en esta ocasión se van a indicar las posibilidades que existen para modificar un dato (texto, número, fórmula, fecha u hora) que ya está introducido en una celda.

- La primera posibilidad consiste en activar la celda que contiene el dato, escribir el nuevo dato y pulsar <**Intro**>; éste reemplazará al dato existente. Este método presenta el inconveniente de tener que volver a escribir el dato completo.
- La segunda posibilidad evita escribir el dato de nuevo, lo que resulta muy interesante cuando éste es muy extenso; consiste en activar el denominado *modo Edición*, que permite modificar, parcialmente, el contenido de una celda bien en la barra de fórmulas bien en la propia celda.

La edición en la barra de fórmulas se consigue activando la celda y haciendo clic sobre dicha barra. El cursor aparecerá en ella y podrá modificar el dato (véase figura 5.11).

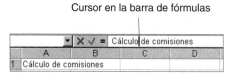

Figura 5.11

La edición en la propia celda se consigue haciendo doble clic sobre ella, o activándola y pulsando <**F2**>. En este caso, el cursor aparecerá en la propia celda y los cambios se realizarán en ella (véase figura 5.12).

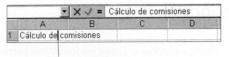

Cursor en la propia celda

Figura 5.12

Una vez que haya activado el modo Edición, las modificaciones debe realizarlas mediante las teclas habituales; cuando finalice, debe pulsar <**Intro**> para aceptar el nuevo dato.

5.7. Borrar el contenido de una celda

En algunas ocasiones conviene borrar el contenido de una celda. Para ello debe activar la celda y realizar alguna de las siguientes operaciones:

a) Pulsar <**Supr**>. Se borrará el dato almacenado en la celda pero se mantendrán los atributos que se hubieran activado (negrita, cursiva, etc.). Esto implica que, si la celda contenía un dato en negrita, al introducir otro nuevo aparecerá automáticamente en negrita.
b) Seleccionar Edición / Borrar, para desplegar su menú asociado (véase figura 5.13), y poder así seleccionar una de sus opciones.

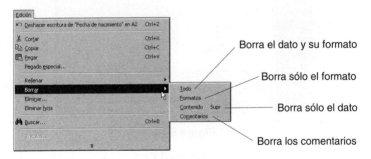

Figura 5.13

1. Active la 1ª Hoja.
2. Active la celda G4 y pulse <**Supr**>, para borrar su dato.
3. Introduzca la fórmula =D4+E4+F4.

5.8. Ortografía

Excel permite detectar errores en los datos introducidos en las celdas mediante el corrector ortográfico, idéntico al de Word. También dispone de la función *Autocorrección*, que permite al programa corregir algunos errores automáticamente.

1. Seleccione **Herramientas / Ortografía**. Aparecerá el cuadro de diálogo del corrector, cuyo manejo es idéntico al de Word. Si no recuerda su funcionamiento, consulte el apartado "El corrector ortográfico" del capítulo 2.

5.9. Guardar y cerrar un libro

Los libros de Excel se guardan del mismo modo que los documentos de texto de Word, por tanto:

1. Seleccione **Archivo / Guardar** o haga clic sobre el botón ▣. Aparecerá el cuadro de diálogo **Guardar como** (véase figura 5.14).

Figura 5.14

Observe que, por defecto, el archivo se almacenaría en la carpeta **Mis documentos**, con el nombre genérico **LIBRO1** y con la extensión propia de Excel (**XLS**).

2. Escriba, como nombre para el archivo, `Comisiones de ventas`, y haga clic sobre el botón **Guardar**.

3. Seleccione Archivo / Cerrar. La ventana de documento se cerrará y, al no existir ningún otro documento en el que poder trabajar, el área de trabajo se mostrará de color gris.

5.10. Abrir un libro guardado

A la hora de abrir un libro almacenado en un fichero, existen las mismas opciones que las explicadas para los documentos de Word, en el capítulo 2, y que varían en función de si está ejecutándose el programa o no.

En este caso, y como Excel está ejecutándose, realice los siguientes pasos:

1. Seleccione Archivo / Abrir..., o haga clic sobre el botón ⌹, para activar el cuadro de diálogo Abrir.
2. Active, si no lo estuviera, la carpeta Mis documentos, y haga doble clic sobre el libro Comisiones de ventas. El contenido del libro se visualizará en la ventana de documento.

Nota: recuerde que el menú Archivo muestra, en su parte inferior, el nombre de los cuatro últimos libros guardados.

5.11. Visualización a pantalla completa

Excel permite, al igual que Word, visualizar el contenido de un documento en toda la pantalla, consiguiendo visualizar un número mayor de celdas.

1. Seleccione Ver / Pantalla completa; el aspecto del libro será como el de la figura 5.15.

Como puede observar, este modo de visualización oculta la ventana de aplicación y sólo permite ver la ventana de documento junto a la barra de menús.

Cuando desee volver a visualizar la ventana de aplicación, puede optar por desactivar la opción Pantalla completa del menú Ver, o por hacer clic sobre el botón Cerrar pantalla completa.

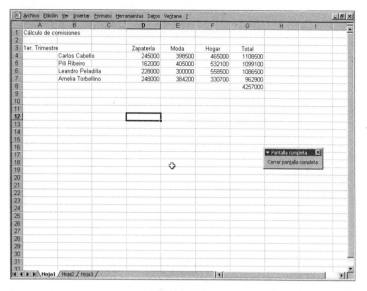

Figura 5.15

2. Desactive la visualización **Pantalla completa**.

> *Nota:* la opción *Zoom...* del menú *Ver* permite modificar el tamaño de visualización de los datos. Esta opción sólo afecta a la ventana de documento, permitiendo ver más o menos datos, pero no se verá reflejado en la impresión final.

5.12. Salir del programa

Cuando decida dejar de trabajar con Excel, puede optar por las opciones habituales de otras aplicaciones Office:

- Hacer clic sobre el botón **Cerrar** de la ventana de aplicación.
- Seleccionar **Archivo / Salir**.
- Pulsar <**Alt-F4**>.

6

Rangos. Celdas relativas y absolutas. Funciones

6.1. Introducción

En este capítulo se abordan tres aspectos diferentes de las hojas de cálculo: por un lado el trabajo con rangos: qué son, cómo se seleccionan y cómo se realizan las operaciones más habituales con ellos (copiar, mover, borrar y nombrar). Por otra parte, los conceptos *referencias relativas y referencias absolutas a celdas*, así como su empleo en las fórmulas para que, al copiarlas en un rango, se obtenga el resultado correcto. Por último, las *funciones* incorporadas en Excel, las cuales permiten realizar operaciones más o menos complejas, de naturaleza muy variada: calcular razones trigonométricas de ángulos, la mensualidad de un crédito bancario, etc.

6.2. Seleccionar rangos

Existen multitud de situaciones en las que es necesario realizar una misma operación con un conjunto de datos introducidos en distintas celdas: copiar datos, aplicar negrita... Se denomina *rango* al conjunto de celdas contiguas que se seleccionan en una hoja de cálculo para realizar sobre ellas una operación determinada.

La selección de rangos en Excel se realiza de modo análogo al realizado para seleccionar bloques de texto en Word. A continuación se indica cómo seleccionar, con teclado o ratón, el rango que muestra la figura 6.1.

Mediante el teclado:

a) Active una de las celdas situadas en las esquinas del rango que va a seleccionar, por ejemplo A3.
b) Pulse <**Mayús**> y, sin soltar, utilice las teclas de movimiento para activar la celda situada en la esquina opuesta del rango (D7).
c) Suelte la tecla <**Mayús**>; el rango quedará resaltado como muestra la figura 6.1.

Mediante el ratón:

a) Haga clic sobre la celda situada en una de las esquinas del rango, por ejemplo A3, y sin soltar el botón izquierdo del ratón, arrástrelo hasta la celda situada en la esquina opuesta del rango (D7).
b) Suelte el botón del ratón; el rango quedará resaltado, como en la figura 6.1.

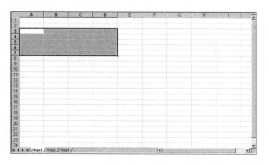

Figura 6.1

Observe en la figura que una de las celdas del rango queda activa; ésta es, precisamente, la celda desde la que comenzó la selección del rango.

Nota: a medida que se selecciona un rango, el cuadro de nombres muestra el número de filas y columnas involucradas en la selección.

Excel permite seleccionar varios rangos de celdas a la vez, pero esta operación hay que realizarla de modo especial, ya que si se tiene activo un rango e intenta seleccionar otro, el primero se deseleccionará automáticamente. Esto mismo ocurre al activar una celda, ya que ésta también es un rango (el menor rango posible).

Si se quiere seleccionar varios rangos, lo mejor es utilizar el ratón. Una vez seleccionado el primero, deberá mantener pulsada la tecla <Control> mientras selecciona los demás.

Existen algunos rangos característicos que pueden ser seleccionados de modo particular, tal y como se muestra en la tabla 6.1.

Tabla 6.1.

Rango	Modo de seleccionarlo
Fila	Basta con hacer clic sobre su botón identificador. Por ejemplo, si hace clic sobre el botón 6, seleccionará todas las celdas de la 6ª fila. Si deseara seleccionar varias filas contiguas, debería hacer clic sobre uno de los botones identificadores y arrastrar el puntero del ratón sobre los otros.
Columna.	También hay que hacer clic sobre su botón identificador. Por ejemplo, al hacer clic sobre el botón C, se seleccionará la columna C. Si deseara seleccionar varias columnas, debería actuar tal y como se ha explicado con las filas.
Hoja de cálculo.	Puede seleccionar todas las celdas de una hoja haciendo clic sobre el botón , situado en la esquina superior izquierda de la ventana de documento.

6.3. Nombrar un rango

Las operaciones relacionadas con rangos (copiar, mover, llenar...) se realizarán sobre el rango que esté activo, por lo que éste debe seleccionarse previamente; sin embargo, existen otras operaciones en las que hay que especificar el rango de celdas involucrado en una operación. En ese caso, existen varios modos de hacerlo: el más frecuente consiste en especificar las celdas situadas en las esquinas superior izquierda e inferior derecha del rango, separadas por el carácter dos puntos (:). Por ejemplo, para indicar el rango de la figura 6.1, se debería escribir su referencia: A3:D7.

Si deseara especificar más de un rango a la vez, debería escribir sus referencias separadas por el carácter punto y coma (;). Por ejemplo, para hacer referencia a los rangos seleccionados en la figura 6.2, se debería escribir A2:A4;C2:D3;E6.

Figura 6.2

Además de poder especificar un rango mediante su referencia (tal y como se ha indicado anteriormente), también se puede utilizar un nombre concreto, siempre y cuando el rango se hubiera nombrado con anterioridad. Existen varias posibilidades para nombrar un rango:

1. Arranque el programa, si no lo estuviera, y abra el libro **Comisiones de ventas**.
2. Seleccione el rango B4:B7, correspondientes a los vendedores.
3. Seleccione **Insertar / Nombre / Definir**; aparecerá el cuadro de la figura 6.3, en el que debe escribirse el nombre del rango.
4. Aunque el programa propone un nombre, escriba Vendedores y haga clic sobre el botón **Aceptar**.

Figura 6.3

Otro modo de nombrar un rango seleccionado consiste en escribir su nombre directamente en el cuadro de nombres.

5. Seleccione el rango D4:F7.
6. Haga clic sobre el cuadro de nombres, escriba Ventas y pulse <**Intro**>.

Siempre que esté seleccionado un rango nombrado, el nombre de éste se visualizará automáticamente en el cuadro de nombres. Además, es posible seleccionar cualquiera de los rangos nombrados mediante la elección de su nombre en la lista desplegable de dicho cuadro. Observe, en la figura 6.4, la lista de los nombres de rangos definidos anteriormente.

Figura 6.4

6.4. Copiar rangos

Excel permite copiar el contenido de un rango empleando las mismas técnicas que las utilizadas en Word para copiar un bloque de texto, aunque con algunas características propias de una hoja de cálculo.

6.4.1. Utilizando el Portapapeles

Este método se realiza mediante las opciones Copiar-Pegar del menú Edición, o mediante los botones correspondientes de la barra de herramientas. Tenga en cuenta que si el rango destino contiene datos, serán reemplazados, sin previo aviso, por los que se peguen desde el Portapapeles.

1. Haga clic sobre el botón Cuadro de nombres, para desplegar su lista, y seleccione el nombre Vendedores; observe que automáticamente se selecciona el rango B4:B7.
2. Seleccione Edición / Copiar o haga clic sobre el botón correspondiente de la barra de herramientas. El contenido del rango se habrá copiado en el Portapapeles y quedará enmarcado por una línea discontinua.
3. Active la celda B11.
4. Seleccione Edición / Pegar o haga clic sobre el botón correspondiente de la barra de herramientas. El rango se copiará a partir de la celda indicada anteriormente (B11).

Información: recuerde que el Portapapeles de Office permite disponer de hasta 12 elementos distintos para pegarlos de forma independiente, o todos a la vez.

Este mismo método puede realizarse mediante las opciones del menú contextual asociado a un rango, tal y como se detalla a continuación:

1. Seleccione el rango A3:G3.
2. Pulse el botón derecho del ratón sobre un punto del rango seleccionado, para obtener su menú contextual (véase figura 6.5), y seleccione la opción Copiar. Es probable que, si no estuviera visible, aparezca la barra Portapapeles.

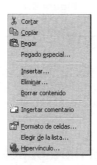

Figura 6.5

3. Haga clic sobre la celda A10, para indicar el destino de la copia.
4. Pulse el botón derecho del ratón sobre la celda seleccionada y seleccione la opción **Pegar** del menú contextual; obtendrá la copia del rango. También podría haber pegado la copia haciendo clic en el segundo elemento del Portapapeles.

*Nota: la opción **Pegar** y el botón copian tanto el contenido del rango como su formato. Sin embargo, la opción **Pegado especial** permite pegar sólo algunos aspectos particulares del rango.*

6.4.2. Arrastrar el rango

Otro método para copiar un rango consiste en arrastrarlo, por alguno de sus bordes, manteniendo la tecla <**Control**> presionada. Este método no permite copiar datos de varios rangos a la vez.

1. Seleccione el rango D4:F7; como este rango tiene nombre, puede seleccionarlo directamente (Ventas) de la lista del cuadro de nombre.
2. Pulse la tecla <**Control**> y, sin soltarla, sitúe el ratón sobre un borde del rango seleccionado y arrástrelo hasta el rango D11:F14.
3. Pulse cualquier tecla para cancelar la selección del rango copiado.
4. Modifique el dato de la celda A10 a 2do.Trimestre; el aspecto de la hoja tras la copia de los rangos será el de la figura 6.6.

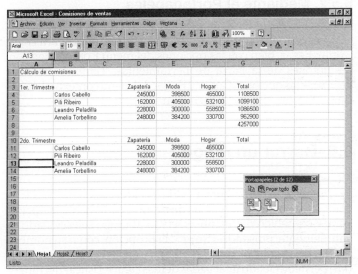

Figura 6.6

6.5. Mover rangos

Es posible mover rangos de datos empleando métodos análogos a los utilizados para copiar rangos.

6.5.1. Arrastrar el rango

Para mover un rango basta con arrastrarlo hasta la nueva posición, sin mantener pulsada ninguna tecla. Realice los siguientes pasos para mover los datos existentes en la Hoja 2.

1. Active la Hoja 2, haciendo clic sobre su solapa, y seleccione el rango A2:C4.
2. Sitúe el puntero del ratón sobre un borde del rango y arrástrelo hasta el rango destino A9:C11.

Si en el rango destino existieran datos, Excel mostraría un cuadro de diálogo informando de su reemplazamiento y pidiendo confirmación. El inconveniente de este método es que no pueden moverse varios rangos a la vez.

6.5.2. Mediante el Portapapeles

Otro método para mover rangos consiste en utilizar la técnica Cortar-Pegar, bien con las opciones del menú Edición bien con los botones de la barra de herramientas. También podrían utilizarse las opciones Cortar y Pegar del menú contextual de los rangos implicados en la operación.

6.6. Borrar un rango

Además de poder borrar celda a celda, es posible borrar el contenido de todas las celdas de un rango mediante la opción Borrar contenido del menú asociado al rango seleccionado o, simplemente, pulsando <Supr>. Esta opción, como su nombre indica, borra sólo los datos contenidos en las celdas seleccionadas, permaneciendo intactas las demás características del rango: atributos del texto, sombreado, bordes, etc.

1. Seleccione el rango A9:C11.
2. Pulse <Supr>; el contenido del rango se habrá borrado, pero seguirá seleccionado.
3. Pulse cualquier tecla, para cancelar la selección del rango.

Otro modo de borrar un rango seleccionado consiste en seleccionar alguna de las opciones del menú asociado a la opción Borrar del menú Edición (véase la figura 5.13), cuyas opciones permiten borrar todo, sólo el formato de los datos, sólo los datos o sólo los comentarios de las celdas.

6.7. Deshacer y Rehacer

Excel ofrece, al igual que Word, las opciones Deshacer y Rehacer en el menú Edición; éstas permiten, respectivamente, deshacer las últimas acciones realizadas y rehacer algunas de las anteriormente deshechas. Recuerde que dichas opciones también disponen de botones en la barra de herramientas.

1. Haga clic sobre el botón ↶ de la barra de herramientas, para deshacer la última operación realizada; el bloque borrado anteriormente volverá a estar disponible en la hoja.

6.8. Arrastrar un rango con el botón derecho del ratón

Si en vez de arrastrar un rango del modo habitual (botón izquierdo del ratón), se arrastra manteniendo pulsado el botón derecho, al soltarlo en las celdas destino aparecerá un menú contextual cuyas opciones permiten realizar distintas operaciones con el rango.

Observe dicho menú en la figura 6.7.

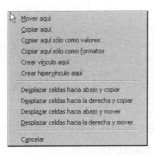

Figura 6.7

6.9. Eliminar filas o columnas

Además de borrar el contenido de algunas celdas, también pueden eliminarse aquellas celdas, filas o columnas que no se necesiten. La diferencia entre borrar y eliminar es que la primera acción dejaría las celdas vacías en la hoja, mientras que la segunda eliminaría tanto el contenido como las propias celdas. Éste es el motivo por el que, al eliminar celdas, filas o columnas, las otras celdas de la hoja se desplazarán ocupando el espacio dejado por éstas.

1. Active la Hoja1 y cualquier celda de la columna C.
2. Seleccione **Edición / Eliminar...** Aparecerá el cuadro de diálogo de la figura 6.8.

Figura 6.8

3. Active la opción **Toda la columna** y haga clic sobre el botón **Aceptar**.

La columna se eliminará, y los datos situados a la derecha se desplazarán hacia la izquierda. No se preocupe si los nombres de los vendedores no se visualizan completos, ya que en el próximo capítulo aprenderá a resolver este inconveniente.

Nota: si se tienen seleccionadas las filas o columnas a eliminar mediante sus botones identificativos, y se selecciona la opción **Eliminar** del menú **Edición**, el programa las eliminará automáticamente.

6.10. Insertar una fila o columna en un rango

En algunas ocasiones necesitará agregar filas o columnas en la hoja de cálculo; para ello podría optar por mover un rango de celdas y dejar así una fila o columna vacía, pero lo mejor es insertar toda una fila o columna.

Los pasos que hay que realizar para insertar una fila o columna son:

1. Activar una celda de la fila o columna en la que se quiera insertar la nueva.
2. Seleccionar la opción **Filas** o **Columnas** del menú **Insertar**.

Al insertar filas o columnas, los datos existentes en la hoja no se perderán ni se verán alterados, ya que Excel los desplazará hacia abajo o hacia la derecha, respectivamente.

> **Nota:** *si desea insertar más de una fila o columna, seleccione un rango que contenga celdas de tantas filas o columnas como desee insertar.*

6.11. Copiar fórmulas en un rango

A continuación va a calcular las ventas totales de cada uno de los vendedores en el segundo trimestre. Para ello debe utilizar fórmulas análogas a las del rango F4:F7, pero en este caso no lo hará una a una, sino que introducirá una que, al copiarla en el rango de celdas adecuado, permitirá calcular el total de cada vendedor.

1. Modifique las ventas de los vendedores en el 2do. Trimestre, con los datos que muestra la figura 6.9.
2. Introduzca en la celda F11, la fórmula =C11+D11+E11.

Ahora debe copiar la fórmula introducida en el rango F12:F14 para calcular las ventas de los otros vendedores. Aunque existen varios métodos, que se comentarán posteriormente, en estos momentos va a utilizar el siguiente:

3. Active la celda F11.
4. Sitúe el puntero del ratón sobre el botón de autollenado, situado en la esquina inferior derecha de la celda (el puntero adoptará la forma de una cruz) y arrástrelo hasta abarcar el rango F11:F14. Al soltar el botón del ratón, Excel llenará automáticamente el rango con las fórmulas correspondientes (véase figura 6.9).

Las fórmulas también se pueden copiar mediante el Portapapeles, tal y como hará para obtener el total de las ventas correspondientes al segundo trimestre.

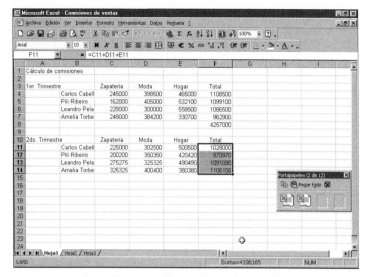

Figura 6.9

5. Active la celda F8, que contiene la fórmula que va a copiar.
6. Seleccione Edición / Copiar, o haga clic sobre el botón.
7. Active la celda F15, lugar en el que debe copiar la fórmula.
8. Seleccione Edición / Pegar, o haga clic sobre el botón; la fórmula se habrá copiado en la celda y ésta mostrará el resultado de la misma.

> *Nota: existe otro método alternativo para copiar una fórmula en un rango de celdas contiguas; para ello hay que seleccionar el rango en el que se desea copiar la fórmula, incluida la celda que la contiene, y elegir una de las posibilidades asociadas a la opción* Rellenar *del menú* Edición, *y que se muestra en la figura 6.10*

Figura 6.10

6.12. Celdas relativas y celdas absolutas

Si activa las distintas celdas del rango F11:F14, o la celda F15, comprobará que las fórmulas copiadas en ellas son diferentes. Por ejemplo, la celda F11 contiene la fórmula =C11+D11+E11, mientras que la celda F12 contiene la fórmula =C12+D12+E12. Esta característica es muy importante en la hoja de cálculo ya que permite copiar una misma fórmula en un rango de celdas de modo que se repita una misma operación con los datos situados en distintas celdas.

Del mismo modo, al copiar la fórmula de la celda F8 (=F4+F5+F6+F7) en la celda F15, el programa ha introducido la fórmula =F11+F12+F13+F14.

Cuando en una fórmula se escribe la referencia de celdas, lo que realmente se está haciendo es indicar una posición relativa de esas celdas respecto a aquélla en la que se ha introducido la fórmula. De este modo, al escribir en la celda F11 la fórmula =C11+D11+E11, se está indicando a Excel que debe tomar el valor introducido en la celda situada tres posiciones a la izquierda de la celda F11 (C11) y sumarle los valores de las celdas situadas una y dos posiciones a la izquierda (E11 y D11). Este es el motivo de que, una vez copiada la fórmula, por ejemplo en la celda F12, ésta sea =C12+D12+E12, ya que las celdas situadas tantas posiciones a la izquierda de F12 son, respectivamente, C12, D12 y E12.

Estas referencias de celdas se denominan *Referencias relativas de celdas* o *Celdas relativas*. Las referencias así escritas se modifican, automáticamente, al copiar la fórmula en otras celdas.

El inconveniente de estas celdas es que, en algunas situaciones, conviene que la referencia de una celda no varíe cuando se copia la fórmula. A continuación va a calcular la comisión de cada vendedor, que estará en función de las ventas realizadas en cada departamento; para ello es necesario introducir nuevos datos en la hoja, correspondientes a los porcentajes de comisión en cada sección.

1. Introduzca, en las celdas G3 y G10, el rótulo Comisiones.
2. Introduzca, en el B17:C20, los datos que muestra la figura 6.11; tenga en cuenta que los valores están introducidos en tanto por uno, lo que facilita los futuros cálculos.

3. Introduzca, en la celda G4, la fórmula =C4*C18+D4
   *C19+E4*C20; al hacerlo, la celda mostrará el
   valor del producto.

Como ha observado, las referencias de las celdas que contienen los porcentajes (C18:C20) se han escrito con dos caracteres $. Este es el modo de indicar al programa que, cuando se copie la fórmula en un rango, dichas referencias deben permanecer constantes en todas sus celdas. A estas referencias se les llama *referencias absolutas*.

4. Seleccione el rango G4:G7 (rango en el que desea copiar la fórmula anterior incluida la celda que la contiene).
5. Seleccione **Edición / Rellenar / Hacia abajo**. La fórmula se copiará en el rango y se obtendrá los resultados esperados.
6. Active la celda G4 y haga clic sobre el botón.
7. Seleccione el rango G11:G14 y haga clic sobre el botón. La fórmula se habrá copiado en este último rango y ya habrá calculado todas las comisiones, tal y como muestra la figura 6.11.

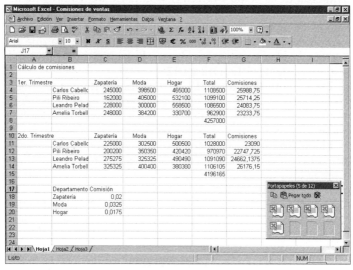

Figura 6.11

Si activa las distintas celdas de la columna G y observa la fórmula de cada una de ellas, comprobará que las celdas escritas como referencias relativas se han modificando mientras que las referencias absolutas permanecen inalterables en todas las fórmulas.

El motivo por el cual las referencias absolutas no se han modificado al copiar la fórmula es que, tanto su columna como su fila, estaban precedidos del carácter $, que obliga al programa a mantenerlas fijas.

8. Guarde las modificaciones realizadas en el libro y cierre su ventana de documento.

> **Nota:** *además de las referencias relativas de celdas (D3) y de las referencias absolutas (D3), existen otras dos, denominadas* mixtas; *éstas mantienen fija una de las dos coordenadas (fila o columna) y modifican la otra. La escritura de estas referencias mixtas sería: $D3 (se mantendría la columna fija y se modificaría la fila) y D$3 (se modificaría la columna y se mantendría fija la fila).*

6.13. Llenar un rango

Existen situaciones en las que hay que rellenar las celdas de un rango con una secuencia determinada de datos, por ejemplo días de la semana, meses del año, serie de números o de fechas, etc.

Excel es capaz de reconocer ciertos datos (nombres de días, meses...) de modo que, una vez escritos algunos de ellos, es posible arrastrar el botón de Autollenado en un rango superior de modo que el programa introduzca, automáticamente, los restantes datos de forma correcta. Veamos un ejemplo:

1. Abra un libro nuevo e introduzca, en la celda A2, Ingresos de 1999.
2. Introduzca, en la celda A4, Enero.
3. Haga clic sobre la celda A4, para activarla.
4. Sitúe el puntero del ratón sobre el botón de autollenado (el puntero adoptará la forma de una cruz) y arrástrelo hasta seleccionar el rango A4:A15. Al soltar el ratón, Excel llenará automáticamente el rango con los meses del año (véase figura 6.12).

El botón de autollenado también permite introducir una serie de valores numéricos, de fechas u horas, e incluso puede utilizarse para introducir un mismo dato en todas las celdas de un rango.

Para completar una serie de números o fechas deben introducirse, como mínimo, dos valores de la serie. De ese modo, el programa podrá calcular el incremento entre ellos y completará la introducción de datos. Ahora va a introducir los ingresos mensuales suponiendo que el ingreso de cada mes es 11.000 pta. superior al del mes anterior.

5. Introduzca, en la celda B4, el valor `125000`.
6. Introduzca, en la celda B5, el valor `136000`.
7. Seleccione el rango B4:B5, y arrastre el botón **Autollenado** hasta seleccionar el rango B4:B15. Obtendrá los datos correspondientes, tal y como muestra la figura 6.12.
8. Guarde, si lo desea, el libro con el nombre **Ingresos mensuales** y cierre su ventana de documento.

	A	B	C	D
1				
2	Ingresos de 1999			
3				
4	Enero	125000		
5	Febrero	136000		
6	Marzo	147000		
7	Abril	158000		
8	Mayo	169000		
9	Junio	180000		
10	Julio	191000		
11	Agosto	202000		
12	Septiembre	213000		
13	Octubre	224000		
14	Noviembre	235000		
15	Diciembre	246000		
16				

Figura 6.12

*Nota: además del botón de autollenado, puede llenarse un rango mediante el cuadro de diálogo **Series** que se obtiene al seleccionar **Edición/Rellenar/Series**; en este caso conviene seleccionar previamente el rango.*

6.14. Funciones

Las funciones no son más que unas fórmulas, más o menos complejas, que los programas traen incorporadas para que los usuarios puedan utilizarlas con el fin de obtener los resultados correspondientes.

Excel incorpora un gran número de funciones que permiten realizar todo tipo de cálculos: estadísticos, financieros, científicos, etc. Para una mejor localización, las funciones están agrupadas dependiendo del tipo de cálculo que realizan; así hablamos de funciones estadísticas, funciones financieras, funciones de fecha y hora, funciones lógicas, etc.

6.14.1. Sintaxis de las funciones

Cada función tiene su propio nombre pero, para que Excel pueda identificarlas correctamente, deben escribirse precedidas del signo =. Además, las funciones necesitan datos sobre los que operar, denominados genéricamente *argumentos,* que deben escribirse entre paréntesis. De este modo, la sintaxis general de una función es =FUNCIÓN(argumentos).

Los argumentos hacen referencia a los datos sobre los que la función realizará los cálculos; su número y naturaleza (números, rótulos, fechas...) depende de cada función; éstos, al igual que el nombre de la función, pueden escribirse en caracteres mayúsculas o minúsculas. Los argumentos pueden ser datos, referencias a celdas que contengan datos e incluso otras funciones.

Si una función necesita más de un argumento, éstos han de escribirse todos juntos, entre paréntesis, y separados por el carácter punto y coma (;). En ese caso, los argumentos requerirán un cierto orden dentro de la función que no puede alterarse si se desea obtener el resultado correcto. Así, la sintaxis general de una fórmula con varios argumentos es =FUNCIÓN(argumento1;argumento2;argumento3...).

Los rangos de celdas también pueden ser utilizados como argumentos de una función, evitándose así escribir una lista de referencias de celdas.

6.15. Introducción de funciones

Excel permite introducir funciones de dos modos diferentes, tal y como se explica en los siguientes apartados. El primero de ellos consiste en escribir la sintaxis de la función en la celda correspondiente, para lo cual es necesario conocer su sintaxis. El segundo método, aunque un poco más lento, es bastante más sencillo, ya que emplea el cuadro de dialogo **Función** y la **Paleta de fórmulas** para definir, paso a paso, la función a introducir.

6.15.1. Escribir la función

Este primer método consiste en la introducción de una función como si fuera un dato cualquiera, por lo que se debe activar la celda en la que se desee introducir, escribir la sintaxis de la función y pulsar <Intro>.

Como ejemplo va a utilizar la función SUMA para calcular las ventas totales de la sección zapatería en el primer trimestre. La sintaxis de esta función es =SUMA(argumento), pudiendo ser el argumento una lista de valores numéricos (12,14,13,15.....) o el rango de las celdas que contienen dichos valores.

1. Abra el libro Comisiones de ventas e introduzca, en la celda B8, el rótulo TOTAL.
2. Introduzca, en la celda C8, la función =SUMA(C4:C7); el resultado de la función aparecerá automáticamente.
3. Copie la función de la celda C8 en los rangos D8:E8 y C15:E15.

Excel permite sumar los valores de una fila o columna de forma rápida mediante el botón Autosuma de la barra de herramientas. El método más sencillo para utilizar este botón consiste en seleccionar el rango de celdas que contienen los datos a sumar, más una celda vacía en la que se introducirá automáticamente la función SUMA correspondiente; una vez seleccionado dicho rango, bastará con hacer clic sobre el botón Σ de la barra de herramientas. Veámoslo con un ejemplo:

4. Seleccione el rango G4:G8 y haga clic sobre el botón Σ; el programa habrá introducido, en la celda G8, la función =SUMA(G4:G7).
5. Seleccione el rango G11:G15 y haga clic sobre el botón Σ. Observe, en la figura 6.13, el aspecto de la hoja después de calcular los totales.

6.15.2. Utilización de la paleta de fórmulas

Esta paleta permite introducir fácilmente cualquier función, por lo que es recomendable para aquéllos que aún no estén familiarizados con las funciones de Excel; desde ella también se puede activar un Ayudante, que facilitará aún más la introducción de la función.

Figura 6.13

La paleta de fórmulas se activa automáticamente al seleccionar Insertar / Función... o al hacer clic sobre el botón *fx* de la barra de herramientas.

A continuación va a calcular, en la celda J5, el valor medio de las comisiones pagadas en el primer trimestre mediante la función PROMEDIO.

1. Introduzca, en la celda I5, el rótulo Valor medio.
2. Active la celda en la que va a introducir la función; J5.
3. Haga clic sobre el botón *fx* ; se activará el cuadro de diálogo Pegar función (véase figura 6.14), en el que el programa muestra las funciones agrupadas por categorías (cada categoría engloba funciones de un mismo tipo). Si aparece el Ayudante, ciérrelo.

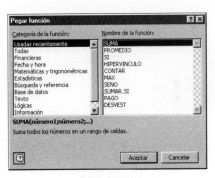

Figura 6.14

Al resaltar una función de la lista, visualizará en la parte inferior del cuadro de diálogo su sintaxis y una breve descripción de su acción.

> **Nota:** *cuando no sepa qué función debe utilizar para obtener un resultado determinado, haga clic sobre el botón ☺ para activar el Ayudante, seleccione la opción **Ayuda con esta función** y escriba una breve descripción de lo que desea hacer. El Ayudante le informará de las funciones relacionadas con la acción descrita.*

4. Haga clic sobre la categoría **Estadísticas**, para visualizar las funciones de esta categoría, ordenadas alfabéticamente
5. Utilice la barra de desplazamiento para visualizar la función **PROMEDIO** y haga clic sobre ella para resaltarla.
6. Haga clic sobre el botón **Aceptar**. Aparecerá la paleta de fórmulas, tal y como muestra la figura 6.15. Observe cómo el programa va escribiendo, en la barra de fórmulas, la sintaxis de la función.

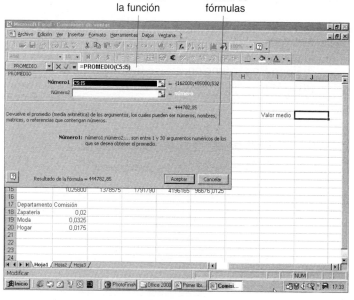

Figura 6.15

La paleta de fórmulas muestra una breve descripción de la función así como los recuadros necesarios para introducir sus argumentos. Aunque aparezcan varios argumentos, algunas funciones sólo necesitan uno, por lo que el programa muestra en negrita aquellos argumentos imprescindibles; los demás son optativos.

En la mayoría de los casos, los argumentos serán celdas o rangos. En ese caso existen dos posibilidades para introducirlos en los cuadros correspondientes:

- a) Escribir sus referencias o sus nombres; para esto último tendrían que haber sido nombrados previamente.
- b) Seleccionarlos de la propia hoja; para ello deberá hacer clic sobre el botón **Seleccionar** correspondiente al argumento que vaya a introducir; al hacerlo, la paleta de fórmulas se contraerá (sólo se visualizará una línea), para permitir ver la hoja de datos y seleccionar el rango.

7. Haga clic sobre el botón correspondiente al argumento **Número 1**; la paleta se contraerá (véase figura 6.16).
8. Seleccione el rango G4:G7. Observe que la referencia del rango se visualiza en la única línea de la paleta de fórmulas y en la sintaxis de la función (véase figura 6.16).

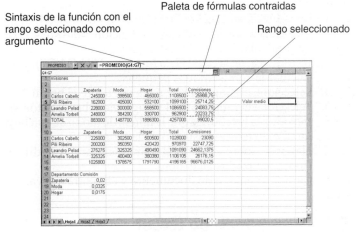

Figura 6.16

9. Haga clic sobre el botón de la línea de la paleta de fórmulas o pulse <**Intro**>, para dar validez al rango; volverá a tener activa la paleta de fórmulas.

10. Como esta función está completa, haga clic sobre el botón **Aceptar**. La paleta de fórmulas se cerrará y la función quedará introducida en la celda correspondiente de la hoja de cálculo.

Si Excel detectase que la función tiene algún error, mostraría un cuadro de diálogo indicando el tipo de error en la celda y resaltando la parte de la función que contiene el error. En ese caso, se debería editar el contenido de la función y realizar los cambios necesarios para solucionar el problema.

6.16. Editar y copiar funciones

Cualquier función puede ser editada para corregir algún error o, simplemente, para modificarla; a parte de esto, las funciones se pueden copiar, desplazar, borrar... Todas estas operaciones se realizan como con cualquier otro dato; pero además, la edición de funciones puede realizarse mediante la paleta de fórmulas, que se activa si, una vez resaltada la celda correspondiente, se hace clic sobre el botón = de la barra de fórmulas o sobre el botón *f* de la barra de herramientas.

1. Introduzca, en la celda J4, la función =SUMA(G4:G7).
2. Introduzca, en la celda J6, la función =MAX(G4:G7), para calcular la comisión más grande.
3. Introduzca, en la celda J7, la función =MIN(G4:G7), para calcular la comisión más pequeña.
4. Seleccione el rango J4:J7 y haga clic sobre el botón.
5. Seleccione el rango J11:J14 y haga clic sobre el botón.
6. Introduzca los rótulos que le falten, de modo que su hoja de cálculo tenga el aspecto de la figura 6.17.
7. Haga clic sobre el botón, para guardar las modificaciones realizadas en el libro.
8. Cierre la ventana de documento y abra otra nueva.

6.17. Funciones de Excel

A continuación se indican algunas de las funciones más utilizadas en cualquier hoja de cálculo. Éstas se han agrupado en categorías, tal y como se encuentran en el cuadro de diálogo **Pegar función**.

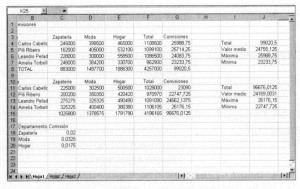

Figura 6.17

6.17.1. Funciones matemáticas y trigonométricas

Las funciones matemáticas y trigonométricas realizan cálculos con valores numéricos, por lo que el argumento puede ser un número o una celda que contenga un valor numérico. El número de funciones matemáticas es muy extenso. A continuación se indican algunas de ellas.

ABS (argumento)   Calcula el valor absoluto de un número que puede especificarse en el argumento o en una celda.

ALEATORIO   Permite obtener un número aleatorio comprendido entre 0 y 1.

SUMA (argumento)   Calcula la suma de un conjunto de datos numéricos.

ENTERO (argumento)   Devuelve el número entero menor más próximo al indicado en el argumento.

FACT (argumento)   Calcula el valor del factorial de un número. El factorial de un número es el producto de ese número por todos los números enteros menores que él hasta el 1.

LN(argumento) Permite calcular el logaritmo neperiano del número indicado.

LOG10(argumento) Calcula el valor del logaritmo decimal del número especificado en el argumento.

POTENCIA(argumento 1;argumento2) Calcula el valor numérico resultante de elevar el número expresado como argumento1, al número especificado como argumento2.

RADIANES(argumento) Convierte un ángulo expresado en grados a radianes (unidad utilizada por Excel en todas las funciones trigonométricas).

SENO(argumento) Calcula el valor del seno de un ángulo expresado en radianes. Si el ángulo no está expresado en radianes, debe transformarlo previamente o anidar a ésta la función correspondiente (anidar significa incluir una función dentro de otra).

6.17.2. Funciones estadísticas

Estas funciones realizan cálculos estadísticos sobre un grupo de valores que han de expresarse en forma de lista o mediante el rango de celdas que los contiene.

Las funciones estadísticas que ofrece Excel permiten obtener desde los parámetros más sencillos como la media, el valor máximo, el mínimo, la desviación típica, etc. de un conjunto de datos numéricos, hasta otros más complicados y sofisticados como el coeficiente de correlación entre dos variables estadísticas, el coeficiente de asimetría, etc.

CONTAR(argumento) Calcula el número de datos numéricos que contiene el rango indicado como argumento.

MAX(argumento) Muestra el valor numérico mayor existente en el argumento.

MIN(argumento)　　　　Muestra el valor más pequeño de todos los especificados en el argumento.

MODA(argumento)　　　Permite saber el dato o datos que se repiten más veces.

PROMEDIO(argumento) Calcula el valor medio de todos los valores numéricos especificados en el argumento.

DESVEST(argumento)　Calcula el valor de la desviación estándar de los datos. Este valor da una idea de la dispersión de los datos respecto a su media.

6.17.3. Funciones financieras

Excel incorpora un gran número de funciones financieras que abarcan prácticamente la totalidad de cálculos realizados en el mundo financiero.

PAGO(interés;nº periodos;valor)
Calcula la cantidad de dinero que debe pagarse por un crédito. En esta función, el *Interés* es la tasa de interés (%) al que ha sido concedido el crédito, *nº periodos* se corresponde con el número total de pagos a realizar y el valor es la cantidad de dinero pedida. Es importante que mantenga uniformidad al especificar los argumentos de la función, es decir, referir todos los valores a un mismo periodo (mes, trimestre...). Por ejemplo, para calcular la cantidad que debe pagarse mensualmente por un crédito de 1.000.000 de pesetas a un interés constante del 8%, durante 2 años, debería emplear la función =PAGO(8%/12; 2*12 ;1000000). Observe que el interés se ha dividido entre 12 ya que éstos son los pagos que se van a realizar anualmente y, por el mismo motivo, el número total de periodos se han calculado multiplicando el número de años por los periodos que se pagarán cada año.

PAGOINT(interés;periodo;nº periodos;valor)
Permite calcular el interés pagado en un período específico correspondiente a un crédito. Además de los

argumentos de la función anterior, ésta tiene el argumento *período* que corresponde al número del período del que se desea calcular el interés y que, lógicamente, estará comprendido entre 1 y nº periodos.

PAGOPRIN(interés;período;nº periodos;valor)
Calcula el importe de capital principal correspondiente a un préstamo o crédito en un periodo determinado. Los argumentos de esta función son idénticos a los de la función PAGOINT y además, como en cualquier función financiera, se ha de tener cuidado con la uniformidad entre los argumentos.

TASA(nº periodos; pago; valor)
Permite calcular la tasa (interés) de un crédito determinado. El valor de la tasa saldrá en % y estará referida al periodo indicado de pagos; si el número de periodos lo expresa en mensualidades, la tasa también será mensual. En este caso para conocer la tasa anual, tendrá que multiplicar por 12.

6.17.4. Funciones lógicas

Estas funciones se utilizan para obtener resultados dependiendo del cumplimiento o no de una o varias condiciones. La función lógica más utilizada es la función SI.

SI(condición;Expresión verdadera;Expresión falsa)
Permite obtener dos resultados diferentes, dependiendo del cumplimiento o no de la condición indicada.
La condición puede ser cualquier expresión o relación entre datos que pueda evaluarse como verdadera o falsa.
La *Expresión verdadera* debe indicar la operación a realizar o el resultado que se desee obtener cuando se cumpla la condición indicada. Si se desea obtener la introducción de un texto, éste debe escribirse entre comillas.
La *Expresión falsa* debe indicar la operación a realizar o el resultado que se desee obtener cuando no se cumpla la condición. Si el resultado es la introducción de un texto, éste debe escribirse entre comillas.
Un ejemplo de esta función puede ser: =SI(B4<5;»Mal»;»Bien») que introducirá, en la celda de la función, el texto Mal o Bien, dependiendo de si el

contenido de la celda B4 es menor, o mayor o igual, respectivamente, que 5.

6.17.5. Función EUROCONVERT

Una de las novedades de Excel 2000 es la función EUROCONVERT, que permite convertir una cantidad económica, expresada en la moneda oficial de un país perteneciente a la Unión Europea, a euros, y viceversa. Los factores de conversión utilizados por el programa son los fijados por la UE.

La sintaxis más sencilla de esta función es EUROCONVERT (Número;"Argumento2";"Argumento3"), donde:

- Número es la cantidad económica que se desea convertir.
- Argumento 2 es el código ISO de la moneda en la que está expresada la cantidad económica indicada en Número; debe escribirse entre caracteres dobles comillas (").
- Argumento 3 es el código ISO de la moneda a la que se quiere convertir la cantidad económica; debe escribirse entre caracteres dobles comillas (").

Por ejemplo, la función EUROCONVERT(2456;"ESP";"EUR") daría como resultado 14,76 euros, ya que 2456 pesetas son 14,76 euros.

Los códigos ISO correspondientes a las monedas que han adoptado el euro son los de la siguiente tabla.

Tabla 6.2

País	Código ISO
Bélgica	BEF
Luxemburgo	LUF
Alemania	DEM
España	ESP
Francia	FRF
Irlanda	IEP
Italia	ITL
Países Bajos	NLG
Austria	ATS
Portugal	PTE
Finlandia	FIM
Unión Europea	EUR

7

Mejorar el aspecto de un libro. Crear gráficos. Imprimir

7.1. Introducción

Este capítulo, último de los dedicados al estudio de Excel, consta de tres partes: la primera engloba todas las posibilidades que existen para modificar el aspecto de un libro, la segunda abarca la creación y modificación de gráficos, y la tercera está dedicada a la impresión de los datos y gráficos de un libro.

7.2. Cambiar tipo, tamaño y atributos de letra

Al igual que ocurría en Word, las modificaciones del tipo, tamaño y atributos de la fuente pueden realizarse antes de escribir el contenido de una celda (de este modo, al escribir el texto, éste aparecerá con las características activadas) o, lo que es mucho más frecuente, después de haberlo introducido. La gran ventaja de este último método es que puede modificar el formato de las celdas observando el efecto que produce.

A continuación va a cambiar el tipo, tamaño y atributos de algunos de los datos del libro *Comisiones de ventas* con el fin de mejorar su aspecto.

1. Abra el libro **Comisiones de ventas**.
2. Active, si no lo estuviera, la Hoja 1.
3. Seleccione los rangos B4:B7 y B11:B14.
4. Haga clic sobre el botón **Fuentes** de la barra de herramientas, para desplegar su lista, y seleccione la fuente

Arial Narrow. Los datos seleccionados se mostrarán con el aspecto de la fuente elegida.
5. Seleccione los rangos C3:G3 y C10:G10.
6. Haga clic sobre el botón ■ de la barra de herramientas.

Además de modificar los distintos aspectos de la fuente mediante los botones de la barra de herramientas, también puede hacerlo en la ficha **Fuente** del cuadro de diálogo **Formato de celdas** (véase figura 7.1). Este cuadro, además de cómo se obtiene a continuación, se puede activar mediante la opción **Formato de celdas...** del menú asociado al rango seleccionado.

7. Seleccione la celda A1, cuyo formato desea modificar.
8. Seleccione **Formato / Celdas** y haga clic sobre la solapa **Fuente**, para activar dicha ficha.
9. Seleccione la fuente, el estilo, el tamaño y el color (morado) que muestra la figura 7.1.

Figura 7.1

10. Haga clic sobre el botón **Aceptar**; se cerrará el cuadro de diálogo y el dato se mostrará con su nuevo aspecto.

Nota: en algunas ocasiones interesará eliminar las modificaciones realizadas en el formato de un conjunto de celdas; en ese caso, tras seleccionar el rango de celdas, debe seleccionarse **Edición / Borrar / Formatos**.

7.3. Cambiar el ancho de una columna

Como ha comprobado con los nombres de los vendedores, los datos extensos no se visualizan completos ya que el ancho de la columna es pequeño.

En otras ocasiones, bien por el resultado de una fórmula o función, bien porque se ha modificado el formato numérico (esta operación la realizará posteriormente), el contenido de una celda se muestra como #######, lo que indica que éste es demasiado grande como para visualizarse.

En cualquiera de los casos anteriores es necesario aumentar el ancho de la columna para visualizar correctamente el dato de la celda. Pero no sólo se puede modificar el ancho de una celda para ampliarlo, sino que en ocasiones lo que interesa es disminuirlo ya que su contenido es muy corto.

El método más sencillo para modificar el ancho de una columna consiste en situar el puntero del ratón sobre el borde derecho de su botón identificador (el ratón adoptará el aspecto de una doble flecha horizontal) y arrastrarlo hacia la derecha, para aumentar el ancho de la columna, o hacia la izquierda para disminuirlo.

> *Nota: si desea que el ancho de una columna se ajuste automáticamente al mayor de los datos introducidos en sus celdas, haga doble clic sobre el borde derecho de su botón identificador.*

1. Modifique, arrastrando el borde derecho de su botón, el tamaño de la columna B hasta visualizar los nombres correctamente.

7.4. Cambiar la altura de las filas

Excel modifica automáticamente la altura de las filas dependiendo del tamaño de la fuente y de la alineación vertical de los datos. Si por algún motivo hay que modificar la altura de una o varias filas, se pueden emplear alguno de los siguientes procedimientos:

a) Arrastrar el borde inferior del botón identificador de la fila, hacia arriba o hacia abajo, para disminuir o aumentar su altura, respectivamente.

b) Utilizar el cuadro de diálogo **Alto de fila**, que se activa seleccionando **Formato / Fila / Alto**.

c) Hacer doble clic sobre el borde inferior del botón identificador, para que el programa realice un ajuste automático.

1. Modifique la altura de las filas 2 y 16 a la mitad, aproximadamente.

7.5. Alinear el contenido de las celdas

El dato introducido en una celda queda alineado dentro de ella, del modo predeterminado por Excel, que depende de la naturaleza del dato. Así, los textos quedan alineados a la izquierda, mientras que los números y las fechas quedan alineados a la derecha.

Tanto la alineación horizontal como vertical puede ser modificada fácilmente; es posible alinear a la derecha, a la izquierda, centrar un dato en su celda, justificarlo, alinearlo en la parte superior, en la parte inferior, etc. Pero, por si esto fuera poco, Excel permite rotar el texto dentro de su celda, consiguiendo efectos espectaculares.

Además de los típicos botones de la barra de herramientas, el programa permite activar cualquier alineación en la ficha **Alineación** del cuadro de diálogo **Formato de celdas**. Recuerde que este cuadro de diálogo se activa seleccionando la opción **Celdas** del menú **Formato** o la opción **Formato de celdas...** del menú contextual del rango seleccionado.

1. Compruebe si están centrados los datos de los rangos C3:G3 y C10:G10; si no fuera así, selecciónelos y haga clic sobre el botón ▇.
2. Seleccione el rango A1:G1, y haga clic sobre el botón ▦; el dato de la celda A1 quedará centrado en el rango A1:G1, cuyas celdas se habrán fusionado en una sola.
3. Seleccione el rango A3:A8; pulse el botón derecho del ratón sobre él, para desplegar su menú contextual, y seleccione **Formato de celdas...** Aparecerá el cuadro de diálogo **Formato de celdas**.
4. Active la ficha **Alineación** y las opciones que muestra la figura 7.2, que permiten centrar el contenido de la celda A3, tanto vertical como horizontalmente, en el rango A3:A8.

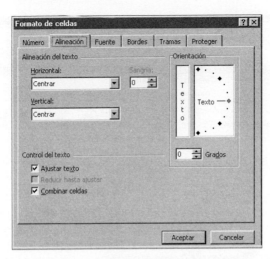

Figura 7.2

5. Haga clic sobre el botón **Aceptar**. Como habrá comprobado, las celdas del rango se habrán fusionado en una sola y el programa, gracias a la opción **Ajustar texto**, mostrará el texto en dos líneas para poderlo ajustar al ancho de columna (figura 7.3).
6. Seleccione el rango A10:A15, y la opción **Repetir formato de celda** del menú **Edición**, para aplicarle el formato anterior a este rango.
7. Active, para la celda B8, el tamaño de fuente **5** y el atributo **Negrita**.
8. Con la celda B8 activa, seleccione **Formato / Celdas** y elija la orientación **Vertical** de la ficha **Alineación**. Haga clic sobre el botón **Aceptar** y compruebe que el texto se visualiza verticalmente (figura 7.3).
9. Copie el contenido de la celda B8 en la celda B15; observe que también se ha copiado el formato.
10. Seleccione los rangos C8:G8 y C15:G15 y active, en la ficha **Alineación** del cuadro de diálogo **Formato de celdas**, la alineación vertical centrada. El aspecto final de la hoja, una vez modificada la alineación de los datos, será el de la figura 7.3.

Cuando desee eliminar la alineación de una celda o rango, deberá aplicar la alineación **General** o seleccionar **Edición / Borrar / Formatos**.

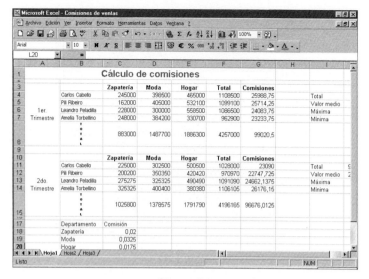

Figura 7.3

7.6. Formatos numéricos

Excel permite visualizar un mismo número, fecha u hora, con distintos formatos que mejoran la presentación de la hoja sin que el valor del dato varíe. Todos estos formatos pueden activarse desde la ficha **Número** del cuadro de diálogo **Formato de celda**, aunque algunos de ellos se activan automáticamente al introducir algunos datos; tal es el caso de las fechas, horas, % y fracciones.

Por ejemplo, si se introdujera en una celda el valor 65%, ésta mostraría dicho valor pero, internamente, el número almacenado sería 0,65; esto permitiría operar directamente con dicho valor para calcular porcentajes.

Si deseara introducir una fracción, podría utilizar el carácter /; en ese caso sería obligatorio preceder a la fracción de un número entero. Así, al introducir el número 3 $^1/_2$, éste se visualizará tal cual pero internamente el programa trabajaría con el valor 3,5. En el caso de querer introducir una fracción menor que 1, por ejemplo $^3/_4$, se debería preceder a la fracción del número entero 0, o de un espacio en blanco.

En el caso de fechas y horas, el programa las muestra con el formato por defecto (dd/mm/aa), aunque posteriormente puede ser modificado. Independientemente del formato con el que se visualicen, las fechas y horas están almacenadas como un número.

1. Elimine la fila 9.
2. Seleccione los rangos G4:G8 y G10:G14.
3. Seleccione **Formato / Celdas...** y active la ficha **Número**.
4. Seleccione el formato que muestra la figura 7.4, que mostrará los valores con formato monetario, con 0 decimales y, si fueran valores negativos, en color rojo.

Figura 7.4

5. Haga clic sobre el botón **Aceptar**. El aspecto de los números del rango seleccionado cambiará.
6. Aplique, del mismo modo, el formato **Porcentaje con dos decimales** al rango C17:C19.

Además de poder modificar el formato numérico mediante el cuadro de diálogo **Formato celda**, Excel presenta unos botones en la barra de herramientas que permiten activar algunos de los formatos más comunes. Estos botones, junto al formato que activan, se muestran en la figura 7.5.

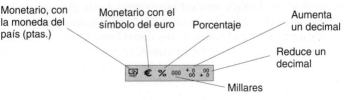

Figura 7.5

6. Seleccione los rangos C4:F8 y C10:F14, y haga clic sobre el botón **Millares** de la barra de herramientas. El aspecto de la hoja después de aplicar los formatos numéricos será como el de la figura 7.6.

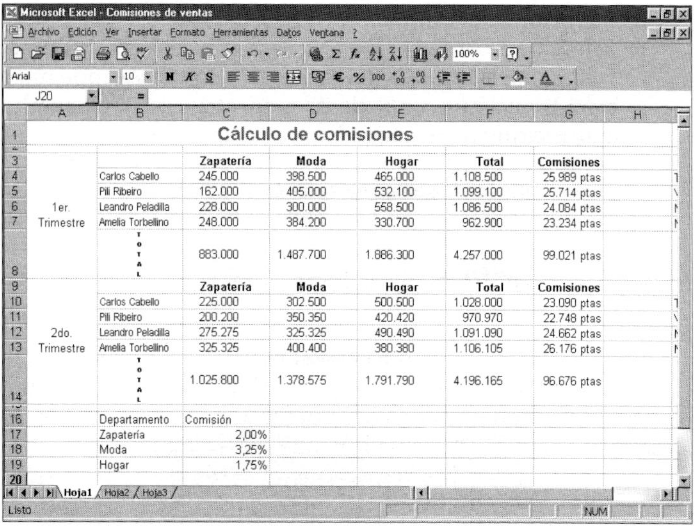

Figura 7.6

Para eliminar el formato numérico aplicado a un rango, puede activar el formato General o seleccionar la opción Edición / Borrar / Formatos.

7.7. Cambiar el color de los datos y el del fondo de las celdas

Por defecto, los datos introducidos en Excel se muestran en color negro sobre un fondo blanco pero, tanto el color de los datos como el del fondo de las celdas pueden modificarse.

Para modificar el color de los datos bastará con hacer clic sobre el botón A ·. El color asignado al texto será el que muestre dicho botón en ese momento; si deseara otro color, debería seleccionarlo del cuadro de colores asociado al botón.

El color del fondo de las celdas seleccionadas puede modificarse mediante el botón ·. El color visible en ese botón será el que se asigne a las celdas; si se deseara otro, se debería seleccionar del cuadro asociado.

Los colores del texto y del fondo de las celdas también pueden modificarse desde el cuadro de diálogo **Formato de celdas**, en las fichas **Fuente** y **Tramas** respectivamente.

1. Seleccione el rango A3:A14, y haga clic sobre el botón **A**, para que el texto quede de color rojo.
2. Seleccione los rangos B4:B7 y B10:B13 y aplique color azul marino a sus datos.
3. Sombree el rango B16:C16 de color verde claro y aplique el atributo **Negrita** a sus datos

7.8. Dibujar líneas y bordes

Las cuadrículas de la hoja de cálculo no se visualizarán en la impresión de la misma, ya que su función es únicamente delimitar las celdas. En caso de querer obtener las líneas en la impresión, deben ser dibujadas con anterioridad.

Las líneas y los bordes se pueden dibujar mediante el botón **Bordes** de la barra de herramientas. Este botón dibuja, en el rango de celdas seleccionadas, las líneas que muestre en ese momento. Si deseara dibujar otras líneas diferentes, debería seleccionarlas del cuadro desplegable (véase figura 7.7).

Figura 7.7

1. Seleccione el rango B16:C19, despliegue el cuadro **Bordes**, y haga clic sobre el botón **Todos los bordes**, para dibujar todas las líneas del rango.
2. Con el rango aún seleccionado, haga clic sobre el botón ≡, para centrar sus datos.

Observe, en la figura 7.8, el aspecto de la hoja tras realizar estos pasos y las modificaciones de los apartados anteriores.

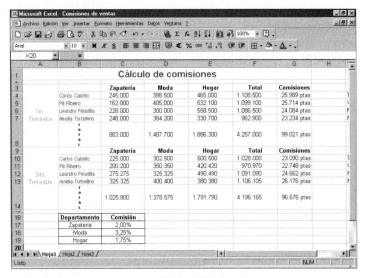

Figura 7.8

Si desea tener mayor control sobre las líneas a dibujar en un rango, debe realizar la operación en la ficha **Bordes** del cuadro de diálogo **Formato de celdas**, desde la que podrá activar de forma individual cada línea e incluso seleccionar distintos colores y estilos para ellas (véase figura 7.9).

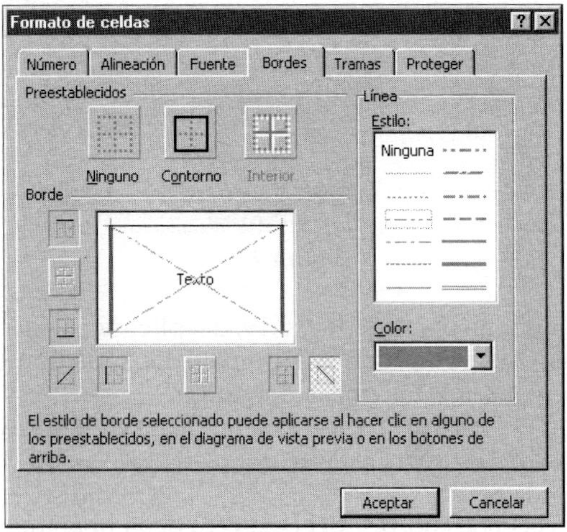

Figura 7.9

7.9. Aplicar un Autoformato

Como ha podido comprobar, Excel permite realizar una serie de modificaciones en el aspecto de una hoja de cálculo de modo que ésta sea vistosa y se puedan destacar aquellos datos que se consideren de mayor interés.

Pero además, Excel incorpora una serie de formatos ya definidos que pueden ser aplicados rápidamente a cualquier rango de celdas para cambiar su aspecto, afectando al tipo, tamaño y color de la fuente, al color del fondo de las celdas, al formato numérico, a la alineación de datos, a los bordes, etc.

1. Seleccione el rango I3:J13.
2. Seleccione **Formato / Autoformato**; obtendrá el cuadro de diálogo de la figura 7.10.

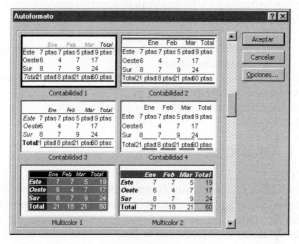

Figura 7.10

3. Seleccione el formato **Multicolor1** y haga clic sobre el botón **Aceptar**.
4. Aplique a los datos del rango J4:J13 el formato numérico **Monetario**. El rango se mostrará con el formato seleccionado, tal y como aparece en la figura 7.11.
5. Si desea borrar las líneas superiores del rango I9:J9, selecciónelo y desactive dichas líneas en la ficha **Bordes** del cuadro de diálogo **Formato de celdas** (figura 7.9).

Figura 7.11

7.10. Cambiar el nombre de una hoja

Excel permite modificar el nombre de las hojas de un libro para poderlas identificar y buscar mejor los datos que en ellas se hayan introducido. El modo más sencillo consiste en hacer doble clic sobre la solapa de la hoja.

1. Haga doble clic sobre la etiqueta **Hoja1**; el nombre de la hoja quedará resaltado.
2. Escriba Cálculos y pulse <**Intro**>. La solapa mostrará el nuevo nombre de la hoja.
3. Modifique el nombre de la Hoja3 a **Gráfico**.

7.11. Gráficos

Excel incorpora una amplia gama de gráficos diferentes que permiten representar cualquier conjunto de datos dependiendo de la naturaleza de los mismos. Además, los gráficos pueden colocarse en la misma hoja de cálculo, junto a los datos que lo generan, consiguiendo informes muy especializados y vistosos.

Aparte de poder crear gráficos en Excel, Microsoft Office incluye un programa independiente, denominado **Microsoft Graph**, que también permite crear gráficos desde cualquier aplicación Office, especialmente desde Word y PowerPoint.

La creación de gráficos en Excel se realiza fácilmente gracias al **Asistente para gráficos** que, mediante sus cuadros de diálogo, dirige el proceso de creación; también dispone de un Ayudante que permite obtener ayuda en cualquier momento.

7.12. Crear un gráfico

A continuación va a crear un gráfico para representar la comisión de los vendedores en los dos primeros trimestres, pero antes copiará los datos necesarios para el gráfico en la hoja Gráfico.

1. Seleccione el rango B4:B7 de la hoja **Cálculos,** y haga clic sobre el botón
2. Active la hoja **Gráfico**, active la celda A2 y haga clic sobre el botón .
3. Seleccione el rango G4:G7 de la hoja **Cálculos** y haga clic sobre el botón
4. Active la hoja **Gráfico**, active la celda B2 y seleccione **Edición / Pegado especial**; se activará el cuadro de diálogo de la figura 7.12.

Figura 7.12

5. Active la opción **Valores** y haga clic sobre el botón **Aceptar**. Si se hubiera realizado un pegado convencional, se habrían copiado las fórmulas del rango original pero con errores de referencias a celdas.
6. Copie, tal y como ha hecho anteriormente, las comisiones de los vendedores en el segundo trimestre en el rango C2:C5 de la hoja **Gráficos**.
7. Modifique el formato monetario del rango B2:C5 a fijo con cero decimales.
8. Introduzca los datos del rango A1:C1 y modifique el ancho de las columnas; tome como referencia la figura 7.13.

	A	B	C	D
1	Vendedor	1er. Trimestre	2do. Trimestre	
2	Carlos Cabello	25989	23090	
3	Pili Ribeiro	25714	22748	
4	Leandro Peladilla	24084	24662	
5	Amelia Torbellino	23234	26176	
6				

Figura 7.13

Ahora sí está en disposición de crear el gráfico; para ello:

9. Seleccione el rango A1:C5 de la hoja **Gráficos**.
10. Seleccione **Insertar / Gráfico** o haga clic sobre el botón. Aparecerá el primer cuadro de diálogo del Asistente para gráficos (véase figura 7.14); si se hubiera activado el Ayudante, ciérrelo.

Figura 7.14

11. Seleccione el gráfico de cilindros agrupados 3D (figura 7.14) y haga clic sobre el botón **Siguiente**. Aparecerá el segundo cuadro de diálogo con una imagen real del gráfico (véase figura 7.15).

Algunas observaciones que deben tenerse en cuenta para comprender el gráfico creado por el Asistente son:

- El gráfico se ha creado considerando cada columna como una serie de datos, tal y como se indica en el cuadro de diálogo. Se denomina *serie* al conjunto de datos que se pueden representar mediante una misma columna o barra. En este gráfico, existen dos series, una para los

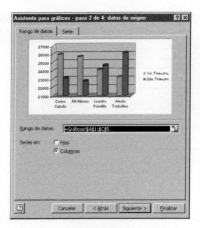

Figura 7.15

datos de cada trimestre, por lo que el gráfico muestra dos cilindros de colores diferentes.

- El gráfico consta de 4 categorías, que corresponden a los vendedores, y que están situados en la primera columna del rango seleccionado. Se denominan *categorías* a los distintos elementos sobre los que se han realizado las medidas de cada serie. En el gráfico, cada categoría (vendedor) tiene dos valores diferentes, cada uno de los cuales corresponde a una serie.

  Los datos correspondientes a las categorías suelen estar colocados en la columna de la izquierda (si las series están en columnas) o en la fila superior (si las series están distribuidas en filas).

12. Haga clic sobre el botón **Siguiente**. Aparecerá el tercer cuadro de diálogo, en el que se pueden indicar varias características del gráfico: títulos, leyendas, aspectos particulares de los ejes, etc.
13. Active la ficha **Títulos** e introduzca los que muestra la figura 7.16.
14. Active la ficha **Leyenda** y seleccione la ubicación **Abajo** para las leyendas de las series.

Nota: las leyendas son los títulos que se asignan a cada una de las series del gráfico; éstas suelen estar colocadas como título de las columnas o filas, dependiendo de la distribución de las series.

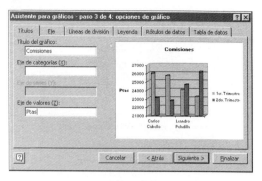

Figura 7.16

15. Haga clic sobre el botón **Siguiente**. Aparecerá el último cuadro de diálogo, en el que el Asistente ofrece la posibilidad de situar el gráfico en una hoja nueva o en la misma en la que se encuentran los datos.
16. Active la opción **Como objeto en:**, para situar el gráfico en la misma hoja que los datos, y haga clic sobre el botón Finalizar.

Aparecerá el gráfico creado, con un tamaño y una posición determinados. Observe que muestra unos cuadros, llamados **cuadros de selección**, que indican que el gráfico está seleccionado; además, y así ocurrirá siempre que el gráfico esté activo, el programa muestra la barra de herramientas **Gráfico**. Observe todo lo comentado en la figura 7.17.

*Nota: si un gráfico se sitúa en una nueva hoja especial de gráficos, el programa la nombrará **Gráfico 1** y la colocará delante de la hoja que estuviera activa.*

7.13. Mover, modificar el tamaño, copiar y borrar un gráfico

Una vez que el gráfico está seleccionado, es posible arrastrarlo a otra posición de la hoja. En el caso de querer mover el gráfico a otra hoja, interesará hacerlo mediante las opciones **Cortar/Pegar** del menú **Edición**.

Para modificar el tamaño del gráfico activo, bastará con arrastrar uno de los cuadros de selección. Si se arrastra el

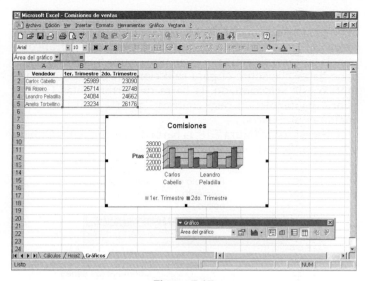

Figura 7.17

cuadro de selección de un lado, se modificará el tamaño del gráfico por dicho lado, mientras que si se arrastra uno de los cuadros situados en las esquinas, el tamaño se modificará por los dos lados correspondientes.

1. Arrastre el gráfico hasta situarlo en el rango A7:F19.
2. Arrastre el cuadro de selección de la esquina inferior derecha hasta la celda I24, para aumentar el tamaño del gráfico.

Los gráficos pueden ser copiados mediante la técnica Copiar/Pegar. Para ello, debe activar el gráfico, seleccionar Edición / **Copiar**, activar el rango destino y seleccionar Edición / **Pegar**; también podría utilizar los botones correspondientes de la barra de herramientas.

Para borrar un gráfico bastará con seleccionarlo y pulsar <**Supr**>, o seleccionar Edición / Borrar / Todo.

7.14. Modificar un gráfico

Un gráfico puede ser modificado para mejorar su aspecto: se pueden insertar nuevos títulos, borrar los existentes, cambiar la fuente de los rótulos, modificar las escalas de los ejes, etc.

Para poder modificar cualquier elemento de un gráfico, éste debe estar seleccionado. Si el gráfico se encuentra en una hoja propia, al activarla se selecciona automáticamente el gráfico; si por el contrario el gráfico se encuentra en una hoja de datos, se debe hacer clic sobre él para seleccionarlo. Siempre que un gráfico esté seleccionado, la barra de herramientas Gráfico estará disponible; en caso contrario, podría activarse como cualquier otra barra.

Observe, en la figura 7.18, la barra de herramientas Gráfico y la acción de cada uno de sus botones.

Figura 7.18

De forma general, cualquier modificación en un gráfico se puede realizar de tres modos diferentes:

a) Utilizando los botones de la barra de herramientas Gráfico; en ese caso, lo más sencillo es seleccionar el objeto a modificar de la lista de objetos y hacer clic sobre el botón Formato, para obtener el cuadro de diálogo correspondiente, en el que se podrán modificar las propiedades del objeto.

También se podría activar el objeto del gráfico, haciendo clic sobre él, y obtener su cuadro de características haciendo clic sobre el botón Formato de la barra de herramientas Gráfico.

b) Haciendo doble clic sobre el objeto del gráfico que se desea modificar, para obtener directamente el cuadro de diálogo con las propiedades del objeto.

c) Seleccionando las opciones del menú asociado a los distintos objetos del gráfico.

A continuación va a disminuir el tamaño de la fuente utilizada para los rótulos del eje X, para conseguir visualizarlos todos.

1. Active el gráfico, si no lo estuviera, para visualizar la barra de herramientas Gráfico.
2. Seleccione, de la lista del botón Objetos del gráfico, la opción Eje de categorías.
3. Haga clic sobre el botón Formato; aparecerá el cuadro de diálogo Formato de ejes.
4. Active la ficha Fuente y seleccione el tamaño 9 y el color Marrón.
5. Haga clic sobre el botón Aceptar; el cuadro de diálogo se cerrará y los rótulos del eje X se visualizarán correctamente.
6. Haga clic sobre un punto exterior al gráfico; éste se desactivará y se cerrará su barra de herramientas.

Nota: las opciones del menú Gráfico, que sólo está visible cuando el gráfico está activo, permiten modificar algunos aspectos generales del mismo.

7.15. Cambiar el tipo de gráfico

La elección del tipo de gráfico se realiza durante la creación del gráfico, pero puede ser modificado posteriormente. Para ello puede utilizar la opción Tipo de gráfico... del menú Gráfico o el botón Tipo de gráfico de la barra de herramientas Gráfico. La opción de menú activará un cuadro de diálogo análogo al primero del Asistente para gráficos (véase figura 7.14), mientras que el botón permite seleccionar el gráfico en su cuadro desplegable (véase figura 7.19).

Figura 7.19

7.16. Imprimir los datos de una hoja

Excel permite imprimir el contenido de un libro de varios modos: sólo los datos, datos y gráficos, sólo un gráfico, e incluso es posible imprimir las fórmulas introducidas en una hoja.

Al igual que en Word, la impresión se puede realizar desde el cuadro de diálogo Imprimir, mediante el botón correspondiente de la barra de herramientas, o desde la ventana Vista preliminar.

El cuadro de diálogo Imprimir, que se activa seleccionando Archivo / Imprimir, permite indicar el número de copias a obtener, los datos que se desea imprimir, así como activar otras opciones que comentaremos posteriormente. Observe dicho cuadro de diálogo en la figura 7.20.

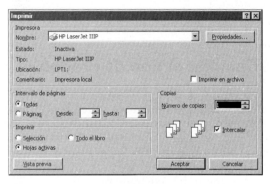

Figura 7.20

Tras seleccionar las opciones deseadas, deberá hacer clic sobre el botón Aceptar para obtener la impresión.

En el caso de querer imprimir los datos de un rango de celdas, debería seleccionarlo previamente en la hoja y, posteriormente, activar la opción Selección en el cuadro de diálogo Imprimir.

Cuando desee imprimir un gráfico, deberá operar de distinto modo dependiendo de dónde esté situado: si está pegado en una hoja, lo mejor es seleccionarlo y posteriormente imprimirlo activando la opción Gráfico en el cuadro de diálogo Imprimir; si el gráfico estuviera situado en una hoja propia, bastaría con activar la hoja e imprimirlo mediante la opción Hojas activas del cuadro de diálogo Imprimir.

7.17. Vista preliminar

Antes de realizar una impresión, conviene activar la vista preliminar para comprobar el resultado; para ello puede utilizar el botón **Vista previa** del cuadro de diálogo Imprimir o el botón 🔍 de la barra de herramientas. En ambos casos, se activará su ventana en la que se visualizarán los datos que se fueran a imprimir (véase la figura 7.21).

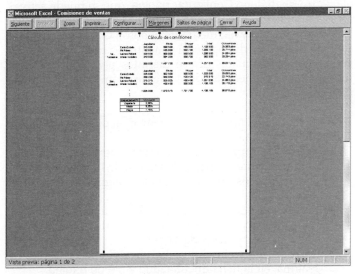

Figura 7.21

Si desea ver los márgenes de la página, tal y como ocurre en la figura 7.21 con los datos de la hoja Cálculos, haga clic sobre el botón Márgenes; además de los márgenes izquierdo y derecho, visualizará otros delimitadores que indican el ancho de cada columna.

Cualquiera de los márgenes puede ser modificado arrastrándolo hasta el lugar deseado; dicha modificación afectará a todas las páginas de impresión. Del mismo modo podría modificarse el ancho de cualquier columna, que también quedaría reflejado en la propia hoja de datos.

Si deseara imprimir los datos que se visualizan, debería hacer clic sobre el botón Imprimir; si no fuera así, debería cerrar esta ventana mediante el botón Cerrar.

Cuando se cierra esta ventana y se vuelve a visualizar la hoja de datos, aparecerán en ella una líneas discontinuas que indican los límites de cada página.

7.18. Cambiar las opciones de página

Existen una serie de opciones que afectan al diseño de todas las páginas de impresión. Estas opciones están englobadas en el cuadro de diálogo **Configurar página**, que se puede activar seleccionando **Archivo / Configurar página** o, si estuviera activa la ventana **Vista previa**, mediante el botón **Configurar**.

Este cuadro de diálogo está constituido por cuatro fichas, cada una de las cuales ofrece distintas posibilidades para modificar las propiedades de la página de impresión; algunas de estas son:

- Modificar el tamaño y la orientación de la página, en la ficha **Página**.
- Ajustar la impresión a un número determinado de páginas, mediante la opción **Ajustar a:** de la ficha **Página**.
- Modificar los márgenes de las páginas, en la ficha **Márgenes**.
- Centrar el bloque de datos en la página de impresión, tanto vertical como horizontalmente, mediante las opciones de la ficha **Márgenes**.
- Introducir y/o modificar los encabezados y/o pies de página, en la ficha **Encabezado y pie de página**.
- Imprimir las líneas divisorias de las celdas, mediante la activación de la opción **Líneas de división** situada en la ficha **Hoja**.

Una vez que se hayan realizado las modificaciones deseadas, debe cerrarse este cuadro mediante el botón **Aceptar**.

1. Imprima los datos de la hoja **Cálculos** y, posteriormente, el gráfico.
2. Grabe las modificaciones realizadas en el libro, por ejemplo haciendo clic sobre el botón 🖫, y cierre el programa.

8

Crear bases de datos con Access. Trabajar con tablas

8.1. Introducción

Una base de datos es un conjunto de herramientas con las que resulta sencillo manejar gran cantidad de información; estas herramientas permiten almacenar la información, realizar consultas, ordenar datos, generar e imprimir informes, etc.

En este primer capítulo de los dedicados a Microsoft Access creará una base de datos y comenzará a trabajar con *tablas*, que son los objetos (herramientas) de una base de datos que permiten almacenar información.

8.2. Bases de datos

Una definición sencilla de *base de datos* podría ser la de un conjunto de herramientas que permiten gestionar información relacionada con un tema determinado: libros, cassettes, clientes, listines telefónicos, contribuyentes, personas afiliadas a una organización determinada, etc.

Habitualmente, los datos se almacenan en tablas, por lo que, en algunos programas gestores de bases de datos, se asocia el concepto de base de datos con el de tabla. Sin embargo, el simple almacenamiento de información (datos) no es suficiente para hablar de una base de datos, ya que ésta necesita de otras herramientas con las que modificar los datos, buscar los que interesen, imprimirlos, relacionar varias tablas y extraer información de cada una de ellas, etc.

Este es el motivo por el que, en Access, una *base de datos* es el conjunto de todas las herramientas (objetos) necesarias para poder manipular los datos almacenados en tablas. Una base de datos consta de los siguientes objetos o herramientas:

- **Tablas**; en ellas se almacenan los datos de modo organizado, característica imprescindible para que la información pueda ser manipulada eficazmente.
- **Consultas**; permiten dar respuestas a las preguntas que se puedan plantear acerca de los datos almacenados.
- **Formularios**; permiten visualizar los datos de modo diferente al de una tabla, resultando más agradable, vistoso y eficaz.
- **Informes**; permiten obtener la impresión de los datos almacenados con el modelo diseñado por el usuario.
- **Macros**; permiten realizar, en un único paso, un conjunto de operaciones repetitivas que previamente han tenido que ser grabadas.
- **Módulos**; son conjuntos de instrucciones y procedimientos, en lenguaje de programación Visual Basic, con los que se pueden automatizar y modificar operaciones propias de la base de datos.
- **Páginas web;** son documentos HTML con información de la base de datos

Según se ha explicado, la misión principal de una base de datos es la de mantener relacionadas todas las herramientas necesarias para almacenar, manipular y gestionar la información. Por este motivo, la primera operación que debe realizar al ejecutar Access es crear una base de datos o, si dispusiera de alguna ya creada, abrirla.

8.3. Ejecutar Access y crear una base de datos

Para ejecutar Access puede seguir uno cualquiera de los métodos indicados para las otras aplicaciones Office aunque, en el caso de Access, cada uno de ellos tiene características particulares:

a) Si ejecuta el programa seleccionando **Inicio / Programas / Microsoft Access**, aparecerá su ventana y un cuadro de diálogo que permite abrir una base de datos existente o crear una nueva (véase figura 8.1).

b) Si lo ejecuta desde el cuadro de diálogo **Nuevo documento de Office**, que se activa al seleccionar **Inicio / Nuevo documento de Office**, aparecerá el cuadro de diálogo desde el que se pueden crear distintos documentos Office (véase figura 1.7). En él encontrará el icono con el que ejecutar Access y obtener directamente el cuadro de diálogo **Archivo nueva base de datos** (véase figura 8.2).

> *Nota: si abre directamente una base de datos existente, se ejecutará el programa y aparecerá su ventana de aplicación con la base de datos abierta.*

1. Seleccione **Inicio / Programas / Microsoft Access**. El programa se cargará en memoria y se abrirá su ventana, en la que aparecerá el cuadro de diálogo de la figura 8.1 (si apareciese el Ayudante, haga clic sobre la opción **Comenzar a utilizar Microsoft Access**).

Figura 8.1

Este cuadro de diálogo permite abrir una base de datos ya creada o crear una nueva (con o sin ayuda del Asistente).

2. Active la opción **Base de datos de Access en blanco** y haga clic sobre el botón **Aceptar**; aparecerá el cuadro de diálogo **Archivo nueva base de datos** (véase figura 8.2).
3. Compruebe que está activa la carpeta **Mis documentos**; en caso contrario, actívela.
4. Active el recuadro **Nombre del archivo**, escriba Discos musicales y haga clic sobre **Crear**. El cuadro de diálogo

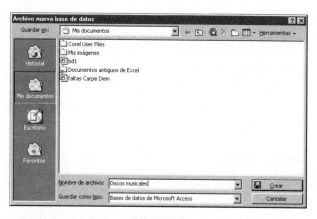

Figura 8.2

se cerrará y aparecerá la ventana de la base de datos, tal y como se muestra en la figura 8.3.

> **Nota**: *Access asigna, automáticamente, la extensión MDB a los ficheros de bases de datos.*

8.4 Ventana de Access

Una vez que ha ejecutado Access y que ha abierto o creado una base de datos, el aspecto de la ventana de aplicación será análogo al que se muestra en la figura 8.3.

La ventana de Access tiene los elementos comunes a otras: barra de título, barra de menús, barra de herramientas, etc, pero su área de trabajo es especial. En ella estará siempre la ventana de la base de datos, diseñada para cumplir con la funcionalidad de una base de datos: mantener relacionadas todas las herramientas necesarias para gestionar la información (tablas, consultas, formularios, informes...). Para ello consta de una serie de fichas, que se activan haciendo clic sobre sus botones, en las que están agrupados todos los objetos de un tipo determinado.

8.5. Diseñar y crear tablas

Una vez creada la base de datos, el siguiente paso que debe realizar es el diseño de las tablas en las que va a almacenar los datos.

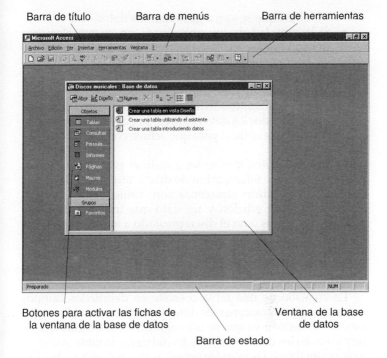

Figura 8.3

Una tabla está formada por una serie de filas y columnas. Cada columna va a almacenar datos de la misma naturaleza (nombres, apellidos, teléfonos, edades….) y cada fila contendrá los diferentes datos de un mismo elemento (persona, objeto, etc.). De ese modo, al igual que ocurría en Excel, aparecen las celdas (intersección de una columna con una fila) como los lugares en los que se almacenan los datos.

Cada fila de una tabla se denomina *registro* y cada columna, *campo*. El contenido de cada una de las celdas de una tabla se denomina, genéricamente, *dato*; éste corresponde a la información de un registro en un campo determinado.

Antes de comenzar a crear la estructura de una tabla es conveniente realizar un diseño previo, analizando la información que se va a almacenar y la finalidad de la base de datos. Algunos aspectos que deben tenerse en cuenta a la hora de diseñar una tabla son:

- Datos que se necesitan.
- Operaciones que se van a realizar con ellos.

- Modo en que se van a gestionar los datos.
- Si la cantidad de información de un mismo elemento (persona, objeto, etc.) va a ser muy elevada, debe pensarse en la conveniencia de crear varias tablas distintas de menor tamaño, frente a una única tabla de grandes dimensiones. Con esto conseguirá que el programa no se ralentice innecesariamente; además, no debe preocupar el no disponer de todos los datos a la vez, ya que las tablas pueden relacionarse entre sí para que actúen como una sola.

La base de datos que se va a utilizar para los ejercicios prácticos contiene información de discos musicales; los datos que se han decidido almacenar son: título del CD, autor, duración, año de edición y un dato que indicará si en ese momento tenemos o no el disco prestado a algún conocido.

8.5.1. Crear una tabla

La creación de una tabla consiste en definir los campos necesarios para almacenar los datos de cada registro; los registros no se definen ya que se irán agregando a medida que se introduzcan los datos. Como se ha indicado, la tabla que se va a crear almacenará 6 datos (se necesitarán seis campos) de CD's musicales (cada CD será un registro).

Aunque Access permite crear una tabla de varios modos, con o sin ayuda del Asistente, importando o vinculando otras tablas externas a la base de datos, en nuestro caso vamos a definir los campos en una ventana especial denominada *ventana de diseño de la tabla*.

1. Active, si no lo estuviera, la ficha **Tabla**.
2. Haga doble clic sobre el enlace **Crear una tabla** en **Vista Diseño**. Se activará la ventana **Diseño de tabla**, análoga a la figura 8.4.

Esta ventana tiene dos paneles, cada uno de los cuales permite definir distintas características de los campos. En el superior se introduce el nombre del campo y el tipo de datos que va a almacenar (también puede introducirse un comentario) y, en el inferior se definen otras características particulares de cada campo: tamaño máximo del dato a almacenar, número de decimales para los datos numéricos, formato para números o fechas, etc.

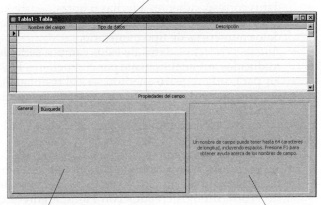

En el panel superior se definen el nombre y el tipo de datos

Panel inferior en el que aparecerán otras propiedades del campo activo

Información acerca de la opción activa

Figura 8.4

Para intercambiar el cursor entre los paneles, puede optar por hacer clic sobre ellos o por pulsar <F6>.

8.5.2. Definición de campos

Existen una serie de características que son importantes a la hora de definir un campo:

- *Nombre*. Éste debe describir lo mejor posible su contenido. Puede constar, como máximo, de 64 caracteres.
- *Tipo de datos*. Dependiendo del tipo de datos que va a almacenar, el campo debe tener características particulares; los tipos de datos son:

  - *Texto*. Estos datos pueden estar formados por letras, números y espacios en blanco, hasta un máximo de 255 caracteres.
  - *Memo*. Estos datos son análogos a los declarados como Texto pero tienen la característica especial de poder contener hasta 65.535 caracteres.
  - *Numérico*. Estos datos serán valores numéricos, por lo que podrán realizarse operaciones matemáticas con ellos.

- *Fecha/Hora*. Los campos así declarados almacenarán datos correspondientes a fechas u horas.
- *Moneda*. Estos campos se utilizan para introducir datos numéricos de tipo monetario.
- *Autonumérico*. Los datos de estos campos serán introducidos automáticamente por el programa. El valor para cada registro añadido será el resultado de incrementar en una unidad el contenido del último registro.
- *Sí/No*. Estos datos sólo estarán constituidos por los valores Sí o No.
- *Objeto OLE*. Este tipo de datos se les asigna a los campos que van a contener datos de diferente naturaleza: hojas de cálculo de Excel, documentos de Word, dibujos creados con Paint, archivos de sonido, etc.
- *Hipervínculo*. Estos datos hacen alusión a las rutas de acceso de ficheros situados en el propio ordenador o en otros conectados en red, a servidores de una red local o Intranet, o a direcciones URL propias en Internet.
- *Asistente para consultas*. Los campos así declarados permiten introducir datos en ellos tomándolos de una lista de valores o de otra tabla.

- *Tamaño del campo*. Aunque Microsoft Access asigna automáticamente un tamaño a cada campo dependiendo del tipo de dato seleccionado, es aconsejable que se modifique este valor para adecuarlo a lo que se necesite, ya que si se utilizan valores demasiado pequeños puede ocurrir que algunos datos no quepan en el campo.
- *Indexado*. Si se activa esta característica, el programa creará un *índice* para el campo, que permitirá realizar búsquedas más rápidas en él. Es posible indicar esta opción en varios campos y crear así varios índices; sin embargo, si el número es muy elevado, ralentizará las operaciones con la base de datos ya que Access deberá reorganizar todos los índices existentes cuando se realicen operaciones con registros.

Además de estas características imprescindibles, se pueden definir otras particulares para algunos campos, dependiendo del tipo de datos que vaya a almacenar.

8.5.3. Crear los campos de una tabla

Una vez que ha pensado en los campos que necesita para almacenar los datos y sus características, debe proceder a su creación. El primer campo será **Referencia**, en el que se almacenará un número para el CD que, por comodidad, será declarado de tipo Autonumérico.

Con el cursor situado en la casilla correspondiente a la primera fila y primera columna:

1. Escriba Referencia, como nombre del campo, y pulse <**Intro**> o <**Tab**>para aceptarlo. El cursor se situará en la columna **Tipo de datos** mostrando, por defecto, el tipo **Texto**.
2. Haga clic sobre el botón que despliega la lista de tipos de datos ■, seleccione **Autonumérico** y pulse <**Intro**> para aceptarlo. El cursor se habrá situado en la columna **Descripción**.
3. Escriba Número del CD musical y pulse <**Intro**>; el cursor se habrá situado en la segunda línea, por lo que puede definir el segundo campo de la tabla.
4. Escriba Título y pulse <**Intro**>, para aceptar el nombre del campo. El cursor quedará situado en la columna **Tipo de datos**.
5. Pulse <**Intro**> para aceptar el tipo de datos **Texto**; aunque el cursor se habrá quedado en la columna **Descripción**, en este caso no escribirá nada en ella, pero sí modificará otras características del campo.
6. Haga clic sobre el recuadro correspondiente a la característica **Tamaño del campo**, para modificar el valor propuesto por el programa.
7. Pulse <**Retroceso**> hasta borrar el valor 50, escriba 30 y pulse <**Intro**>.
8. Haga clic sobre el recuadro de la opción **Requerido**, sobre su botón ■, para desplegar su lista asociada, y seleccione la opción **Sí**. Esta propiedad impedirá que un registro quede sin dato en este campo.
9. Haga clic sobre el recuadro de la opción **Indexado**, sobre su botón ■, para desplegar su lista asociada, y seleccione **Sí (sin duplicados)**. Esta opción obliga al programa a crear un índice para este campo e impedirá que existan varios registros con el mismo contenido. Observe, en la figura 8.5, todas las características de este campo, y el nombre y tipo de datos del primero.

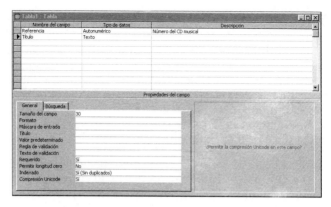

Figura 8.5

10. Haga clic sobre la celda **Nombre del campo** de la tercera línea del panel superior, para comenzar a definir el tercer campo.
11. Escriba Autor y pulse <**Intro**>, para aceptar el nombre del campo. El cursor quedará situado en la columna **Tipo de datos**.
12. Pulse <**Intro**> para aceptar el tipo **Texto**.
13. Modifique, tal y como hizo para el campo anterior, el tamaño del campo a 25 y seleccione, para la característica **Indexado**, la opción **Sí (con duplicados)**. Esta opción obliga al programa a crear un índice para este campo, permitiendo la existencia de varios registros con el mismo contenido en él.
14. Haga clic sobre la celda **Nombre del campo** de la cuarta línea, en el panel superior, para definir el próximo campo.
15. Escriba Duración y pulse <**Intro**>.
16. Seleccione el tipo de datos **Numérico** y pulse <**Intro**>.
17. Introduzca, como descripción del campo, **Duración en minutos**.

Nota: el tamaño predeterminado para los campos numéricos es **Entero largo**, *pero no es el único, tal y como puede observar si despliega las opciones de la característica* **Tamaño del campo**. *Si quisiera almacenar valores numéricos con decimales, convendría que seleccionara el tamaño* **Simple**.

18. Defina el próximo campo, **Edición**, seleccionando el tipo de datos **Texto** y el tamaño 4; el motivo de declarar los

datos de este campo como Texto es que, aunque vaya a contener un año, no se van a realizar operaciones matemáticas con estos datos.

Ya sólo falta definir el último campo de la tabla, que informará si el disco musical lo tenemos en estos momentos prestado o no.

19. Sitúe el cursor en la columna **Nombre del campo** de la primera fila vacía del panel superior.
20. Escriba ¿Prestado?, como nombre del campo, y pulse <**Intro**>.
21. Seleccione el tipo de dato **Sí/No** y pulse <**Intro**>, para aceptarlo y situar el cursor en la columna **Descripción**.
22. Escriba Este campo indica si el disco está prestado y pulse <**Intro**>.

Aunque los campos de la tabla ya están definidos, interesa declarar una *clave principal*, que no es más que un campo con dos características particulares: no podrán existir dos registros con el mismo dato en él y debe haberse creado un índice. En nuestra tabla existe un campo con estas características: **Título**.

23. Haga clic sobre un punto de la segunda línea del panel superior, correspondiente al campo **Título**.
24. Seleccione **Edición / Clave principal** o haga clic sobre el botón de la barra de herramientas; el programa señalará el campo clave con un icono análogo al del botón anterior.

La definición de los campos está acabada y la ventana de definición tendrá un aspecto análogo al de la figura 8.6.

8.5.4. Grabar la definición de una tabla

La estructura de la tabla ya está preparada para almacenar información, pero Access obliga a guardar su definición previamente en un archivo. Para ello:

1. Seleccione **Archivo / Guardar** o haga clic sobre el botón ; aparecerá el cuadro de diálogo correspondiente.
2. Escriba Discos y haga clic sobre el botón **Aceptar**. Se cerrará el cuadro de diálogo pero permanecerá abierta la ventana de diseño.

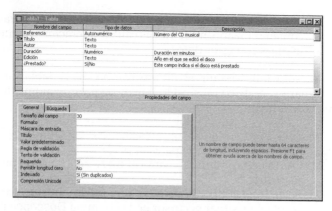

Figura 8.6

8.5.5. Otras formas de crear tablas

Además del método seguido anteriormente para crear una tabla, Access permite utilizar otros dos, tal y como puede comprobarse por las opciones existentes en la ficha Tabla de la ventana de la base de datos (véase figura 8.3).

La opción Crear una tabla introduciendo los datos permite introducir datos en una tabla que aún no tiene definidos los campos; posteriormente, al grabarla, Access asignará los nombres y características a los campos en función de los datos que se hayan introducido.

La opción Crear una tabla utilizando el asistente activa el *Asistente para crear tablas*, que incorpora un gran número de tablas predefinidas para su inmediata utilización; también facilita la labor de crear otras nuevas ya que pueden seleccionarse aquellos campos que interesen de las predefinidas.

8.6. Ventana Hoja de datos / Ventana Diseño de tabla

La ventana Diseño de tabla, como cualquier otra ventana, puede ser manipulada y cerrada; en ese último caso también se cerrará la tabla, volviendo a tener activa la ventana de la base de datos.

Pero además, esta ventana puede conmutarse fácilmente por la ventana Hoja de datos, que permite introducir datos, modificarlos, ordenarlos, etc. En realidad, estas dos ventanas se conmutan con bastante frecuencia ya que cualquier modificación en el diseño de la tabla debe ser realizada en la ventana Diseño de tabla mientras las modificaciones en los datos de la misma deben hacerse en la ventana Hoja de datos.

Cuando la ventana activa es la de diseño, como es nuestro caso, en la barra de herramientas aparece el botón ▦, que permite activar la ventana Hoja de datos. Sin embargo, cuando la ventana activa es la de la hoja de datos, este botón desaparece y es sustituido por ▧, que permite activar la ventana de diseño.

> *Nota: puede activar cualquiera de las ventanas de una tabla seleccionando la opción correspondiente del menú Ver.*

1. Haga clic sobre el botón ▦; aparecerá la ventana Hoja de datos, cuyo aspecto será similar al de una hoja de cálculo de Excel (véase figura 8.7).

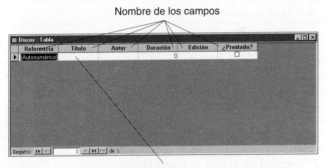

Figura 8.7

8.7. Introducir datos en una tabla

Una vez creada la tabla, hay que introducir datos en ella. Este proceso se realiza de modo análogo al de la hoja de cálculo de Excel, con las siguientes particularidades:

- Los datos del campo Referencia no hará falta introducirlos, lo hará el programa automáticamente.
- No se preocupe si el dato de un campo no puede visualizarse completo; al igual que ocurría en Excel, el

dato estará correctamente almacenado aunque el tamaño de la columna del campo no permita visualizarlo. En el caso de que vaya a introducir un dato mayor que el tamaño del campo, Access emitirá un aviso sonoro; en ese caso, deberá activar la ventana de diseño y aumentar el ancho del campo.
- Los campos lógicos, como es el caso del campo ¿Prestado?, presentan una casilla de verificación. Si desea que el contenido del campo sea Sí, active la casilla de verificación pulsando <**Barra espaciadora**> o haciendo clic sobre ella; en caso contrario, deje la casilla vacía.

> *Nota: si hubiera creado un campo de tipo Fecha/Hora, podría escribir los datos en cualquiera de los formatos reconocidos por Access, que son los mismos que los de Excel; el programa los mostraría con el formato seleccionado en la definición del campo. De la misma manera, en los campos de tipo Moneda el programa asigna automáticamente el símbolo monetario cuando se introduce el importe.*

Tenga en cuenta que introducir datos en una tabla equivale a introducir registros en ella ya que, al escribir los datos de una misma persona, factura, etc., se añade un registro a la tabla. No olvide que cada fila de la tabla constituye un registro.

Mientras esté introduciendo datos en una tabla, el programa mostrará unos indicadores, en ciertos registros, para señalar alguna de las situaciones que a continuación se detallan:

El registro en el que se están introduciendo los datos presentará el indicador ✎, para señalar que ha sido modificado. Por debajo de esta fila, existirá otra vacía, con el indicador ✱, para avisar de que en ella se puede introducir un nuevo registro.

Si el cursor está en un registro y aún no se han realizado modificaciones en él, éste mostrará el indicador ▶ para señalar que es el *registro activo*.

1. Introduzca los datos que muestra la figura 8.8. Si hiciera falta, maximice la ventana de la tabla para poder visualizar todos los campos y un número mayor de registros; recuerde que los datos del campo autonumérico serán introducidos por el programa por lo que, cuando el cursor esté en él, deberá pulsar <**Intro**>.

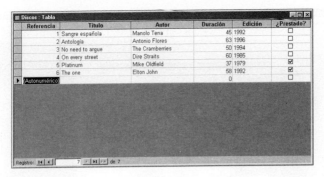

Figura 8.8

8.8. Cerrar una tabla

Para cerrar una tabla, como cualquier otra herramienta de una base de datos, puede realizar una de las siguientes opciones:

a) Seleccionar Archivo / Cerrar.
b) Hacer clic sobre el botón Cerrar de su ventana.
c) Hacer doble clic sobre el botón Menú de Control de su ventana.

1. Seleccione Archivo / Cerrar. La ventana de la tabla se cerrará, apareciendo la ventana de la base de datos, en la que se visualizará el icono de la tabla creada (véase figura 8.9)

8.9. Abrir una tabla

Cuando desee realizar alguna operación con los datos almacenados en una tabla, lo primero que debe hacer es abrirla.
Existen dos modos diferentes de abrir una tabla, comunes para todas las herramientas u objetos de una base de datos, y que dependen de la tarea que se quiera realizar:

a) Abrir la ventana Hoja de datos; de esta manera, se podrían introducir nuevos registros, modificar algún dato, etc. Para ello, debe resaltar la tabla u objeto a abrir, en la ventana de la base de datos, y hacer clic sobre el botón Abrir (véalo en la figura 8.9). También es posible abrir la ventana de un objeto haciendo doble clic sobre su icono.

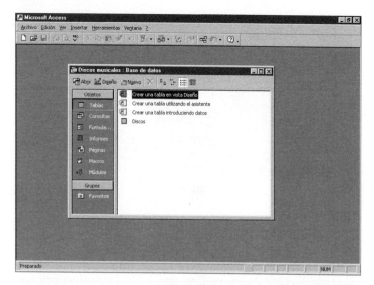

Figura 8.9

b) Abrir la ventana de diseño correspondiente a la tabla u objeto resaltado en la ventana de la base de datos, haciendo clic sobre el botón Diseño. En este caso, se accedería a la ventana de diseño y se podría modificar la definición del objeto.

1. Haga clic sobre el icono de la tabla Discos, para resaltarla, y sobre el botón Abrir. Aparecerá su ventana, con el cursor situado en el primer registro. Cada vez que se abre una tabla, los registros se muestran ordenados según el contenido del campo declarado como clave primaria, que es Título.

8.10. Introducir nuevos registros

Para introducir nuevos registros en una tabla, realice los siguientes pasos:

1. Haga clic sobre el botón ** de la barra de herramientas. El cursor se situará en la línea de un nuevo registro.
2. Introduzca los registros que se muestran en la figura 8.10.

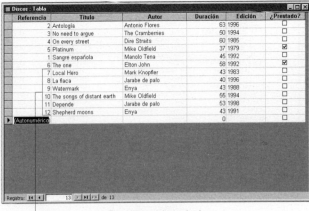

Figura 8.10

Nota: Access graba automáticamente los datos de un registro en cuanto se activa otro.

Access permite añadir registros a una tabla ocultando los existentes, lo que puede ser interesante en algunas ocasiones, sobre todo si la tabla contiene muchos registros. Para ello:

3. Seleccione **Registros / Entrada de datos**. Los registros existentes en la tabla se ocultarán, apareciendo la tabla vacía.
4. Introduzca los datos de los registros que se muestran en la figura 8.11.
5. Una vez que haya introducido los nuevos registros, seleccione **Registros / Quitar filtro u orden**, para visualizar todos los registros de la tabla, tal y como muestra la figura 8.12. Observe que los registros aparecen ordenados por el título del disco.

Información: Access permite utilizar el Portapapeles, del mismo modo que en otras aplicaciones, para copiar información, moverla, etc. Sin embargo, existen algunas particularidades:

– *no se puede duplicar el contenido en un campo que tenga activada la opción* **Sí indexada (sin duplicados)**.
– *copiar datos en una nueva línea supone la adición de nuevos registros a la tabla.*

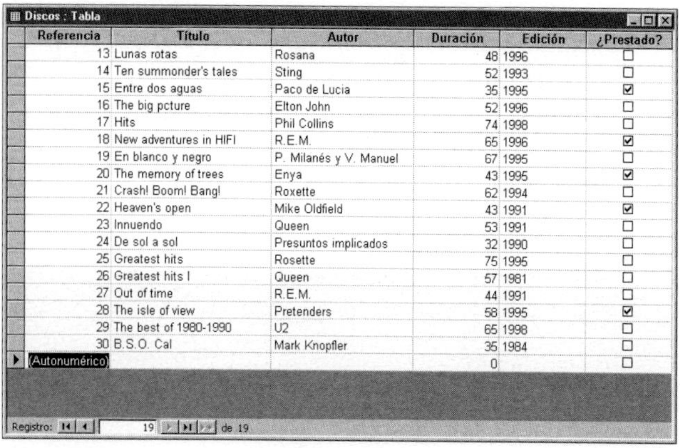

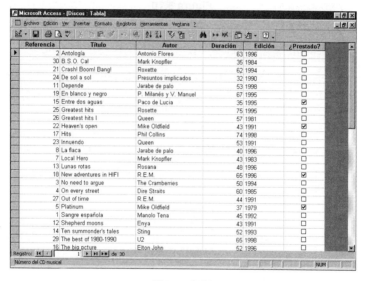

Figura 8.11

Figura 8.12

8.11. Desplazar el cursor por la tabla

Al igual que ocurría en las hojas de cálculo de Excel, para modificar un dato es necesario activar la celda en la que está almacenado. Esta operación se realiza del mismo modo que en una hoja de cálculo:

- Mediante el ratón, haciendo clic sobre la celda correspondiente. Si la celda no está visible, debe utilizar las barras de desplazamiento.
- Mediante el teclado, utilizando las teclas o combinaciones de teclas correspondientes, entre las que destacan las de la tabla 8.1.

Tabla 8.1

Tecla	Desplazamiento
<Tab> o <Flecha dcha>	Al siguiente campo del registro activo.
<Mayús-Tab> o <Flecha izda>	Al campo anterior del registro activo.
<Flecha arriba>	Al campo del registro anterior.
<Flecha abajo>	Al campo del siguiente registro.

Además de las posibilidades anteriores, Access dispone de unos *botones de navegación*, situados en la parte inferior de la ventana, que permiten desplazar el cursor a distintos registros y, en consecuencia, activarlos. Observe, en la figura 8.13, los botones y el desplazamiento que provoca cada uno de ellos.

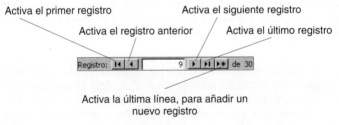

Figura 8.13

Access muestra, entre los botones de navegación, información sobre el registro activo y el número total de registros de la tabla. Así, en la figura anterior, Access indica que el registro activo es el 9, de un total de 30.

8.12. Modificar datos en una tabla

Cuando se abre una tabla, Access presenta resaltado el contenido del primer campo del primer registro y, además, al desplazar el cursor a otro campo o registro, mediante el teclado, el contenido del campo destino también queda resaltado; en estas condiciones, al escribir cualquier otro dato, éste reemplazará al anterior.

Sin embargo, si desplaza el cursor mediante el ratón, haciendo clic sobre el campo del registro deseado, puede que el dato no quede resaltado sino que el cursor se sitúe en el punto en que se haya hecho clic. De este modo, al escribir cualquier dato, éste no sustituirá al anterior sino que se insertará entre los caracteres existentes, a no ser que el modo de escritura activo sea Sobreescribir.

1. Haga clic sobre el botón de navegación necesario hasta activar el registro de referencia 4 (On every street).
2. Pulse <**Tab**> hasta activar el campo Edición. El contenido del campo quedará resaltado.
3. Escriba 1991; compruebe que este nuevo dato reemplaza al existente y que el registro muestra el indicador de modificado.
4. Pulse <**Intro**>, para dar validez al nuevo dato.

Si la modificación que desea realizar sólo afecta a algunos caracteres de un dato, puede optar por situar el cursor en el lugar exacto, haciendo clic con el ratón, o, una vez que el dato esté resaltado, pulsar <**F2**> para activar el modo de edición (análogo al modo ya estudiado en Excel).

> *Nota: Access también ofrece la posibilidad de anular la última operación realizada, seleccionando Edición / Deshacer... o haciendo clic sobre el botón correspondiente de la barra de herramientas. Sin embargo, no todas las operaciones pueden ser anuladas.*

8.13. Eliminar un registro

En algunas ocasiones tendrá que eliminar registros cuyos datos ya no tengan utilidad. Sin embargo, esta operación no debe realizarla precipitadamente ya que no podrá deshacerla y, por lo tanto, no podrá recuperar los datos.

Para eliminar un registro determinado, debería realizar los siguientes pasos:

1. Situar el cursor en cualquier campo del registro, para activarlo.
2. Seleccionar Edición / Eliminar registro o hacer clic sobre el botón ✖. En cualquier caso, Access mostrará un cuadro de diálogo, análogo al de la figura 8.14.

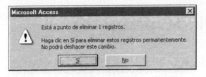

Figura 8.14

3. En caso de estar seguro de la eliminación, debería hacer clic sobre el botón Sí.

8.14. Corregir ortografía

Como en cualquier otra aplicación Office, Access incorpora el corrector ortográfico, que incluye, además, algunas opciones de autocorrección, aunque éstas son, lógicamente, menores que las ofrecidas en el procesador de textos Word.

Una característica particular de este corrector es que sólo funciona en los campos con texto, es decir, aquéllos que se han declarado de tipo Texto o Memo.

Para activar el corrector, debe seleccionar Herramientas / Ortografía... o hacer clic sobre el botón ✓. Su cuadro de diálogo y funcionamiento es análogo al visto en las otras aplicaciones.

8.15. Cerrar una base de datos

Cuando termine de trabajar con una base de datos, debe cerrarla. Sin embargo, interesa cerrar previamente los objetos o herramientas abiertas de la base de datos (tablas, consultas, formularios...).

Para cerrar un objeto, active su ventana y seleccione Archivo / Cerrar o haga clic sobre el botón Cerrar de su ventana, situado a la derecha de la barra de título.

1. Seleccione Archivo / Cerrar, para cerrar la tabla; la ventana de la tabla se habrá cerrado pero seguirá abierta la de la base de datos.

2. Seleccione **Archivo** / **Cerrar**, para cerrar la base de datos.

Cuando se cierra una base de datos, Access no permite realizar ninguna operación relacionada con la gestión de datos, excepto abrir una base de datos existente o crear una nueva.

8.16. Salir del programa

Cuando decida dejar de trabajar con Access, puede optar por cualquiera de las posibilidades ya indicadas para otras aplicaciones Office:

- Hacer clic sobre el botón **Cerrar** de su ventana.
- Seleccionar **Archivo** / **Salir**.
- Pulsar <**Alt-F4**>.
- Hacer doble clic sobre el botón **Menú de Control** de su ventana.

9

Modificar el formato de una tabla. Consultar datos

9.1. Introducción

En este capítulo realizará varias operaciones muy distintas: ordenará los registros de una tabla, modificará su aspecto e imprimirá los datos almacenados en ella.

Además aprenderá a buscar datos en una tabla y a filtrar los registros que tengan un dato común; pero quizás lo más importante sea la creación de *consultas de selección,* ya que permiten seleccionar un conjunto de datos (campos y registros) con los que trabajar. La ventaja es que, al no trabajar con todos los datos de la tabla, el programa gana velocidad de proceso y el usuario centra su atención sólo en los registros de interés.

9.2. Abrir una base de datos

Cuando desee trabajar con una base de datos guardada en un fichero, lo primero es abrirla; de este modo, podrá utilizar los objetos creados y relacionados en ella. Como cualquier otro documento, una base de datos puede abrirse desde la ventana de la propia aplicación o, en caso de que ésta no esté ejecutándose, desde el propio Windows.

Para abrir una base de datos sin estar ejecutándose Access, debe utilizar el cuadro de diálogo **Abrir documento de Office** que se activa al seleccionar la opción **Abrir documento de Office** del menú **Inicio**.

Por otra parte, cuando se arranca Access, aparece el cuadro de diálogo **Microsoft Access** (véase figura 8.1), desde el que se puede abrir una base de datos seleccionando la opción **Abrir una base de datos existente**.

Por último, si ya está trabajando con Access y necesita abrir una base de datos, puede utilizar una de las siguientes posibilidades:

a) Seleccionar **Archivo / Abrir base de datos**... o hacer clic sobre el botón de la barra de herramientas. Aparecerá el cuadro de diálogo **Abrir**, en el que se visualizarán las bases de datos (ficheros de extensión MDB) guardadas en la carpeta Mis Documentos.
Si las bases de datos estuvieran en otra carpeta, actívela previamente, seleccionándola de la lista correspondiente. Una vez que visualice el nombre de la base de datos, haga doble clic sobre ella.

b) Si la base de datos se ha utilizado recientemente, puede abrirla seleccionándola de la parte inferior del menú **Archivo**, ya que este menú muestra las cuatro últimas bases de datos utilizadas.

1. Abra la base de datos **Discos musicales**, empleando el método más adecuado, en función de la situación en la que se encuentre.

9.3. Ordenar los registros de una tabla

Por defecto, al abrir una tabla, Access muestra los registros ordenados según el orden de entrada o según el contenido de los registros en el campo declarado como *clave primaria*. También pueden aparecer en otro orden distinto si, una vez realizada una ordenación, se guardan los cambios en el diseño de la tabla.

Sin embargo, Microsoft Access permite modificar el orden de los registros de varios modos. El más rápido consiste en ordenarlos dependiendo del contenido de los registros en un campo. Para ello, bastará con indicar el campo (situando el cursor en él) y el tipo de ordenación que se desea realizar: Ascendente (0....9,A... .Z) o Descendente (Z....A,9....0).

Como ejemplo, va a ordenar los discos por el nombre del autor.

1. Abra la tabla Discos, maximice su ventana y compruebe que los discos están ordenados por título.
2. Sitúe el cursor sobre cualquier dato correspondiente al campo Autor.
3. Haga clic sobre el botón de la barra de herramientas; los registros se ordenarán según el autor, de modo ascendente, tal y como se muestra en la figura 9.1.

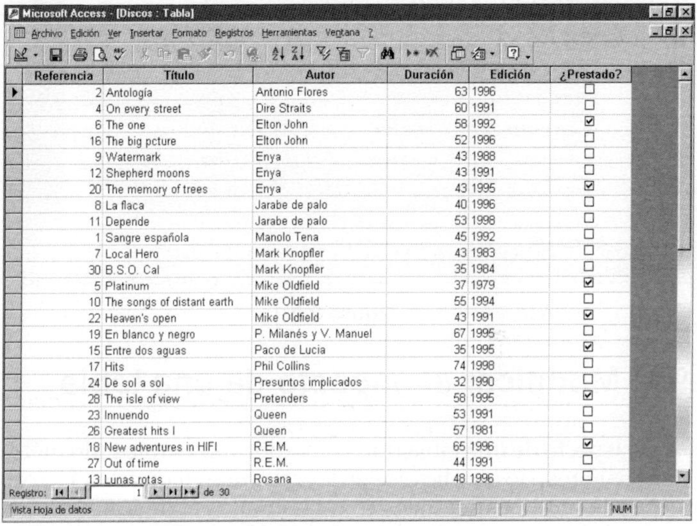

Referencia	Título	Autor	Duración	Edición	¿Prestado?
2	Antología	Antonio Flores	63	1996	☐
4	On every street	Dire Straits	60	1991	☐
6	The one	Elton John	58	1992	☑
16	The big pcture	Elton John	52	1996	☐
9	Watermark	Enya	43	1988	☐
12	Shepherd moons	Enya	43	1991	☐
20	The memory of trees	Enya	43	1995	☑
8	La flaca	Jarabe de palo	40	1996	☐
11	Depende	Jarabe de palo	53	1998	☐
1	Sangre española	Manolo Tena	45	1992	☐
7	Local Hero	Mark Knopfler	43	1983	☐
30	B.S.O. Cal	Mark Knopfler	35	1984	☐
5	Platinum	Mike Oldfield	37	1979	☑
10	The songs of distant earth	Mike Oldfield	55	1994	☐
22	Heaven's open	Mike Oldfield	43	1991	☑
19	En blanco y negro	P. Milanés y V. Manuel	67	1995	☐
15	Entre dos aguas	Paco de Lucia	35	1995	☑
17	Hits	Phil Collins	74	1998	☐
24	De sol a sol	Presuntos implicados	32	1990	☐
28	The isle of view	Pretenders	58	1995	☑
23	Innuendo	Queen	53	1991	☐
26	Greatest hits I	Queen	57	1981	☐
18	New adventures in HIFI	R.E.M.	65	1996	☑
27	Out of time	R.E.M.	44	1991	☐
13	Lunas rotas	Rosana	48	1996	☐

Figura 9.1

A continuación, va a ordenar los discos según la fecha de edición pero, en este caso, en orden descendente.

4. Haga clic sobre cualquier punto del campo Edición, para indicar el campo por el que desea realizar la ordenación.
5. Haga clic sobre el botón ; los registros se ordenarán como en la figura 9.2.

Además de los botones de la barra de herramientas, los registros pueden ordenarse mediante las opciones Registros / Ordenar / Orden ascendente (Orden descendente); también podrían utilizarse las opciones del menú contextual asociado a la columna correspondiente al campo por el que se desea realizar la ordenación.

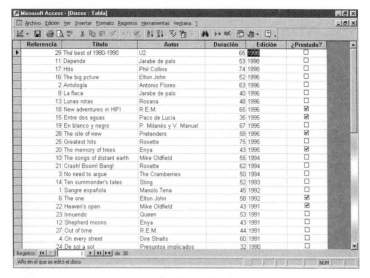

Figura 9.2

9.4. Modificar el aspecto de una tabla

El aspecto de una tabla puede modificarse empleando métodos análogos a los explicados en los capítulos dedicados a Excel: se puede modificar el formato de la fuente, el de las celdas, el ancho de las columnas, la altura de las filas, etc. Además de éstas, pueden realizarse otras operaciones como: ocultar las columnas de aquellos campos cuyos datos interesa que no puedan ser visualizados por otras personas, cambiar el título de una columna (equivalente a modificar el nombre del campo), etc. Todas estas operaciones se realizan seleccionando la opción correspondiente del menú Formato (véalas en la figura 9.3).

Figura 9.3

Algunas de estas operaciones también pueden ser realizadas mediante las opciones correspondientes del menú asociado a las columnas (campos) o las filas (registros). Éstos se obtienen seleccionando la columna o fila (haciendo clic sobre su botón identificador) y pulsando el botón derecho del ratón.

1. Seleccione Formato / Fuente; obtendrá el cuadro de diálogo Fuente.
2. Seleccione la fuente Bookman Old Style, el tamaño 10 y haga clic sobre el botón Aceptar.
3. Seleccione Formato / Hoja de datos; obtendrá el cuadro de diálogo Formato de hoja de datos.
4. Active la opción Con relieve del recuadro Efecto de celda y haga clic sobre el botón Aceptar; el aspecto de la tabla será parecido al de la figura 9.4.
5. Ajuste, si lo considera oportuno, el ancho de las distintas columnas; para ello, lo mejor es que arrastre el borde derecho del botón identificador de cada columna.

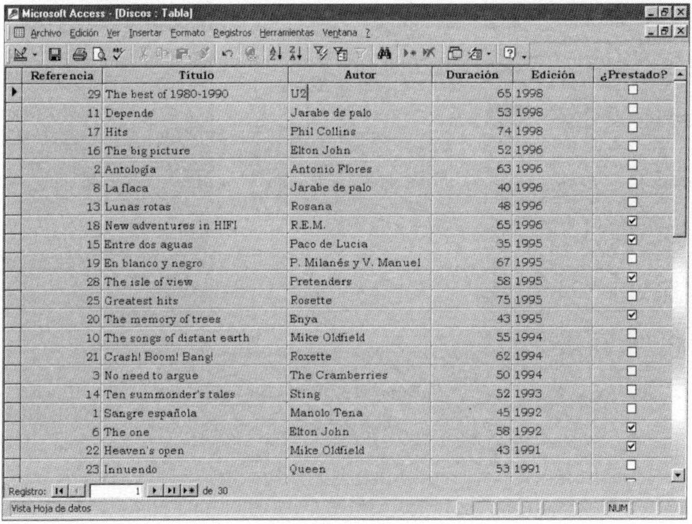

Referencia	Título	Autor	Duración	Edición	¿Prestado?
29	The best of 1980-1990	U2	65	1998	☐
11	Depende	Jarabe de palo	53	1998	☐
17	Hits	Phil Collins	74	1998	☐
16	The big picture	Elton John	52	1996	☐
2	Antología	Antonio Flores	63	1996	☐
8	La flaca	Jarabe de palo	40	1996	☐
13	Lunas rotas	Rosana	48	1996	☐
18	New adventures in HIFI	R.E.M.	65	1996	☑
15	Entre dos aguas	Paco de Lucia	35	1995	☑
19	En blanco y negro	P. Milanés y V. Manuel	67	1995	☐
28	The isle of view	Pretenders	58	1995	☑
25	Greatest hits	Rosette	75	1995	☐
20	The memory of trees	Enya	43	1995	☑
10	The songs of distant earth	Mike Oldfield	55	1994	☐
21	Crash! Boom! Bang!	Roxette	62	1994	☐
3	No need to argue	The Cramberries	50	1994	☐
14	Ten summonder's tales	Sting	52	1993	☐
1	Sangre española	Manolo Tena	45	1992	☐
6	The one	Elton John	58	1992	☑
22	Heaven's open	Mike Oldfield	43	1991	☑
23	Innuendo	Queen	53	1991	☐

Figura 9.4

9.5. Vista preliminar e impresión de los datos de una tabla

La impresión de los datos de una tabla se puede realizar mediante un informe (objeto de una base de datos que permite obtener la impresión de los datos según un diseño realizado por el usuario) o mediante la típica opción Imprimir; en este último caso, los datos se imprimirán con el aspecto de la propia tabla.

Antes de imprimir los datos de una tabla, es interesante comprobar el aspecto que tendrá el resultado. De ese modo, podrían modificarse aquellas características que permitieran mejorar el resultado final.

1. Haga clic sobre el botón ▭. Access mostrará la página con el aspecto que tendrá al realizar la impresión (véase figura 9.5).

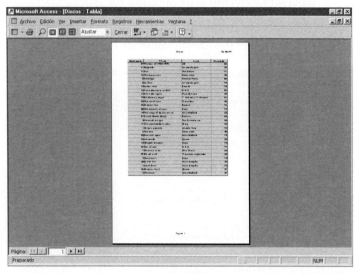

Figura 9.5

Como puede comprobar (utilice el zoom, si fuera necesario, para visualizarlo correctamente), Access añade a cada página un encabezado constituido por el nombre de la tabla (centrado) y la fecha de impresión (alineada a la derecha). Además, añade un pie de página con la numeración.

Si deseara realizar la impresión desde esta ventana, podría hacer clic sobre el botón ▭ o seleccionar Archivo / Imprimir; en este último caso, se activaría el cuadro de diálogo Imprimir.

2. Haga clic sobre el botón **Cerrar**, para volver a la ventana de la tabla.

Para realizar la impresión directamente desde la tabla, puede optar por hacer clic sobre el botón 🖨 o por seleccionar Archivo / Imprimir. En este último caso, obtendría el cuadro de diálogo Imprimir (véase figura 9.6).

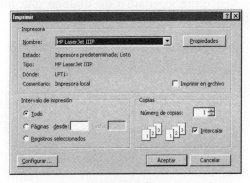

Figura 9.6

En este cuadro puede indicar, entre otras características, los datos que desea imprimir: todos los de la tabla o sólo aquéllos que se hubieran seleccionado previamente; además, y en el caso de existir varias páginas de datos, podrían imprimirse sólo las que interesasen.

3. Encienda la impresora, compruebe que está activa la opción Todo y haga clic sobre el botón Aceptar.

Nota: si desea modificar algunas características de página (tamaño y orientación del papel, márgenes, etc.), debe seleccionar Archivo / Configurar página; aparecerá el cuadro de diálogo Configurar página, en el que podrá realizar las modificaciones que desee.

9.6. Buscar un dato en una tabla

Aunque puede parecer, por el pequeño tamaño de la tabla, que la posibilidad de buscar un dato no tiene demasiada importancia, piense en tablas con miles de registros y con un buen número de campos.

Esta operación puede utilizarse para buscar un dato concreto o para localizar un registro del que se conoce uno de sus datos.

Para poder buscar en una tabla, ésta debe estar abierta; posteriormente, debe realizar los siguientes pasos:

1. Seleccione **Edición / Buscar**... o haga clic sobre el botón . Aparecerá el cuadro de diálogo que muestra la figura 9.7.

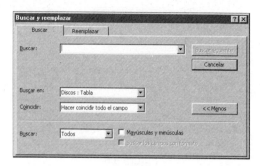

Figura 9.7

Las opciones que muestra el cuadro de diálogo de la figura 9.7, que se visualizan al expandir el cuadro de diálogo mediante el botón , permiten indicar al programa que la búsqueda se desea realizar en toda la tabla (opción **Discos :Tabla** del cuadro **Buscar en**), que no debe distinguir entre los caracteres en mayúsculas y en minúsculas (opción **Mayúsculas y minúsculas** desactivada), que la búsqueda debe hacerla en todos los registros (opción **Todos** del cuadro **Buscar**) y que debe buscar datos que coincidan por completo con el indicado (opción **Hacer coincidir todo el campo** en el cuadro **Coincidir**).

- Si activara la opción Mayúsculas/minúsculas, Access distinguiría entre ambos caracteres, de modo que, si el dato a localizar lo escribiera como **Antonio** y estuviera almacenado en la tabla como **ANTONIO**, Access no lo localizaría.
- Las opciones del recuadro **Buscar en** permiten que el programa busque en toda la tabla o únicamente en el campo en que esté situado el cursor (campo activo).
- Las opciones del recuadro **Buscar** tienen su importancia ya que indican en qué registros se realizará la búsqueda: en todos, sólo en aquéllos situados a continuación del activo o sólo en los anteriores.

2. Escriba, en el recuadro Buscar, el dato a buscar: Manolo Tena, y desactive cualquier opción que esté activa.
3. Haga clic sobre el botón **Buscar siguiente**. El programa localizará el dato y lo resaltará, tal y como muestra la figura 9.8.

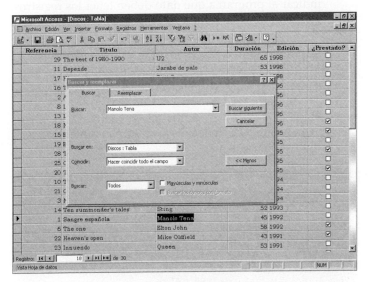

Figura 9.8

Si deseara buscar otro posible dato igual, debería hacer clic sobre el botón **Buscar siguiente**. Cuando Access no pueda localizar más datos, mostrará un cuadro de diálogo informándole de tal hecho.

4. Haga clic sobre el botón **Cancelar**. El dato localizado quedará resaltado en la tabla.

9.7. Filtros por selección

Un *filtro* es una selección que se realiza en una tabla para visualizar sólo un conjunto de registros. Estos registros deben tener un dato común, o parte de él, en un campo determinado.

Existen varios tipos de filtros, siendo los más sencillos y rápidos de utilizar **los filtros por selección**. Como ejemplo, va a activar un filtro para seleccionar los CD's musicales de **Mike Oldfield**.

1. Haga clic sobre cualquier celda del campo **Autor** que contenga el nombre **Mike Oldfield**. Éste es el modo de indicar al programa qué dato deben tener los registros que se desea seleccionar.

> **Nota:** *si deseara extraer, mediante un filtro, los registros que posean unos determinados caracteres en un campo, tendría que seleccionar dichos caracteres.*

2. Haga clic sobre el botón ▽; se activará el filtro, visualizándose sólo los discos de dicho cantante (véase figura 9.9).

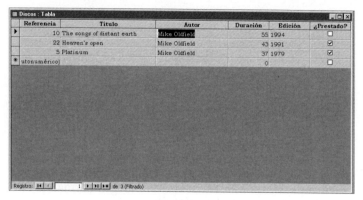

Figura 9.9

3. Para desactivar el filtro, haga clic sobre el botón ▽; volverá a visualizar todos los registros de la tabla.
4. Seleccione **Archivo / Cerrar**. Access ofrecerá, en un cuadro de diálogo, la posibilidad de guardar los cambios realizados en el diseño de la tabla.
5. Haga clic sobre el botón **Sí**; se guardará el diseño de la tabla, la ordenación realizada y el filtro creado anteriormente.

> **Nota:** *el botón ▽ permite activar y desactivar el último filtro creado.*

9.8. Consultas

Imagine que la tabla, en vez de contener 30 registros, contiene miles. En ese caso, realizar operaciones en dicha tabla resultaría lento y esto hace pensar en la posibilidad de trabajar, en cada momento, con el conjunto de registros necesarios, es decir, limitar el número de registros. Por otra parte, cabría la posibilidad de realizar este mismo planteamiento con los campos de la tabla.

Access incorpora una herramienta u objeto, denominado *consultas*, que permite seleccionar un conjunto de campos y registros de una tabla de la base de datos. No significa que el resto de registros se eliminen de la tabla, sino que tan sólo están "olvidados" por el programa. Ésta no es su única función; existen consultas que permiten realizar operaciones con los datos de una tabla.

Dependiendo de su función, las consultas pueden clasificarse en grupos, siendo las más importantes:

- *Consultas de selección*; aquéllas que permiten seleccionar un conjunto de registros y campos para trabajar con ellos.
- *Consultas de acción*; aquéllas que permiten realizar diversas operaciones, automáticamente, con los datos de una tabla.

9.9. Crear una consulta de selección mediante el Asistente

A continuación va a crear una consulta de selección sencilla, que tan sólo limitará el número de campos, pero que servirá para comprender el funcionamiento de este tipo de consultas.

Para crear una consulta, conviene tener activa la ficha **Consultas** en la ventana de la base de datos. Por lo tanto:

1. Haga clic sobre el botón **Consultas**, para activar la ficha correspondiente a esta herramienta u objeto.
2. Haga doble clic sobre la opción **Crear una consulta utilizando el asistente**; aparecerá el primer cuadro de diálogo del Asistente, similar al de la figura 9.10.

En este cuadro de diálogo debe indicar los campos que desea visualizar en la consulta, que serán los únicos con los que podrá trabajar cuando ésta esté activa.

4. Haga clic sobre el campo **Título** y sobre el botón ▫.
5. Haga clic sobre el campo **Autor** y sobre el botón ▫.
6. Haga clic sobre el campo **Duración** y sobre el botón ▫. El cuadro de diálogo, véase la figura 9.10, muestra los campos incluidos en la consulta y los que no lo están.

Figura 9.10

El orden en el que se hayan añadido los campos a la consulta determinará cómo se visualizarán al activarla. Si deseara eliminar un campo de la consulta, debería resaltarlo de la lista de campos seleccionados y hacer clic sobre el botón ▫. Los iconos ▫ ▫ permiten, respectivamente, añadir o eliminar todos los campos.

7. Haga clic sobre el botón **Siguiente**. Aparecerá un nuevo cuadro de diálogo, en el que podrá indicar si desea una consulta de detalle o un resumen.
8. Compruebe que está activa la opción **Detalle** y haga clic sobre el botón **Siguiente**. Aparecerá el próximo cuadro de diálogo, en el que podrá introducir el nombre de la consulta y la ventana que desea visualizar.
9. Escriba, `Listado de los CD's musicales`, como nombre de la consulta, compruebe que está activa la opción **Abrir la consulta para ver la información** y haga clic sobre el botón **Finalizar**. Aparecerá la ventana de la consulta, tal y como muestra la figura 9.11.

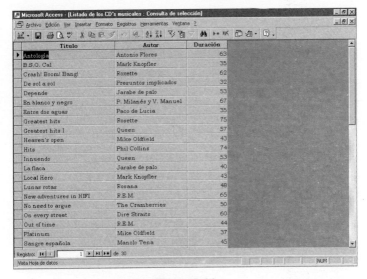

Figura 9.11

Compruebe que en la ventana de la consulta, de aspecto similar al de una tabla, se visualizan todos los registros pero sólo con los datos de aquellos campos indicados durante su creación. Todas las modificaciones que realice en los datos de una consulta, quedarán automáticamente reflejados en la tabla correspondiente.

9.10. Visualizar el diseño de una consulta

Al igual que las tablas, las consultas tienen dos ventanas, Hoja de datos y Diseño, que pueden ser conmutadas fácilmente.

1. Haga clic sobre el botón . Aparecerá la ventana de diseño de la consulta, tal y como muestra la figura 9.12.

La ventana de diseño de las consultas está dividida en dos partes. La parte superior muestra, en una pequeña ventana, los campos que componen la tabla sobre la que se está realizando la consulta. En la parte inferior aparece una rejilla, en la que se muestran, por columnas, los campos seleccionados. Cada una de las líneas de esta rejilla permite indicar ciertas características que estudiará posteriormente; por ahora basta con indicar que

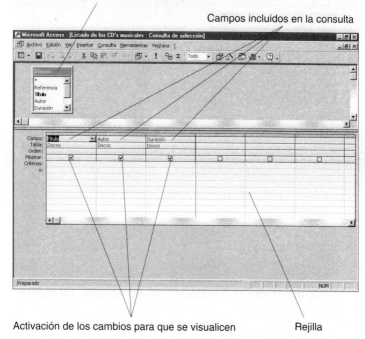

Figura 9.12

para visualizar un campo, además de estar situado en la rejilla, debe estar activada su casilla de visualización.

Además, la barra de herramientas muestra los botones correspondientes a las tareas que se realizan, más frecuentemente, en el diseño de una consulta.

El movimiento del cursor a las distintas partes de la ventana de diseño se puede realizar mediante el ratón (haciendo clic sobre el punto) o mediante el teclado: las teclas <**Tab**>, <**Mayús-Tab**> y <**Teclas de movimiento**> permiten desplazar el cursor dentro del panel activo y la tecla <**F6**> permite desplazarlo entre los paneles.

2. Desactive la visualización del campo Autor, haciendo clic sobre su casilla de verificación.
3. Haga clic sobre el botón ▥ de la barra de herramientas, para activar la visualización de la hoja de datos. Comprobará que sólo se visualizan los datos de los campos Título y Duración.

9.11. Cerrar una consulta

Las consultas, como cualquier otro objeto de una base de datos, tienen su propia ventana que puede ser maximizada, minimizada, cerrada, etc..

1. Seleccione Archivo / Cerrar. Si el programa detecta que existen cambios en la consulta que no han sido guardados, mostrará el cuadro de diálogo correspondiente.
2. Haga clic sobre el botón Sí. Una vez cerrada la ventana de la consulta, volverá a visualizar la de la base de datos.

9.12. Crear una consulta en la ventana Diseño

Anteriormente ha creado una consulta con ayuda del Asistente. Ahora lo hará, paso a paso, en la ventana de diseño; incluirá los campos cuyos datos desee visualizar e introducirá criterios para seleccionar un conjunto de registros. De ese modo, la consulta permitirá trabajar sólo con un grupo de registros y campos.

1. Active la ficha Consultas.
2. Haga doble clic sobre la opción Crear una consulta en la vista Diseño. Aparecerá activo el cuadro de diálogo Mostrar tabla (véase figura 9.13) en el que debe seleccionar la tabla o consulta (una consulta también puede actuar sobre los datos de otra), sobre la que actuará la consulta que va a crear.

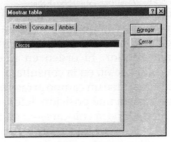

Figura 9.13

3. Active la ficha Tablas, haga clic sobre la tabla Discos y sobre el botón Agregar.

> **Nota:** *pueden añadirse varias tablas a una consulta, aunque nuestro estudio se centra en las consultas realizadas en una única tabla. Para poder añadir varias tablas a una consulta, deben tener un campo común que el programa utilizará para relacionarlas.*

4. Una vez seleccionada la tabla, haga clic sobre el botón **Cerrar**. Se activará la ventana de diseño (figura 9.14), prácticamente vacía, con la ventana de los campos de la tabla seleccionada.

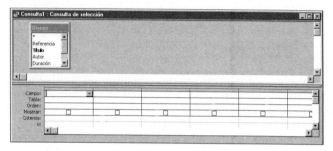

Figura 9.14

9.12.1. Incluir los campos en una consulta

Al crear una consulta, lo primero que debe hacer es incluir los campos necesarios en la rejilla de la parte inferior; no sólo los que desea visualizar como resultado de la consulta sino también todos aquéllos que utilizará para otros fines como ordenaciones, selección de registros, etc.

Para incluir un campo en la rejilla puede hacer doble clic sobre él, en la ventana de campos, situada en la parte superior. El campo se añadirá en la fila **Campo** y en la primera columna vacía, de la rejilla inferior. El orden en el que se añadan determinará su visualización en la consulta.

También puede añadirse un campo arrastrándolo, desde la ventana de campos, hasta una posición determinada de la fila **Campo**. De este modo, podrá colocarse en el lugar deseado.

1. Haga doble clic sobre el campo **Título**, para añadirlo a la rejilla.
2. Haga doble clic sobre los campos **Autor**, **Edición** y **¿Prestado?**

Los campos se habrán añadido a la rejilla y Access habrá activado su visualización (las casillas de visualización, situadas en la línea Mostrar, estarán activadas).

3. Haga clic sobre la casilla del campo ¿Prestado?, para desactivar su visualización. El diseño de la consulta será análogo a la de la figura 9.15.

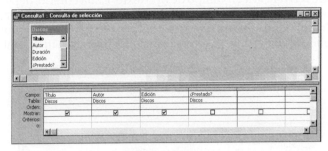

Figura 9.15

En cualquier momento, es posible visualizar la tabla de datos para comprobar el resultado del diseño. Para ello:

4. Haga clic sobre el botón ▦ de la barra de herramientas. Compruebe que sólo se visualizan los campos indicados en el diseño.
5. Haga clic sobre el botón ▦, para volver a la ventana de diseño.

9.12.2. Introducir condiciones para seleccionar registros

Una de las finalidades más importantes de las consultas es la de seleccionar un grupo de registros que cumplan una determinada característica. Dicho de otro modo más coloquial: las consultas darán respuesta a preguntas como: ¿Qué discos no se han prestado? ¿Qué CD's se han editado en el año 1991?...

La selección de registros se realiza mediante la inclusión de uno o varios criterios (condiciones) en la rejilla de la pantalla de diseño; éstos han de escribirse en las filas Criterios.

Suponga que está interesado en conocer los CD's editados en 1991. Para ello debe escribir, como criterio de selección, dicho año en el campo correspondiente (Edición).

1. Haga clic sobre la celda correspondiente a la fila **Criterios** de la columna del campo **Edición**.
2. Escriba el año 1991, y pulse <**Intro**>, para dar validez al criterio escrito.

Si observa la rejilla (figura 9.16), comprobará que Access ha introducido la fecha entre caracteres ("), ya que este criterio hace referencia a un campo de tipo texto. Cada criterio, dependiendo del tipo de campo, quedará entre unos caracteres (delimitadores) particulares. Pero no debe preocuparse, sólo debe escribir el dato y Access lo introducirá automáticamente.

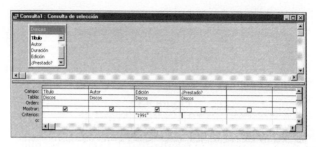

Figura 9.16

Si activa la ventana Hoja de datos, comprobará que sólo se visualizan los CD's editados en 1991. Si lo ha hecho, vuelva a la ventana de diseño.

El procedimiento realizado por Access para seleccionar los registros es la comparación del dato de cada registro, en el campo especificado, con el criterio introducido en el diseño de la consulta.

9.12.3. Ordenar el resultado de una consulta

Es posible preparar el diseño de la consulta para que el resultado de ésta se presente ordenado por el contenido de uno de los campos. Para ello, debe introducir el tipo de ordenación deseada, en la celda correspondiente al campo y a la fila **Orden**.

1. Haga clic sobre la celda de la fila **Orden** del campo **Título**; aparecerá el botón ▼.
2. Haga clic sobre el botón ▼, para desplegar la lista con los tipos de ordenación, y seleccione la opción **Ascendente**. El diseño de la consulta será como el de la figura 9.17.

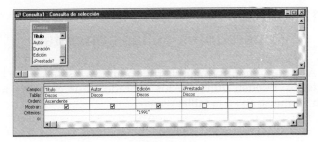

Figura 9.17

3. Haga clic sobre el botón ▣. Obtendrá los CD's, ordenados por título, editados en 1991 (véase figura 9.18).

Figura 9.18

9.12.4. Guardar la consulta

Las consultas pueden guardarse desde la ventana de diseño o desde la ventana de datos. En realidad, lo que se guarda es el diseño de la consulta y ésta, al abrirla, selecciona los registros. De ese modo, una misma consulta no tiene por qué dar siempre el mismo resultado, ya que dependerá de si se han realizado modificaciones en la tabla.

Para guardar una consulta, debe seleccionar Archivo / Guardar o hacer clic sobre el botón ▣.

1. Seleccione Archivo / Guardar.
2. Escriba el nombre de la consulta, Discos editados en 1991, y haga clic sobre el botón Aceptar.
3. Seleccione Archivo / Cerrar. Volverá a tener activa la ventana de la base de datos, en la que podrá visualizar las consultas creadas.

9.13. Utilización de comodines y operadores en las consultas

A la hora de introducir el criterio que va a seleccionar los registros, pueden utilizarse los operadores de comparación que se muestran en la tabla:

Tabla 9.1.

Operador	Significado
=	Igual a (puede omitirse)
>	Mayor que
<	Menor que
>=	Mayor o igual que
<=	Menor o igual que
<>	Distinto de

La utilización de comodines en los criterios permite ampliar las posibilidades de selección. Los comodines más utilizados son los de la tabla 9.2.

Tabla 9.2.

Comodín	Función
*	Actúa como un conjunto de caracteres de longitud variable. Algunos ejemplos son: **M***, que permitiría seleccionar registros cuyos datos fueran MADRID, MESA, MIERCOLES, etc. y ***OR** (CANTOR, SOR, etc.).
?	Actúa como un carácter en la posición especificada. Así, **?SA** permitiría seleccionar los registros cuyo dato constara de tres caracteres y los dos últimos fueran SA (OSA, ASA, ISA, etc.).
#	Actúa como cualquier dígito situado en la posición especificada. De este modo, **125#**, permitiría seleccionar los registros cuyo dato numérico estuviera comprendido entre 1250 y 1259.

A continuación va a crear otras consultas en las que utilizará operadores y comodines; la primera de ellas se creará mediante un método distinto al utilizado anteriormente.

1. Active la ficha **Tablas** y compruebe que la tabla **Discos** está resaltada (si no fuera así, resáltela); éste es el modo de indicar al programa la tabla sobre la que se realizará la consulta.
2. Haga clic sobre el botón que permite desplegar la lista del botón **Nuevo objeto** (véase figura 9.19), situado en la barra de herramientas.

Figura 9.19

3. Seleccione la opción **Consulta**; obtendrá el cuadro de diálogo **Nueva consulta**.
4. Active la opción **Vista Diseño** y haga clic sobre el botón **Aceptar**. Accederá a la ventana de diseño, en la que ya estará la ventana de los campos de la tabla **Discos**.
5. Diseñe la consulta que se muestra en la figura 9.20, que permite seleccionar los discos cuya duración es inferior a 50 minutos, ordenados por autor.

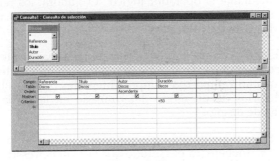

Figura 9.20

6. Guarde el diseño de la consulta con el nombre **Discos que duran menos de 50 minutos**.
7. Visualice el resultado de la consulta y compruebe que sólo aparecen los discos cuya duración en minutos es inferior a 50 (véase figura 9.21).

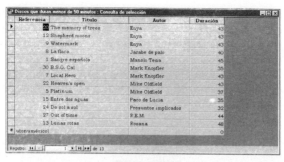

Figura 9.21

8. Una vez comprobado, cierre la ventana de la consulta.

9.14. Utilización de varias condiciones en una misma consulta

Es posible introducir, en una misma consulta, varios criterios; en ese caso, los criterios deben estar relacionados de alguno de los siguientes modos:

- mediante el operador lógico "Y"; en este caso, los registros serán seleccionados cuando cumplan todos los criterios que se indiquen a la vez.
- mediante el operador lógico "O"; ahora, los registros serán seleccionados cuando cumplan, al menos, uno de los criterios indicados.

Cuando se utiliza más de un criterio, independientemente del operador que los relacione, éstos pueden hacer referencia a un mismo campo o a campos diferentes, lo que obliga a introducirlos de un modo determinado en la rejilla de la ventana de diseño:

- Si los criterios están relacionados con el operador lógico "Y" (deben cumplirse todos a la vez), deben escribirse en una misma línea de criterios de la rejilla; si éstos hacen referencia a distintos campos, podrán introducirse en sus respectivas celdas pero, en el caso de que hagan referencia a un mismo campo, habrán de escribirse en la misma celda separados por el carácter "Y".
- Si los criterios que se introducen en la consulta están relacionados con el operador lógico "O" (debe cumplirse

al menos uno de ellos), éstos han de escribirse en distintas líneas de criterios de la rejilla. Si los criterios afectan a un mismo campo, pueden escribirse en la misma celda separados por los caracteres "Or". En versiones anteriores de Access, este operador se escribía como **O**, por lo que no sería de extrañar que pronto pudiera volverse a escribir así.

A continuación se muestran las rejillas de algunas consultas en las que se utilizan varios criterios para seleccionar registros. Si lo desea, puede crearlas y grabarlas con nombres apropiados.

- Para seleccionar los CD's cuya duración esté comprendida entre 40 y 60 minutos, y ordenarlos por el año de edición, debe diseñar una consulta como la que se muestra en la figura 9.22.

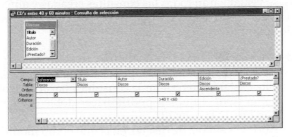

Figura 9.22

- La consulta de la figura 9.23 permite seleccionar los discos musicales editados en los años 1994 y 1995.

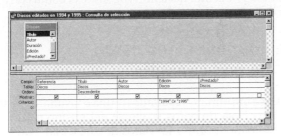

Figura 9.23

- Para seleccionar los discos de Enya y de Elton John, que no estén prestados, debería diseñar la consulta que muestra la figura 9.24.

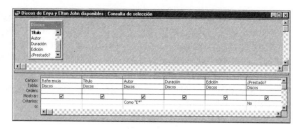

Figura 9.24

9.15. Abrir una consulta desde la ventana de la base de datos

Al activar la ficha Consultas de la ventana de la base de datos, se visualizarán todas las consultas creadas y almacenadas. Dependiendo de la tarea que desee realizar con la consulta, puede optar por:

a) Abrir la ventana Hoja de datos, con el fin de visualizar los datos seleccionados y poder trabajar con ellos. Para ello, bastará con resaltar la consulta y hacer clic sobre el botón Abrir. También podría hacer doble clic sobre el nombre de la consulta.
b) Abrir la ventana de diseño, en la que podrá modificar el diseño de la consulta. En este caso, deberá resaltar la consulta y hacer clic sobre el botón Diseño.

Recuerde que, una vez abierta una de las ventanas, podrá conmutarla por la otra haciendo clic sobre el botón correspondiente de la barra de herramientas.

9.16. Imprimir el resultado de una consulta

Si desea imprimir el resultado de una consulta, debe activar su ventana Hoja de datos y operar del mismo modo que el empleado para imprimir los datos de una tabla.

También pueden realizarse operaciones para mejorar el aspecto de la ventana de datos, análogas a las de una tabla. Recuerde que, para visualizar previamente el resultado de la impresión, debe seleccionar Archivo / Vista preliminar o hacer clic sobre el botón ▣ de la barra de herramientas.

10

Formularios e informes

10.1. Introducción

En este capítulo aprenderá a crear, modificar y guardar *formularios e informes*.

Los formularios son los objetos de una base de datos que permiten visualizar el contenido de una tabla o consulta, y realizar todas las operaciones habituales de mantenimiento de datos: añadir registros, modificarlos, borrar datos o registros, etc.

Los informes le permitirán imprimir los datos de las tablas y consultas con el diseño que usted haya definido previamente.

10.2. Formularios

Access muestra, tanto el contenido de una tabla como el resultado de una consulta, en la ventana **Hoja de datos**. En ella aparecen los registros en filas y los campos en columnas. Además, es en esta ventana donde se realizan muchas de las operaciones habituales con la base de datos: ordenar registros, añadir otros nuevos, modificar datos, etc. Pero ésta posee ciertos inconvenientes (imposibilidad de visualizar los datos sólo de un registro, imposibilidad de introducir rótulos aclaratorios para los datos visibles, etc.), que hacen aconsejable poder visualizar la información de una base de datos de modo diferente.

Existen unos objetos o herramientas en las bases de datos, denominados *formularios*, que permiten visualizar los datos de modo más eficaz y agradable, y que además, pueden utilizarse para realizar las mismas operaciones que en la ventana Hoja de datos: editar registros, buscar un dato determinado, añadir registros, etc.

10.3. Crear un formulario mediante el Asistente

Access presenta dos posibilidades diferentes a la hora de crear un formulario: hacerlo desde cero, en la ventana Diseño, o crearlo con la ayuda del Asistente. Esta última opción resulta muy sencilla y rápida, razón por la que la utilizaremos para crear un formulario, de tipo Columna. Para ello, después de abrir la base de datos y tener su ventana visible, debe realizar los siguientes pasos:

1. Haga clic sobre el botón **Formula...**, para activar la ficha **Formulario**.
2. Haga doble clic sobre la opción **Crear un formulario utilizando el asistente**. Aparecerá el primer cuadro de diálogo del **Asistente para formularios** (figura 10.1), en el que debe indicar la tabla o consulta que contiene los datos que se van a visualizar con el formulario, así como los campos que desea incluir en él.
3. Seleccione, de la lista desplegable **Tablas/Consultas**, la tabla **Discos** y haga clic sobre el botón ⸥, para añadir todos los campos de la tabla al formulario.

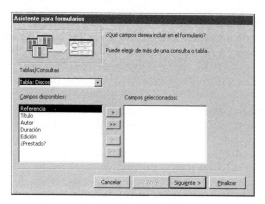

Figura 10.1

4. Haga clic sobre el botón **Siguiente**; obtendrá el cuadro de diálogo de la figura 10.2, en el que debe seleccionar la distribución del formulario.

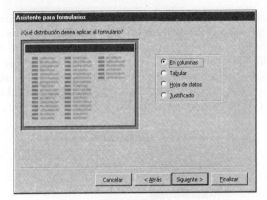

Figura 10.2

5. Active la opción **En columnas** (si no lo estuviera ya) y haga clic sobre el botón **Siguiente**. Aparecerá un nuevo cuadro de diálogo, en el que puede seleccionar un estilo para el formulario, tal y como muestra la figura 10.3.

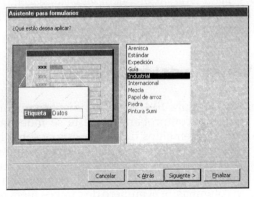

Figura 10.3

6. Haga clic sobre el estilo **Industrial**, para resaltarlo, y sobre el botón **Siguiente**. Aparecerá el último cuadro de diálogo del Asistente, en el que debe introducir el nombre del formulario y la operación que desea realizar al finalizar la creación.

7. Introduzca el nombre Álbum de CD's musicales, active la opción **Abrir el formulario para ver o introducir información** y haga clic sobre el botón **Finalizar**.

El formulario se creará y quedará activo, por lo que aparecerá su ventana con el contenido del primer registro de la tabla, tal y como muestra la figura 10.4. En caso de que hubiera aparecido el contenido de otro registro, es porque habría guardado el resultado de alguna ordenación; en ese caso, sitúe el cursor en el campo **Referencia** y haga clic sobre el botón , para volver a ordenar los registros por el número de referencia.

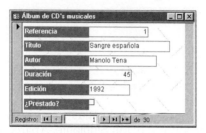

Figura 10.4

Nota: se puede crear un formulario automáticamente para la tabla o consulta que esté activa seleccionando Herramientas / Autoformulario.

10.4. Ventana del formulario

Si observa la figura 10.4, correspondiente a un formulario de tipo columna, comprobará que éste se muestra en una ventana, con los elementos típicos de ésta, y sobre la que se pueden realizar las operaciones de: maximizar, minimizar....

En este caso, la ventana del formulario presenta cada campo de la tabla en una línea diferente, ya que la distribución seleccionada fue en columnas. Si el número de campos fuera tal que no pudieran visualizarse todos a la vez, la ventana presentaría una barra de desplazamiento.

En la parte inferior de la ventana se encuentran los botones de navegación, similares a los existentes en la ventana de tablas o datos de consultas. En la parte izquierda de la ventana, aparece un botón que permite seleccionar el registro completo (todos sus datos).

La activación de registros y campos (desplazamiento del cursor), puede realizarse empleando los mismos métodos que los utilizados en las tablas.

10.5. Ventana de diseño de un formulario

Como ocurre con todos los objetos creados en una base de datos, es posible conmutar las ventanas de visualización y de diseño de un formulario mediante el botón que se encuentra en la barra de herramientas o seleccionando la opción correspondiente del menú **Ver**. Una vez que se active la ventana de diseño del informe, será posible modificar su definición.

1. Haga clic sobre el botón ; aparecerá la ventana de diseño del informe activo.
2. Haga clic sobre el botón **Maximizar** de la ventana, para visualizar el diseño del formulario completo, como muestra la figura 10.5.

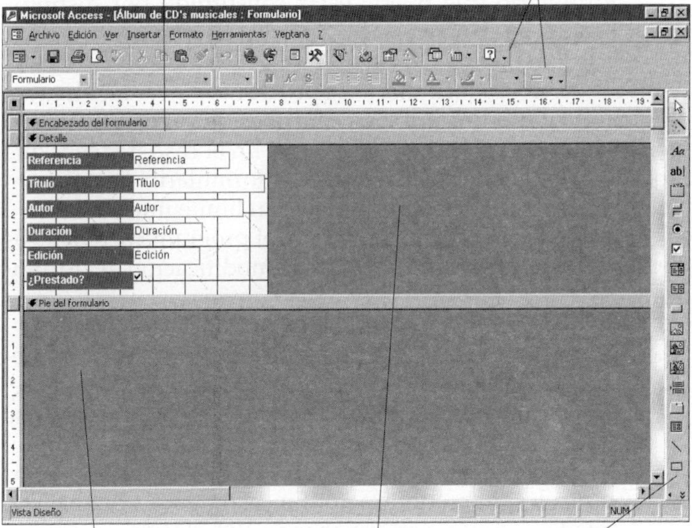

Figura 10.5

> **Nota:** *la barra* **Cuadro de herramientas**, *como cualquier otra, puede situarse flotante en la ventana; bastará con arrastrarla por su tirador superior.*

La ventana de diseño presenta tres zonas bien diferenciadas aunque, en el formulario activo, dos de ellas se encuentran cerradas ya que no se ha introducido en ellas ningún encabezado ni pie de formulario. Estas zonas son:

- Zona del encabezado del formulario. Esta zona mostrará el encabezado del formulario, que se repetirá en la visualización de todos los registros y que puede estar constituido por un título, una imagen o cualquier otro objeto gráfico. Estos objetos se añaden empleando la opción correspondiente del menú Insertar, tal y como se explicará en el capítulo 11.
- Zona del detalle del formulario. En esta zona se encuentran todos los elementos que constituyen la propia definición del formulario y que se denominan, genéricamente, *controles*.
- Zona del pie de formulario. Esta zona mostrará el pie del formulario que puede estar constituido por distintos objetos o texto.

El diseño de un formulario se puede modificar añadiendo, eliminando o modificando los controles de la zona Detalle, o bien añadiendo un encabezado o pie. En el caso de tener que modificar el tamaño de una zona del formulario, bastará con arrastrar su barra identificadora por su límite inferior.

Además de la ventana de diseño, el programa activa otros elementos que permiten y facilitan la modificación del formulario:

- Barra **Cuadro de herramientas**, que permite añadir nuevos controles al formulario. En caso de que no se visualice, seleccione **Ver / Cuadro de herramientas** o haga clic sobre el botón ✱ de la barra de herramientas.
- Reglas vertical y horizontal, que permiten situar los controles de modo exacto. En caso de no visualizarse, pueden activarse seleccionando **Ver / Regla**.
- Cuadrícula, que permite alinear y colocar los distintos controles. Su visualización puede activarse o desactivarse seleccionando **Ver / Cuadrícula**.

10.6. Controles

En un formulario existen diferentes elementos: título del formulario, etiqueta de cada campo, cuadro para visualizar el contenido de cada campo, botones de opción, casillas de verificación, botones de ejecución, etc., que se denominan, de modo general, *Controles*.

Los controles pueden clasificarse de dos modos diferentes:

- Una primera clasificación se realiza atendiendo a la naturaleza del mismo. De este modo, aparecen controles de cuadro de texto, de etiquetas, de casillas de verificación, de cuadro de lista, de botones de opción, etc.
- La segunda distingue los controles dependiendo de la información que van a mostrar. Si la información de los controles es constante para todos los registros, se denominan *controles independientes*; tal es el caso de la etiqueta de un campo, de una línea, de un recuadro, etc. Por el contrario, los *controles dependientes* muestran información que proviene de una tabla o consulta y que, por lo tanto, es particular de cada registro. Además de los dos anteriores, existe un tercer tipo, *controles calculados*, que muestran un valor calculado a partir de otros.

En el formulario activo existen, en estos momentos, un control independiente y uno dependiente para cada uno de los campos añadidos al mismo, tal y como se señala en la figura 10.6.

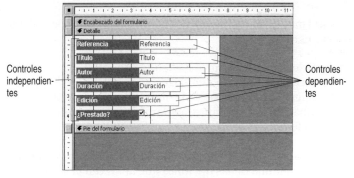

Figura 10.6

10.6.1. Selección de controles

En general, para poder realizar cualquier operación con uno o varios controles, éstos deben estar seleccionados previamente. Para seleccionar un control, basta con hacer clic sobre él; éste quedará enmarcado por los cuadros de selección.

Si al hacer clic sobre un control, éste no se selecciona, compruebe que el puntero del ratón tiene forma de flecha blanca; de lo contrario, haga clic sobre el botón ▨ del cuadro de herramientas, para activar el modo Selección.

Si desea seleccionar varios controles a la vez, mantenga pulsada la tecla <Mayús> mientras hace clic sobre ellos.

10.6.2. Modificar el aspecto de un control

El aspecto de los controles puede ser modificado de diversas formas, por ejemplo, cambiando el tipo de letra. Realice los siguientes pasos para modificar el tipo de letra de las etiquetas de los campos:

1. Pulse <Mayús> y, sin soltar dicha tecla, haga clic sobre los controles de las etiquetas de los campos, para seleccionarlos todos a la vez.
2. Seleccione, de la lista del botón Fuente, Comic Sans MS.
3. Sin desactivar la selección, modifique el tamaño de la fuente a 11.

10.6.3. Modificar el tamaño de un control

Para modificar el tamaño de cualquier control, debe realizar los siguientes pasos:

1. Seleccionar el control haciendo clic sobre él.
2. Arrastrar uno de sus cuadros de selección. Tenga en cuenta que si arrastra el cuadro de selección situado en una esquina, modificará el tamaño por los dos lados que la formen.

También es posible modificar el tamaño de los controles utilizando alguna de las opciones que aparecen al seleccionar Formato / Tamaño.

1. Seleccione, si no lo estuvieran, las etiquetas de los campos.
2. Seleccione **Formato** / **Tamaño** / **Ajustar**, para ajustar el tamaño del control a los nombres de los campos.
3. Haga clic sobre un punto exterior a los controles para cancelar su selección.

Observe, en la figura 10.7, el nuevo aspecto del formulario.

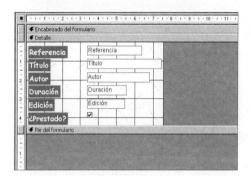

Figura 10.7

10.6.4. Mover un control

Si desea mover un control a otra posición del formulario, debe seleccionarlo y arrastrarlo por uno de sus bordes (el puntero del ratón adoptará el aspecto de una mano) hasta la nueva posición; mientras esté moviendo el control, las reglas mostrarán las coordenadas de su posición.

Los controles correspondientes a un mismo campo (el control independiente de la etiqueta y el control dependiente que muestra su contenido) pueden moverse conjuntamente o por separado. Como habrá comprobado, al seleccionar uno de los dos, se selecciona automáticamente el otro. En esa situación, si arrastra uno de ellos, se desplazarán los dos simultáneamente.

Para conseguir desplazar uno de ellos de forma independiente, debe arrastrarlo por el cuadro de selección (el más grande) situado en su esquina superior izquierda. En ese caso, el puntero del ratón adopta la forma de una mano con el dedo índice extendido.

También es posible mover varios controles a la vez, tomando como referencia la cuadrícula de la ventana de diseño. Para ello, tras activar los controles implicados, debe elegirse una de las opciones de la lista que aparece al seleccionar Formato / Alinear (véalas en la figura 10.8).

Figura 10.8

10.6.5 Eliminar controles

El proceso que debe realizar para eliminar uno o varios controles del formulario es muy sencillo:

1. Seleccionar los controles que desea eliminar.
2. Seleccionar Edición / Eliminar o pulsar <Supr>.

Nota: *recuerde que puede recuperar un control borrado si, inmediatamente después de eliminarlo, selecciona Edición / Deshacer eliminar.*

10.6.6. Añadir controles

Para añadir nuevos controles al formulario, debe activar la herramienta correspondiente al control deseado del cuadro de herramientas y, posteriormente, hacer clic sobre el punto de la ventana de diseño en el que desea situarlo.

Recuerde que, en caso de no visualizar el cuadro de herramientas, puede seleccionar Ver / Cuadro de herramientas o hacer clic sobre el botón ✱. Observe, en la figura 10.9 (en la que se ha colocado la barra como flotante), los controles disponibles.

Ahora va a añadir un control, de tipo etiqueta, que permitirá escribir un encabezado para el formulario:

Figura 10.9

1. Sitúe el cursor en el borde inferior del botón identificador de la zona Encabezado del formulario y arrástrelo hacia abajo, para abrir esta zona hasta que tenga un tamaño de 1 cm de altura (tome de referencia la figura 11.10).
2. Haga clic sobre el botón correspondiente a la herramienta **Etiqueta**, del cuadro de herramientas.
3. Haga clic sobre un punto a la izquierda de la zona correspondiente al encabezado. Aparecerá un pequeño recuadro, con el cursor.
4. Escriba Álbum de CD's musicales .
5. Pulse <**Intro**> para finalizar la escritura. El control quedará seleccionado (enmarcado por los cuadros de selección). Ahora va a modificar el aspecto de su texto.
6. Seleccione la fuente **Cómic Sans MS** de la lista desplegable de la barra de herramientas y el tamaño **16**.
7. Seleccione, del cuadro asociado al botón, el color naranja. Ahora sólo falta modificar el tamaño del control para que pueda mostrar el texto escrito y situarlo en el lugar definitivo (centrado).
8. Seleccione **Formato / Tamaño / Ajustar**; el tamaño del objeto se ajustará automáticamente a su contenido.
9. Desplace el control hasta situarlo en el centro de la zona del encabezado. El aspecto del formulario debe ser análogo al que se muestra en la figura 10.10.

10.6.7. Modificar las propiedades de un control

Cada control puede modificarse gracias a que sus características específicas se pueden personalizar. La modificación de

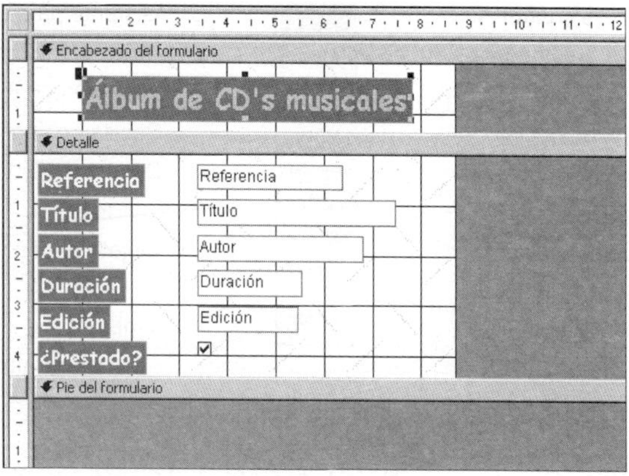

Figura 10.10

estas propiedades se realiza en el cuadro de diálogo al que se accede seleccionando **Ver / Propiedades** o haciendo clic sobre el botón 🗐.

Por ejemplo, si activa el cuadro de diálogo **Propiedades** del control etiqueta que ha añadido al formulario anteriormente, éste tendrá un aspecto análogo al que muestra la figura 10.11.

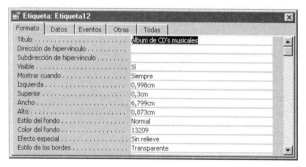

Figura 10.11

Si ha activado el cuadro de diálogo **Propiedades**, haga clic sobre su botón **Cerrar**.

> *Nota: no olvide que el menú asociado a un objeto contiene las opciones de menú que se utilizan más frecuentemente con ese tipo de objeto.*

10.7. Guardar y cerrar un formulario

Una vez realizadas las modificaciones en el diseño del formulario, debe guardarlas, bien desde su ventana de diseño, bien desde la ventana del propio formulario. Para activar la ventana del formulario, debe hacer clic sobre el botón 🔳 de la barra de herramientas.

En este caso, va a guardarlas desde la ventana de diseño:

1. Seleccione **Archivo / Guardar** o haga clic sobre el botón 🔳 de la barra de herramientas.
2. Seleccione **Archivo / Cerrar**, para cerrar la ventana del formulario. Volverá a tener activa la ventana de la base de datos.

10.8. Activar un formulario

Para activar un formulario desde la ventana de la base de datos, debe realizar los siguientes pasos:

1. Activar la ficha **Formularios**, haciendo clic sobre su botón.
2. Hacer doble clic sobre el formulario **Álbum de CD's musicales**. Aparecerá la ventana del formulario, mostrando el contenido del primer registro (véase figura 10.12). Si la ventana del formulario aparecer maximizada, restáurela.
3. Seleccione **Archivo / Cerrar**.

> **Nota:** *los formularios pueden ser empleados para imprimir los datos, registro a registro, con el aspecto diseñado en él.*

10.9. Informes

Además de poder imprimir los datos de una tabla, el resultado de una consulta o los datos visibles con un formulario, mediante la opción **Imprimir** del menú **Archivo**, Access ofrece unos objetos específicos de la base de datos, denominados *Informes*, que permiten crear un modelo para imprimir los datos almacenados en una tabla o los obtenidos como resultado de una consulta.

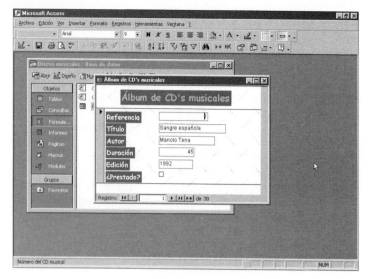

Figura 10.12

10.10. Generar un informe automático

Access ofrece la posibilidad de generar e imprimir un informe automático para los datos de la tabla o consulta activa. Para ello, realice los siguientes pasos:

1. Active la consulta Discos editados en 1991, haciendo doble clic sobre su nombre, que está situado en la ficha Consultas de la ventana de la base de datos.
2. Despliegue la lista del botón ▦· y seleccione la opción Autoinforme. El informe se creará, y se activará automáticamente su vista preliminar, tal y como muestra la figura 10.13 (maximice la ventana del informe).
3. Utilice el zoom y las barras de desplazamiento para visualizar el contenido del informe. Si éste contuviera varias páginas, debería utilizar los botones de navegación.

Las operaciones que se pueden realizar en esta ventana son análogas a las de otras aplicaciones Office. Por ejemplo, si deseara imprimir el informe, debería encender la impresora y hacer clic sobre el botón ▦.

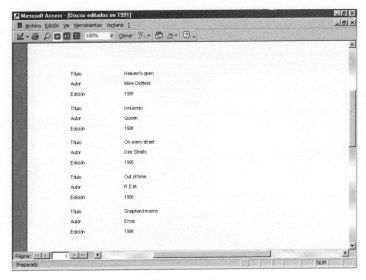

Figura 10.13

También podría guardar el informe creado para utilizarlo posteriormente, acceder a su ventana de diseño para modificarlo e, incluso, cerrar su ventana sin guardarlo.

10.11. Ventana de diseño de un informe

Para modificar un informe debe acceder a su ventana de diseño y realizar las operaciones necesarias en sus controles, de forma análoga a las indicadas en los formularios.

Si el informe estuviera guardado, podría acceder a su ventana de diseño, resaltándolo en la ficha Informes de la ventana de la base de datos, y haciendo clic sobre el botón Diseño. En este caso, como tiene activa su ventana Vista preliminar, haga clic sobre el botón ⊠, para cerrarla y acceder directamente a la ventana de diseño, cuyo aspecto es similar al de la figura 10.14.

La ventana de diseño de un informe es parecida a la de un formulario; observe, en ella, los distintos apartados del informe y los controles que lo constituyen. Éstos, al igual que en los formularios, pueden ser modificados, desplazados, eliminados, etc. También se pueden añadir nuevos controles seleccionándolos del cuadro de herramientas.

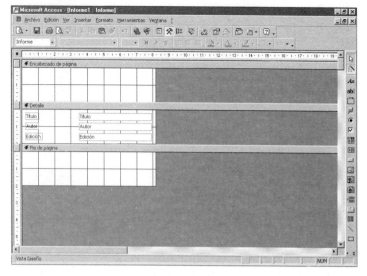

Figura 10.14

A continuación va a insertar un nuevo control, del tipo Rectángulo, que enmarcará los datos de un registro y permitirá obtenerlos impresos en forma de ficha.

1. Haga clic sobre el botón correspondiente a la herramienta **Rectángulo**, en el cuadro de herramientas.
2. Dibuje el rectángulo de modo que enmarque todos los controles de la zona Detalles, tal y como muestra la figura 10.15. Para ello, haga clic sobre una de sus esquinas y, sin soltar el botón del ratón, arrástrelo hasta la esquina opuesta.

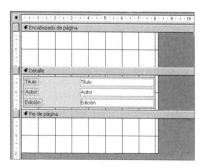

Figura 10.15

Como puede comprobar, el rectángulo dibujado impide visualizar los controles, por lo que es necesario enviarlo a un segundo plano pero, previamente, lo coloreará de azul pálido.

3. Seleccione, del cuadro asociado al botón ▤ ▾ de la barra de herramientas, el color salmón.
4. Seleccione, con el rectángulo aún activo, Formato / Enviar al fondo. El rectángulo quedará situado en un segundo plano, visualizándose los otros controles del informe.
5. Haga clic sobre el botón ▤ para visualizar la ventana de su vista preliminar y comprobará el efecto del rectángulo añadido al diseño del informe.

10.12. Guardar y cerrar un informe

Una vez creado un informe, puede ser guardado desde la ventana Vista preliminar o desde la ventana de diseño; posteriormente, podrá cerrar la ventana sin peligro de perder su diseño.

1. Seleccione Archivo / Guardar.
2. Escriba Discos editados en 1991 y pulse <Intro>.
3. Seleccione Archivo / Cerrar. Volverá a tener activa la ventana de la consulta.
4. Seleccione Archivo / Cerrar, para cerrar la consulta y dejar activa la ventana de la base de datos.

10.13. Crear un informe con ayuda del Asistente

El proceso de creación de un informe es análogo al de los formularios, existiendo igualmente dos posibilidades: crearlo con ayuda del Asistente o hacerlo desde cero.

En el primer caso, el Asistente controla el proceso de creación a través de sus cuadros de diálogo. En el segundo caso, el proceso se inicia con la ventana de diseño en blanco y se crea el informe añadiendo, paso a paso, todos los controles necesarios.

Dependiendo de los datos que se van a imprimir y de la finalidad del informe, es posible diseñar distintos tipos; en cualquier caso, si la creación se realiza con el Asistente, la operación será sencilla.

Lógicamente, para poder crear un informe, la base de datos debe estar activa y su ventana visible. A partir de ese punto:

1. Haga clic sobre el botón **Informes**, para activar dicha ficha.
2. Haga doble clic sobre el botón **Crear un informe utilizando el asistente**. Accederá al cuadro de diálogo **Asistente para informes**, análogo al de la figura 10.16, en el que debe seleccionar la tabla o consulta sobre la que realizará el informe, y los campos que contienen los datos que desea obtener impresos.

Figura 10.16

3. Seleccione, de la lista desplegable Tablas/Consultas, la tabla **Discos**.
4. Haga clic sobre el botón », para incluir todos los campos en el informe.
5. Haga clic sobre el botón **Siguiente**, para activar el siguiente cuadro de diálogo del Asistente (véase figura 10.17).

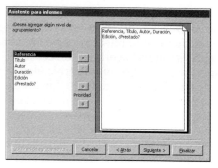

Figura 10.17

En este cuadro (figura 10.17), puede indicar si desea agrupar los registros por el contenido de uno o de varios campos.

5. Haga clic sobre el campo Autor y sobre el botón ▸. De ese modo, los títulos del mismo autor se imprimirán agrupados.
6. Haga clic sobre el botón Siguiente. Accederá al siguiente cuadro de diálogo, en el que puede indicar si desea ordenar los registros.
7. Seleccione el campo Edición de la lista desplegable correspondiente al primer campo que se utilizará para la ordenación; de ese modo, los discos de cada autor se obtendrán ordenados según su fecha de edición.
8. Haga clic sobre el botón Siguiente. Accederá al siguiente cuadro de diálogo, en el que puede elegir la distribución del informe y la orientación de la impresión.
9. Active el estilo Esquema 2, la opción Ajustar el ancho... y la orientación Vertical (véase figura 10.18).

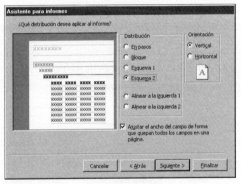

Figura 10.18

10. Haga clic sobre el botón Siguiente, para acceder al próximo cuadro de diálogo, en el que podrá elegir un estilo para el informe.
11. Seleccione el estilo que se muestra en la figura 10.19 y haga clic sobre el botón Siguiente, para acceder al último cuadro de diálogo del Asistente.

En el último cuadro de diálogo debe introducir un nombre para el informe (por defecto, el título será el mismo que el de la tabla o consulta de la que proceden los datos) e indicar la acción que desea realizar una vez que se termine la creación.

Figura 10.19

12. Introduzca, como título, `LISTADO DE LOS CD's POR AUTOR`, active la opción **Vista previa del informe** y haga clic sobre el botón **Finalizar**; obtendrá el informe con un aspecto similar al de la figura 10.20.

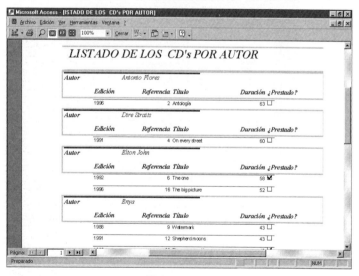

Figura 10.20

Como puede comprobar, conviene realizar algunos cambios en el diseño del informe para que los datos se distribuyan mejor en las columnas; además, va a eliminar el recuadro que encierra los encabezados de los campos.

13. Haga clic sobre el botón ⌫, para acceder a la ventana de diseño; si no lo estuviera, maximícela.
14. Haga clic sobre el rectángulo de color gris existente en la zona **Encabezado Autor**, para seleccionarlo; puede que tenga que aumentar, temporalmente, el tamaño de esta zona para verlo bien.
15. Pulse <**Supr**>, para borrar el rectángulo.
16. Seleccione los controles dependientes de los campos **Duración y Referencia**, y haga clic sobre el botón ≡; repita la operación con la etiqueta **Referencia** de la zona **Encabezado Autor**.
17. Arrastre el control dependiente del campo ¿**Prestado**? hasta centrarlo debajo de su etiqueta; tome de referencia la figura 10.21.
18. Aumente la longitud de la línea situada por encima de los controles dependientes de la sección **Detalle**. El diseño del informe será similar al de la figura 10.21.

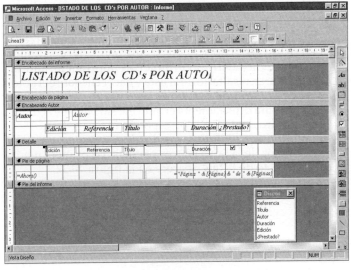

Figura 10.21

19. Haga clic sobre el botón ⌕, para activar la vista preliminar del informe y comprobar las modificaciones realizadas.
20. Seleccione **Archivo / Cerrar**. El programa detectará las modificaciones realizadas y mostrará el cuadro de diálogo correspondiente.

21. Haga clic sobre el botón Sí; volverá a visualizar la ventana de la base de datos.

10.14. Abrir e imprimir un informe desde la ventana de la base de datos

Una vez que se han creado y guardado los informes, éstos se visualizarán en la ficha Informes de la ventana de la base de datos. Desde esta ficha se pueden realizar las siguientes acciones:

- Activar la vista preliminar de un informe, haciendo clic sobre el informe para resaltarlo y sobre el botón Vista previa.
- Modificar el diseño de un informe; en este caso, una vez resaltado el informe, debe hacer clic sobre el botón Diseño para acceder a su ventana de diseño y poder realizar las modificaciones.
- Imprimir el informe; para ello, debe resaltar el informe de la lista y seleccionar Archivo / Imprimir, para acceder al cuadro de diálogo Imprimir, análogo al de otras aplicaciones Office. Otro modo rápido de imprimir un informe consiste en resaltarlo de la lista y hacer clic sobre el botón 🖨 de la barra de herramientas; en este último caso se imprimirá directamente el informe sin haberse activado el cuadro de diálogo correspondiente.

Si imprime el informe creado anteriormente, obtendrá los datos de la tabla en tres páginas. La primera tendrá el aspecto de la que aparece en la figura 10.22.

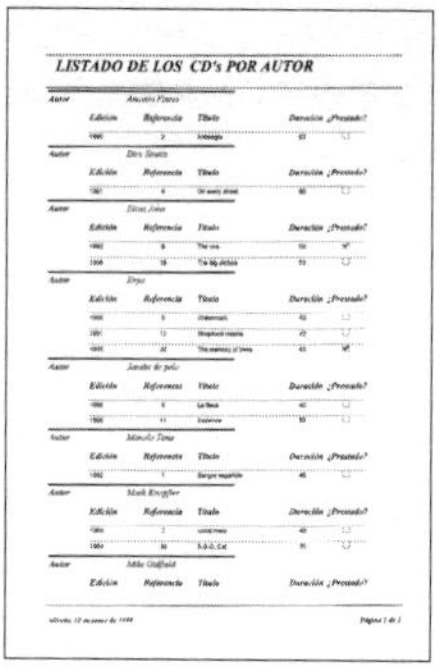

Figura 10.22

Otras aplicaciones de Office

11.1. Introducción

Microsoft Office no sólo está constituido por Word, Excel, Access, PowerPoint y Microsoft Outlook; además incorpora otras aplicaciones, que a partir de ahora llamaremos *herramientas*, con las se crean documentos que habitualmente se insertan como objetos en otros documentos pertenecientes a las aplicaciones principales: Word, Excel, PowerPoint...

Estas herramientas no suelen ejecutarse de forma independiente, sino que deben ser lanzadas desde cualquier aplicación Office (Word, Access, Excel...) mediante la correspondiente opción de menú; ésta es la razón de estudiarlas en este capítulo. Además, los dos próximos capítulos están dedicados a PowerPoint, y en ellos se insertarán algunos documentos (objetos) creados con estas aplicaciones.

Los ejercicios prácticos de este capítulo los realizará en Word, pero podría realizarlos en cualquier otra aplicación Office de modo similar, excepto en Access, ya que en ella, los objetos sólo pueden ser insertados en un campo especial.

11.2. Cómo insertar objetos

Aunque existen diversos métodos para insertar objetos en cualquier documento Office: documento de Word, libro de Excel, diapositiva de PowerPoint, etc., los dos siguientes son generales:

a) Mediante el menú asociado a la opción **Imagen** que se encuentra en el menú **Insertar** (véase figura 11.1).

Figura 11.1

b) Mediante el cuadro de diálogo **Objeto,** que se activa al seleccionar la opción **Objeto** del menú **Insertar**. Dependiendo de las aplicaciones instaladas en el ordenador, este cuadro de diálogo (véase figura 11.2) ofrecerá un número determinado de tipos de objetos.

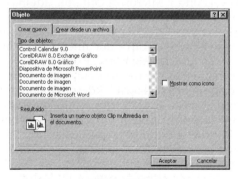

Figura 11.2

Si a la hora de querer insertar un objeto, compruebe que no está disponible la aplicación necesaria, lo más probable es que no esté instalada. En ese caso, bastará con instalarla tal y como se explicó en el apartado "Agregar o eliminar componentes de la suite" del capítulo 1; tenga en cuenta que estas aplicaciones suelen estar englobadas en el grupo **Herramientas de Office**.

11.3. Galería de imágenes

Microsoft incorpora una galería de imágenes, sonidos y vídeos que pueden ser insertados en cualquier documento Office.

1. Ejecute, si no lo estuviera, Microsoft Word.
2. Seleccione Insertar / Imagen / Imágenes prediseñadas. Obtendrá el cuadro de diálogo Insertar imagen prediseñada, análogo al de la figura 11.3.

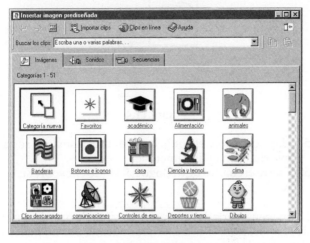

Figura 11.3

Este cuadro de diálogo tiene tres fichas, cada una de las cuales ofrece multitud de objetos: imágenes, sonidos y secuencias de vídeo. A la hora de localizar alguno de estos objetos, por ejemplo una imagen, debe tener en cuenta que están agrupadas en categorías temáticas, por lo que deberá abrir primero la categoría que la pueda contener. Al hacer clic sobre una categoría, aparecerán las imágenes que contenga, más un botón que le permitirá seguir buscando imágenes relacionadas con el tema. Si no encontrara la imagen en la categoría seleccionada, podría hacer clic sobre el botón ▣ para volver a la ficha inicial y continuar la búsqueda en otras categorías, o bien podría escribir alguna palabra que defina a la imagen en el recuadro Buscar los clips y pulsar <Intro>.

3. Active la ficha Imagen y la categoría Ciencia y tecnología, para visualizar las imágenes agrupadas en ella.
4. Haga clic sobre la imagen correspondiente al ordenador; aparecerá un cuadro contextual con cuatro botones que permiten, respectivamente, insertar la imagen, realizar una vista previa de la misma, agregarla a otra categoría y continuar buscando imágenes parecidas. Además, el

programa mostrará el nombre de la imagen en un cuadro emergente; obsérvelo en la figura 11.4.

Figura 11.4

5. Haga clic sobre el botón Insertar clip; la imagen se habrá insertado en el documento.
6. Cierre el cuadro de diálogo haciendo clic sobre su botón cerrar ⊠.

La imagen insertada quedará seleccionada o no dependiendo de la aplicación; si es así, estará rodeada por un marco con cuadros de selección; si no lo estuviera, bastaría con hacer clic sobre ella. En esa situación puede modificar el tamaño de la imagen, arrastrando alguno de los cuadros de selección, o moverla a otro punto del documento, arrastrándola con el ratón. Todas estas operaciones y algunas más (cambiar su formato, ajustarla dentro del documento, escribir un pie de foto...) se pueden realizar a través del menú contextual que se obtiene al pulsar el botón derecho del ratón sobre la imagen, o mediante los botones de la barra de herramientas Imagen, visible siempre que la imagen esté activa.

Para cancelar la selección de una imagen, o cualquier otro objeto, deberá hacer clic sobre un punto exterior a ella.

11.4. Utilizar Microsoft WordArt

Microsoft WordArt es una herramienta incluida en Office para crear textos artísticos, con características muy especiales en cuanto a su aspecto.

Como para cualquier otro objeto, antes de crear un texto artístico con Microsoft WordArt, debe situar el cursor en el lugar del documento en el que desea insertarlo: un punto de un documento de Word, una celda de un libro de Excel, una diapositiva de PowerPoint...

1. Sitúe el cursor al final del documento (<**Control-Fin**>), y pulse <**Intro**> para insertar nuevas líneas vacías y situar el cursor debajo de la imagen insertada.
2. Seleccione Insertar / Imagen / WordArt... Obtendrá el cuadro de diálogo Galería WordArt (véase figura 11.5) en el que puede seleccionar un estilo.

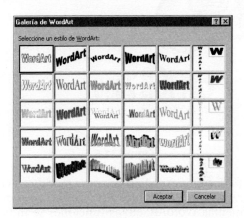

Figura 11.5

3. Seleccione el cuarto estilo de la segunda columna y haga clic sobre el botón Aceptar. Se cerrará este cuadro y aparecerá otro en el que debe escribir el texto; en él podría seleccionar otra fuente y otro tamaño distintos a los predeterminados.
4. Escriba OFFICE 2000 y haga clic sobre el botón Aceptar. Se cerrará el cuadro de diálogo y volverá a la ventana del documento, en la que se visualizará el texto artístico creado (véase figura 11.6); en el caso de que el texto hubiese aparecido sobre la imagen, arrástrelo hasta situarlo debajo de la misma.

Mientras el texto artístico (objeto) esté activo, se visualizará la barra de herramientas de WordArt (programa con el que se ha creado este objeto); en esa situación puede arrastrar el texto para moverlo, copiarlo mediante el Portapapeles y/o modificar su tamaño arrastrando alguno de sus cuadros de selección.

Figura 11.6

Tanto para editar el texto como para modificar su formato (estilo, forma, fuente...), debe utilizar los botones de la barra de herramientas WordArt, cuyas funciones se indican en la figura 11.7.

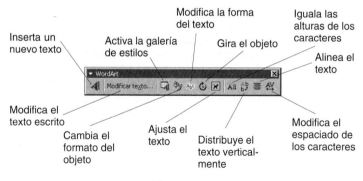

Figura 11.7

5. Haga clic sobre el botón **Forma**, para desplegar su recuadro contextual, y seleccione el formato **Onda 1 Doble** (penúltimo de la 3ª fila). El texto se mostrará con el aspecto de la figura 11.8.

Figura 11.8

Además de los cuadros de selección, el objeto puede mostrar unos rombos amarillos, cuyo número y posición dependen de la forma seleccionada; éstos permiten, al arrastrarlos, aumentar o disminuir el efecto de la forma.

6. Haga clic sobre un punto exterior al texto WordArt; se cancelará su selección, se cerrará WordArt, desaparecerá su barra de herramientas, y podrá seguir trabajando en el documento de Word.

11.5. Utilizar el Editor de ecuaciones

El editor de ecuaciones es una herramienta con características tipográficas orientadas a la escritura de expresiones científicas más o menos complejas. Para arrancar esta herramienta y escribir una expresión, deberá situar el cursor en el punto de inserción y realizar los siguientes pasos:

1. Seleccione Insertar / Objeto... Aparecerá el cuadro de diálogo Objeto.
2. Utilice la barra de desplazamiento para visualizar la opción Microsoft Editor de ecuaciones 3.0, y haga doble clic sobre ella para seleccionarla. En la ventana del documento aparecerá el recuadro de escritura y la barra de herramientas Ecuación (véase figura 11.9). Si se activara un cuadro de diálogo ofreciéndole información de Math Type (una herramienta para textos científicos más potente que este editor), ciérrelo.

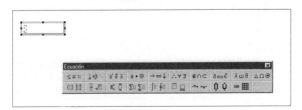

Figura 11.9

Ahora debe comenzar a escribir los caracteres, números y símbolos necesarios para generar la expresión; los símbolos y las plantillas se introducirán mediante la barra de herramientas Ecuación, cuyos botones albergan colecciones de símbolos y plantillas afines. Como ejemplo práctico va a crear la expresión $\sqrt{\frac{x^2+3}{5}}$.

3. Seleccione la plantilla que muestra la figura 11.10, que permite comenzar la escritura de la raíz cuadrada.

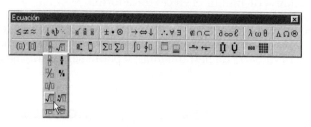

Figura 11.10

4. Seleccione la plantilla de fracción ▇; el cursor se habrá quedado en el recuadro correspondiente al numerador.
5. Escriba los caracteres x+3.
6. Pulse <**Flecha izda.**> hasta situar el cursor a la derecha del carácter x.
7. Seleccione la plantilla de potencia ▇; el cursor aparecerá en el recuadro correspondiente al exponente.
8. Escriba el exponente 2.
9. Pulse dos veces <**Tab**>; el cursor quedará situado en el recuadro correspondiente al denominador. La tecla <**Tab**>permite situar el cursor en los distintos recuadros (niveles) de la expresión.
10. Escriba el número 5. La expresión científica está terminada (véase figura 11.11).

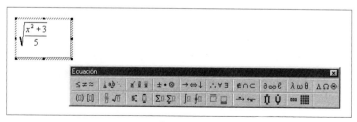

Figura 11.11

11. Haga clic en cualquier punto exterior al recuadro de la expresión; la barra de herramientas desaparecerá y volverá a tener activo el documento con la ecuación insertada en él.

11.6. Utilizar Microsoft Note-It

La herramienta Note-It permite agregar notas en cualquier documento Office. Esta nota quedará representada por un icono gráfico que, al hacer doble clic sobre él, mostrará el texto de la nota en la parte superior de la ventana de documento.

Una vez que haya situado el cursor en el punto donde desee situar el icono de la nota, debe realizar los siguientes pasos:

1. Seleccionar **Insertar / Objeto...**, para obtener el cuadro de diálogo **Objeto**.
2. Hacer doble clic sobre la opción **Microsoft Note-It**. Aparecerá el cuadro de diálogo de la figura 11.12.

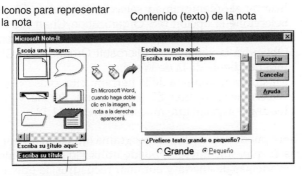

Figura 11.12

3. Escribir el título de la nota que aparecerá debajo del icono de la misma, elegir un icono representativo y escribir el texto de la propia nota.
4. Hacer clic sobre el botón **Aceptar**. Desaparecerá el cuadro de diálogo, y en el documento se visualizará el icono de la nota.

Si hace doble clic sobre el símbolo de la nota, aparecerá el texto en la parte superior de la ventana. Posteriormente deberá hacer clic sobre un punto exterior al icono para cancelar la visualización de la nota y poder seguir trabajando en el documento.

11.7. Utilizar Microsoft Organization Chart

Microsoft Organization Chart es una herramienta que permite crear organigramas de modo sencillo y eficaz; éstos pueden quedar insertados automáticamente en el documento desde el que ha ejecutado la aplicación o grabados en un archivo independiente.

Esta herramienta, que no se instala por defecto, tiene una ligera diferencia respecto a las vistas anteriormente (por ejemplo el editor de ecuaciones), ya que sí posee una ventana de aplicación propia.

1. Sitúe el cursor en el punto del documento donde desee insertar el organigrama y seleccione Insertar / Objeto...
2. Seleccione la opción MS Organization Chart 2.0 de la lista de objetos y haga clic sobre el botón Aceptar. Obtendrá la ventana de Microsoft Organization Chart, independiente de la de Word.
3. Maximice la ventana de la herramienta, pulse <**Esc**> y seleccione la opción 50% del menú Ver; la ventana tendrá el aspecto que muestra la figura 11.13.

Como puede comprobar, el programa ofrece un organigrama básico que, si le interesa, puede utilizarlo como punto de partida; además de añadir y eliminar recuadros, la operación más frecuente será introducir texto en ellos, para lo cual deberá activar los recuadros haciendo clic sobre ellos.

4. Seleccione el texto Título del organigrama (arrastrando el ratón sobre él) y pulse <**Supr**> para borrarlo.
5. Haga clic sobre el primer recuadro del organigrama, y pulse <**Intro**> para abrirlo. El recuadro mostrará las cuatro líneas que pueden utilizarse para mostrar información; las dos primeras son obligatorias (a no ser que se eliminen), mientras que las otras dos son optativas.
6. Escriba EL SISTEMA SOLAR; el texto se situará en la línea superior del recuadro.

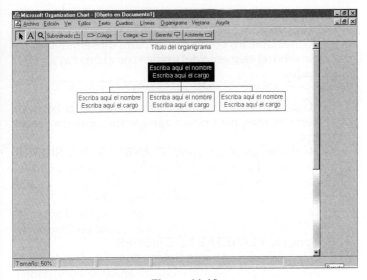

Figura 11.13

7. Pulse <**Flecha abajo**>, para resaltar la segunda línea, y pulse <**Supr**> para eliminarla; si no realizase esta operación, el organigrama mostraría el texto original.
8. Pulse <**Esc**> para cerrar este recuadro.
9. Haga clic sobre el recuadro de la izquierda del 2do. Nivel, y pulse <**Intro**> para abrirlo.
10. Escriba, en la primera línea, el texto PLANETAS INTERIORES.
11. Pulse <**Flecha abajo**>, para resaltar la segunda línea, y pulse <**Supr**> para eliminarla; posteriormente, pulse <**Esc**> para cerrar el recuadro.
12. Introduzca, en los otros dos recuadros, el texto que muestra la figura 11.14.

Cuando necesite eliminar un recuadro del organigrama, bastará con que lo seleccione, haciendo clic sobre él, y pulse

Figura 11.14

<Supr>. Cuando necesite añadir nuevos elementos (recuadros), tal y como ocurrirá a continuación, deberá seleccionar el tipo de recuadro mediante los botones de la barra de herramientas, y hacer clic sobre el elemento del gráfico con el que vaya a estar relacionado.

13. Haga clic sobre el botón Subordinado de la barra de herramientas, para poder agregar un recuadro de este tipo.
14. Haga clic en el recuadro PLANETAS INTERIORES, para que el nuevo recuadro quede relacionado con él.
15. Como el recuadro esta activo (color negro), escriba `Mercurio` y, posteriormente, pulse <Esc>.
16. Despliegue el menú Estilo, y haga clic sobre el botón ▨ para seleccionar este estilo para los subordinados del elemento PLANETAS INTERIORES.
17. Haga clic sobre el botón Colega derecha, de la barra de herramientas, y sobre el recuadro añadido anteriormente, para insertar un recuadro en el mismo nivel que el anterior.
18. Introduzca, en el nuevo recuadro, el planeta Venus.

Una vez creados los recuadros de los planetas interiores, insertará nuevos elementos en el organigrama para escribir el nombre de los planetas exteriores. En la figura 11.15 puede observar el aspecto final del organigrama, y así comprenderá mejor los pasos que va a realizar.

19. Haga clic sobre el botón Subordinado de la barra de herramientas, y haga clic en el recuadro PLANETAS EXTERIORES.
20. Introduzca, en este nuevo recuadro, el nombre `Marte`.
21. Despliegue el menú Estilo y haga clic sobre el botón ▨ para seleccionar este estilo para la nueva rama de elementos que va a crear.
22. Haga clic sobre el botón Colega derecha, de la barra de herramientas, y sobre el recuadro añadido anteriormente. Introduzca en él el planeta `Júpiter`.
23. Complete el organigrama hasta conseguir el de la figura 11.15; tenga en cuenta que los recuadros que necesite los debe agregar siempre como `Colega  derecha` del último que haya insertado.

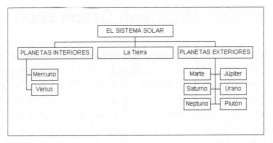

Figura 11.15

> *Información:* existen numerosas posibilidades de mejorar el aspecto de un organigrama, disponibles en los menús de la aplicación; algunas de ellas afectarán a los recuadros (sombras, estilo del borde, color...) mientras que otras modificarán el aspecto del texto (tipo de letra, atributos, alineación...).

Una vez diseñado el organigrama, debe cerrar la ventana de la herramienta y volver al documento desde el que la invocó; pero en nuestro caso, antes de salir de la herramienta guardaremos el organigrama en un archivo para poderlo utilizar posteriormente en los capítulos de PowerPoint.

24. Seleccione Archivo / Guardar copia como, para obtener el cuadro de diálogo Guardar organigrama.
25. Active la carpeta Mis documentos, escriba el nombre del archivo, Planetas del Sistema Solar, y haga clic sobre el botón Guardar.
26. Seleccione Archivo / Actualizar (nombre del documento)..., para que las modificaciones realizadas en el organigrama se vean reflejadas en el documento de Word.
27. Seleccione Archivo / Salir y volver a Documento1. La ventana de Microsoft Organization Chart se cerrará y el organigrama aparecerá insertado en el documento de Word.

Si lo cree conveniente, modifique el tamaño de éste para que su visualización mejore; recuerde que para ello debe arrastrar uno de los cuadros de selección.

28. Pulse <**Control-Fin**> para situar el cursor al final del documento, detrás del objeto insertado.

11.8. Utilizar Microsoft Graph 2000

La herramienta Microsoft Graph permite crear e insertar gráficos en cualquier documento de Office aunque, por razones obvias, no suele utilizarse en Excel. El modo de crear un gráfico con esta aplicación difiere del utilizado en la creación de gráficos en Excel, pero existen conceptos comunes.

Como siempre, lo primero que debe hacer es situar el puntero en el lugar del documento en el que desea insertar el gráfico. En nuestro caso, lo crearemos en un nuevo documento que posteriormente guardaremos, ya que utilizaremos el gráfico que va a crear en los capítulos de PowerPoint.

1. Haga clic sobre el icono ▫ para abrir, sin cerrar el activo, un nuevo documento de Word.
2. Seleccione Insertar / Imagen / Gráfico. Aparecerán los menús, las barras de herramientas y otros elementos propios de la ventana de la aplicación Microsoft Graph; también visualizará una pequeña ventana con una hoja de datos y un gráfico de barras correspondiente a los datos de dicha hoja (véase figura 11.16).

Para crear un gráfico bastará con introducir, en la hoja de datos, la información necesaria. Observe que cada columna corresponde a una categoría y cada fila a una serie. Los nombres de las categorías se encuentran en las cabeceras de las columnas, y la leyenda de las series en la columna de la izquierda.

Para introducir los datos en la hoja deberá hacer clic sobre la celda correspondiente. Cuando le interese cerrar la ventana de la hoja de datos, haga clic sobre el botón ▫ de la barra de herramientas; este mismo botón le permitirá volver a visualizarla.

Por defecto, el programa representa cuatro categorías y tres series. Si desea representar una categoría más, añada sus datos en una nueva columna; si deseara representar una nueva serie, introdúzcalos en una nueva fila. Sin embargo, para eliminar una categoría o serie, no basta con borrar sus datos (generaría un hueco en el gráfico), sino que debe eliminar la fila o columna.

Los tipos de gráficos disponibles en la aplicación son los mismos que existen en Excel. Para seleccionar uno de ellos, utilice el botón Tipo de gráfico de la barra de herramientas o bien el cuadro de diálogo Tipo de gráfico que se activa seleccionando Gráfico / Tipo de gráfico...

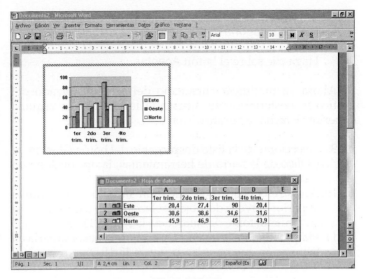

Figura 11.16

3. Elimine la 2ª y 3ª fila de la tabla; para ello deberá hacer clic sobre sus botones identificadores y seleccionar Edición / Eliminar.
4. Introduzca los rótulos y valores que muestra la tabla de la figura 11.17, para crear el gráfico correspondiente, que será parecido al de la figura 11.18.

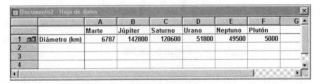

Figura 11.17

Ahora va a realizar una modificación en el formato del eje X del gráfico, de modo que se puedan visualizar todas las categorías.

5. Haga clic sobre el eje X del gráfico, y seleccione Formato / Eje seleccionado; se activará el cuadro de diálogo Formato de ejes.
6. Active la opción Alineación 90º grados de la ficha Alineación.

7. Introduzca el valor 1 en el recuadro de la opción **Números de categorías entre rótulos...** existente en la ficha **Escala**.
8. Haga clic sobre el botón **Aceptar**.

Ahora va modificar el tamaño del área de trazado del gráfico y, posteriormente, situará la leyenda en la esquina superior derecha del gráfico.

9. Seleccione, de la lista desplegable del botón **Objetos de gráfico** de la barra de herramientas, la opción **Área de trazado**.
10. Arrastre el cuadro de selección situado en la esquina superior derecha del objeto seleccionado para aumentar su tamaño; tome de referencia la figura 11.18.
11. Haga clic sobre la leyenda, y arrástrela hasta situarla en la posición que muestra la figura 11.18.

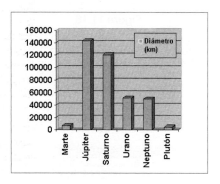

Figura 11.18

12. Haga clic en un punto exterior a la tabla de datos y al gráfico, para cerrar la herramienta Microsoft Graph y volver a tener activo el documento Word.
13. Ahora debe aumentar el tamaño del gráfico de modo que éste ocupe todo el ancho de la página; lo mejor es que haga clic sobre él, para seleccionarlo, y arrastre el cuadro de selección de la esquina inferior derecha. Posteriormente, haga clic en un punto exterior al gráfico, para cancelar su selección.
14. Como este gráfico va a ser utilizado en los capítulos de PowerPoint, guarde el documento de Word con el nombre **Diámetro de los planetas exteriores (gráfico)**.

15. Cierre la ventana de documento activa, que es la que contiene el gráfico; volverá a tener activa la ventana del documento anterior.

11.9. Utilizar las herramientas de dibujo

Todas las aplicaciones Office comparten las mismas herramientas de dibujo, de manera que en cualquier documento se pueden crear y modificar dibujos. Estas herramientas están accesibles en la barra de herramientas Dibujo.

Para visualizar esta barra tiene dos opciones: hacer clic sobre el botón Dibujo de la barra de herramientas Estándar, o seleccionarla del listado de la opción Barras de herramientas del menú Ver; también podría seleccionarla del menú contextual de cualquier barra visible.

El aspecto de esta barra y la función de algunos de sus botones se muestran en la figura 11.19.

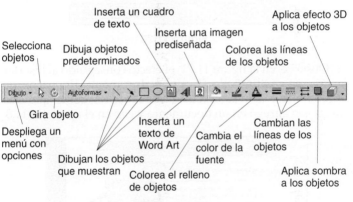

Figura 11.19

11.10. Distribuir texto alrededor de un objeto insertado

Un mismo objeto puede conseguir efectos muy diversos en un documento, gracias a las distintas posibilidades que existen para distribuir el texto a su alrededor. Todas estas distribuciones están disponibles en la ficha Diseño del cuadro de diálogo Formato *objeto* (véase figura 11.20).

Este cuadro puede obtenerse, una vez seleccionado el objeto, de dos modos:

a) Seleccionando **Formato / Objeto**.
b) Seleccionando la opción **Formato de objeto** del menú contextual asociado al objeto.

Figura 11.20

Observe, en la figura 11.21, el efecto conseguido al insertar la imagen prediseñada PC en el documento Principios de ergonomía, y activar el ajuste Estrecho. Recuerde que esta imagen la agregó en un documento vacío en el apartado 11.3.

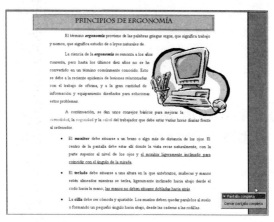

Figura 11.21

Crear una presentación; diseñar diapositivas

12.1. Introducción

PowerPoint es la aplicación incorporada en Office que permite crear *presentaciones electrónicas,* que no son más que un conjunto de *diapositivas* con información de diferente naturaleza (textos, gráficos, dibujos, sonido, vídeos...).

Las presentaciones pueden tener como fin la visualización de sus diapositivas a través de la pantalla del ordenador u otros mecanismos (pantalla de cristal líquido situada sobre un retroproyector, videoproyector, etc.), o la impresión de las mismas en hojas de papel o en transparencias de acetato; éstas últimas permitirían proyectar las diapositivas mediante un retroproyector.

En este capítulo aprenderá la filosofía de trabajo y los conceptos generales de PowerPoint, así como a crear distintos tipos de diapositivas.

12.2. Arrancar PowerPoint

Como el resto de las aplicaciones Office, PowerPoint puede arrancarse de distintas formas que seguro ya conoce; sin embargo, PowerPoint tiene algunas características particulares:

- Si el programa se arranca mediante la opción **Programas / Microsoft PowerPoint** del menú **Inicio** de Windows, y ésta es la primera que lo hace, aparecerá el Ayudante ofreciendo sugerencias e ideas de cómo utilizar el programa. Una vez cerrado el Asistente, visualizará el cuadro de diálogo **PowerPoint** (véase figura 12.1).

- Si el programa se ejecuta mediante el icono Presentación en blanco del cuadro de diálogo Nuevo documento de Office, al que se accede seleccionando la opción Nuevo documento de Office del menú Inicio, no aparecerá el cuadro de diálogo PowerPoint, sino el de la figura 12.2.

1. Haga clic sobre el botón Inicio, de la barra de tareas de Windows, y seleccione Programas / Microsoft PowerPoint.
2. Si apareciese el Ayudante, ciérrelo haciendo clic en la opción Comenzar a trabajar con Microsoft PowerPoint. En pantalla visualizará la ventana del programa con el cuadro de diálogo PowerPoint activo, análogo al de la figura 12.1.

Figura 12.1

Este cuadro de diálogo ofrece la posibilidad de abrir una presentación existente o crear una nueva de tres modos diferentes.

3. Active la opción Presentación en blanco y haga clic sobre el botón Aceptar; aparecerá el cuadro de diálogo Nueva diapositiva, similar al de la figura 12.2. Este cuadro de diálogo permite seleccionar un diseño predeterminado para la primera diapositiva de la presentación.
4. Seleccione el diseño de diapositiva Blanco (situada en la esquina inferior derecha), y haga clic sobre el botón Aceptar.

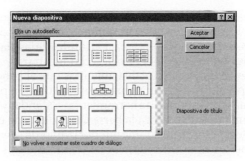

Figura 12.2

12.3. La ventana de PowerPoint

La ventana de PowerPoint contiene elementos comunes a las de otras aplicaciones Office y otros particulares que se describen a continuación y se señalan en la figura 12.3.

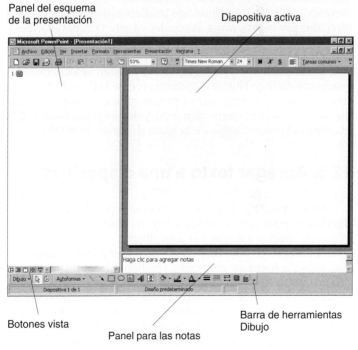

Figura 12.3

El área de trabajo está dividida en tres paneles que pueden redimensionarse según interese: el panel de la izquierda permite trabajar con el texto de la presentación (títulos de las diapositivas, subtítulos...), el panel superior derecho mostrará y permitirá trabajar en la diapositiva activa, mientras que el panel inferior derecho permitirá escribir algunas notas para la diapositiva.

Además de las barras de herramientas **Estándar** y **Formato**, el programa presenta activa la barra **Dibujo**, situada encima de la barra de estado. En la esquina inferior izquierda se encuentran los botones que permiten activar las distintas vistas.

12.4. Crear diapositivas

La creación de diapositivas consiste, en realidad, en insertar distintos objetos en ellas: dibujos, textos, diagramas, organigramas, fotografías, gráficos, vídeos, etc. Esta operación se puede realizar en una diapositiva en blanco, insertando los distintos objetos que se deseen mediante las opciones de menú correspondientes, o en alguna de las diapositivas prediseñadas ofrecidas por el programa, las cuales ya están preparadas para insertar un tipo determinado de objetos, resultando el proceso más rápido y sencillo.

Las diapositivas prediseñadas se pueden seleccionar del cuadro de diálogo **Nueva diapositiva** (véase la figura 12.2); este cuadro aparece al arrancar el programa o al agregar nuevas diapositivas a la presentación mediante la opción **Nueva diapositiva** del botón `Tareas comunes ▾` de la barra de tareas **Formato**.

12.5. Agregar texto a una diapositiva

Si la diapositiva dispone de un marco para texto, la introducción de texto es muy sencilla: bastará con hacer clic sobre un punto del marco y comenzar a escribirlo.

Si la diapositiva no dispusiera de dicho marco, lo primero que debería hacer es crear uno mediante la herramienta de dibujo **Texto** del siguiente modo: activando la herramienta mediante el botón 🖻 de la barra **Dibujo**, haciendo clic sobre un punto de la diapositiva y arrastrando el ratón hasta crear el marco con el tamaño deseado (no debe preocuparse de la altura del marco, ya que ésta se modificará a medida que vaya escribiendo líneas de texto).

A continuación va a crear una diapositiva con texto, pero va a utilizar una prediseñada.

1. Despliegue la lista del botón [Tareas comunes] y seleccione la opción **Diseño de la diapositiva...**, para obtener el cuadro de diálogo correspondiente.
2. Haga doble clic sobre la diapositiva **Texto e Imágenes prediseñadas**; la diapositiva mostrará el diseño predeterminado.
3. Haga clic sobre el marco del título, y escriba `Caracte-rísticas  principales  de  los  planetas interiores y de La Tierra`.
4. Haga clic sobre el marco de texto, para activarlo, y escriba el texto que muestra la figura 12.4; tenga en cuenta que las marcas de viñeta las crea el programa automáticamente al pulsar <**Intro**> para comenzar la escritura de un nuevo párrafo.
5. Una vez escrito el texto, haga clic en un punto exterior al marco, para desactivarlo y evitar la modificación de su contenido.

Figura 12.4

12.6. Modificar el formato de un texto

El texto introducido en una diapositiva puede modificarse de modo similar al realizado en Word o en cualquier otra aplicación Office. Lógicamente, lo primero que debe hacer es seleccionar los caracteres cuyo formato desee modificar.

Además de las opciones del menú **Formato**, se pueden emplear los botones de la barra de herramientas **Formato** que, además de los botones habituales, presenta otros particulares de PowerPoint (véase figura 12.5).

1. Haga clic sobre cualquier punto del título, para activar su marco.
2. Seleccione todos los caracteres del texto del título.
3. Seleccione la fuente Comic Sans MS y el tamaño 36.

Figura 12.5

4. Con el texto aún seleccionado, haga clic sobre el botón para dar sombra al texto.
5. Haga clic sobre cualquier punto del texto en viñetas, para activar su marco, y seleccione todos sus caracteres.
6. Seleccione la fuente Comic Sans MS y el tamaño 24.
7. Haga clic fuera del marco de título, para cancelar su selección.

12.7. Añadir imagenes prediseñadas

Entre los distintos objetos que se pueden añadir a una diapositiva se encuentran las imágenes prediseñadas ofrecidas por Office. A continuación va a agregar una imagen prediseñada en el marco situado a la derecha del texto.

1. Haga doble clic sobre el recuadro correspondiente al ClipArt; aparecerá el cuadro de diálogo Galería de imágenes.
2. Abra la categoría Ciencia y Tecnología, para ver sus imágenes.
3. Inserte, tal y como hizo en el capítulo anterior, la imagen Órbita. El cuadro se cerrará automáticamente, y en la diapositiva se visualizará la imagen tal y como muestra la figura 12.6

Nota: si la diapositiva no hubiera tenido un marco prediseñado para la imagen, debería haber seleccionado Insertar / Imagen / Imagenes prediseñadas, para activar el cuadro de diálogo Insertar imagen prediseñada, y poder agregar una imagen a la diapositiva.

Figura 12.6

12.8. Añadir nuevas diapositivas

Una presentación electrónica estará constituida, habitualmente, por varias diapositivas, por lo que tendrá la necesidad de agregar otras nuevas. Esta operación puede ser realizada de varios modos:

a) Haciendo clic en el botón **Nueva diapositiva** .
b) Seleccionando la opción **Nueva diapositiva** del botón Tareas comunes.
c) Seleccionando Insertar / Nueva diapositiva.

En cualquiera de los tres casos obtendrá el cuadro de diálogo **Nueva diapositiva** (figura 12.2), en el que podrá elegir el diseño de la nueva diapositiva.

1. Seleccione la opción **Nueva diapositiva** del botón Tareas comunes.
2. Seleccione la diapositiva **En blanco** y haga clic en el botón **Aceptar**. Visualizará la nueva diapositiva en pantalla, que será la segunda ya que las diapositivas agregadas se sitúan detrás de la que estuviera activa.

12.9. Agregar objetos a una diapositiva vacía

En esta diapositiva, que no tiene diseño previo, va a insertar varios objetos para crear la que será portada de la presentación. Como la diapositiva está vacía, deberá insertar los objetos directamente.

1. Haga clic sobre el botón **WordArt** de la barra de dibujo; aparecerá el cuadro **Galería de WordArt**.
2. Seleccione el tercer estilo de la primera fila y haga clic sobre el botón **Aceptar**; aparecerá el cuadro de diálogo para escribir el texto.
3. Escriba el texto EL SISTEMA SOLAR, seleccione la fuente **Comic Sans MS**, el tamaño 60, y haga clic sobre el botón **Aceptar**. El texto se insertará en la diapositiva.
4. Desplace el texto a una posición similar a la que muestra la figura 12.7.
5. Haga clic fuera del texto, para cancelar su selección.
6. Seleccione **Insertar / Imagen / Imágenes prediseñadas**; aparecerá el cuadro de diálogo **Insertar imagen prediseñada**.
7. Abra la categoría **Ciencia y Tecnología** e inserte la imagen **Astronomía**.
8. Cierre el cuadro de diálogo; visualizará la imagen selecciona en la diapositiva.
9. Aumente el tamaño de la imagen y sitúela como muestra la figura 12.7.

Figura 12.7

Nota: si desea modificar el color del texto artístico, selecciónelo y elija el color del recuadro desplegable del botón de la barra de dibujo.

12.10. Agregar objetos desde archivos

La siguiente diapositiva que va a crear estará formada por un título y un organigrama que mostrará la distribución de los planetas del Sistema Solar en función de su situación respecto a la Tierra.

Como este organigrama ya lo creó en el capítulo anterior, ahora lo va a agregar a la diapositiva recuperándolo del archivo en el que lo guardó; por este motivo no va a utilizar una diapositiva **Organigrama** sino **Objeto**.

1. Haga clic en el botón, para activar el cuadro de diálogo **Nueva diapositiva**.
2. Haga clic sobre la diapositiva **Objeto** y sobre el botón **Aceptar**. La diapositiva se visualizará en la ventana.
3. Haga clic sobre el marco del título y escriba PLANETAS DEL SISTEMA SOLAR.
4. Seleccione el texto del título y asígnele la fuente **Comic Sans MS** y el tamaño **36**.

Ahora va a recuperar el organigrama creado, en el capítulo anterior, con la herramienta **Microsoft Organization Chart**; en caso de que no lo hubiera creado o no lo hubiera guardado, hágalo ahora tal y como se indicó en el apartado "*Utilizar Microsoft Organization Chart*".

5. Haga doble clic sobre el marco del objeto; aparecerá el cuadro de diálogo **Insertar objeto**, desde el que se puede ejecutar cualquier herramienta para crear un objeto o recuperar los que están guardados en archivos.
6. Active la opción **Crear desde archivo**, escriba la ruta de acceso y el nombre del archivo que contiene el organigrama (véase la figura 12.8).

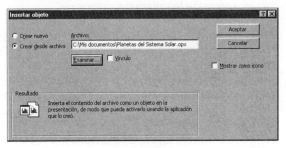

Figura 12.8

7. Haga clic sobre el botón **Aceptar**; el cuadro de diálogo se cerrará y el organigrama aparecerá en la diapositiva.
8. Ajuste el tamaño del organigrama, de modo que la diapositiva tenga el aspecto de la figura 12.9.

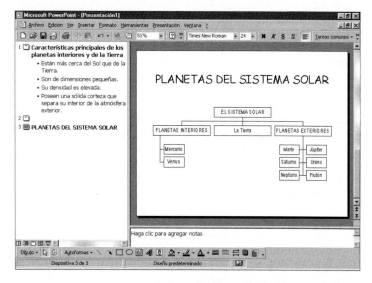

Figura 12.9

12.11. Crear una diapositiva con un objeto y texto

A continuación va a crear una nueva diapositiva que contendrá el diagrama de barras que creó en el capítulo anterior e información acerca de los planetas exteriores.

1. Haga clic en el botón 🗐, para activar el cuadro de diálogo **Nueva diapositiva**, y seleccione la diapositiva **Texto y objeto** 🗐.
2. Introduzca, en los marcos correspondientes, el título y el texto que muestra la figura 12.10; tenga en cuenta que para conseguir la sangría de los cuatro últimos párrafos bastará con pulsar <**Tab**>.
3. Asigne, al título, la fuente Comic Sans MS y el tamaño 36.
4. Asigne, a las características de los planetas, la fuente Comic Sans MS con tamaño 24 para los dos primeros párrafos y tamaño 22 para los cuatro últimos.

Ahora va a agregar el gráfico de barras que creó, en el capítulo anterior, con la herramienta Microsoft Graph 2000, y que almacenó en el documento Diámetro de los planetas exteriores (gráfico); si no lo tuviera creado y guardado, hágalo tal y como se indicó en el apartado "*Utilizar Microsoft Graph 2000*".

5. Haga doble clic sobre el marco del objeto, para activar el cuadro de diálogo Insertar objeto.
6. Active la opción Crear desde archivo, escriba la ruta de acceso y el nombre del archivo, C:\Mis documentos\Diámetro de los planetas exteriores (gráfico).doc y haga clic sobre el botón Aceptar. El gráfico aparecerá en la diapositiva.
7. Ajuste el tamaño de los objetos de la diapositiva tomando de referencia la figura 12.10.

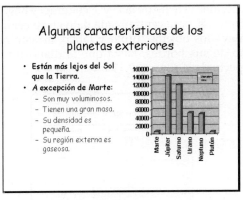

Figura 12.10

12.12. Agregar tablas a diapositivas

La última diapositiva de la presentación que está creando contendrá una tabla con algunos datos físicos de los planetas del sistema solar (figura 12.11).

1. Haga clic en el botón 🖬, para activar el cuadro de diálogo Nueva diapositiva, y seleccione la diapositiva Tabla 🧾.
2. Introduzca el título que muestra la figura 12.11 y, posteriormente, asígnele la fuente Comic Sans MS y el tamaño 36.
3. Haga doble clic sobre el marco de la tabla; aparecerá un cuadro de diálogo en el que debe indicar que va a

necesitar 3 columnas y 10 filas. Una vez indicado, haga clic sobre el botón **Aceptar** del cuadro de diálogo; aparecerá una tabla vacía en la diapositiva.

4. Introduzca los datos que muestra la tabla de la figura 12.11, sin preocuparse de su formato ni del hecho de que parte de la tabla quede fuera de la diapositiva; tenga en cuenta que debe utilizar <**Tab**> para situar el cursor en la siguiente celda de la tabla y que sólo debe pulsar <**Intro**>cuando quiera crear varias líneas en la misma celda.
5. Seleccione todas las celdas de la tabla y asigne a sus datos el tamaño de fuente 24.
6. Seleccione el texto de las celdas de la primera fila y aplíqueles el atributo negrita.
7. Seleccione el texto de la 2ª y 3ª columna y haga clic sobre el botón ▩ para centrar cada dato en su celda.
8. Mueva los objetos (título y tabla), arrastrándolos por uno de sus bordes, hasta que la diapositiva tenga el aspecto de la figura 12.11.

Algunos datos sobre los planetas

Planeta	Distancia al Sol (millones de km)	Periodo de revolución
Mercurio	57,9	88 días
Venus	108,2	224,7 días
Tierra	149,6	365,26 días
Marte	227,9	287 días
Júpiter	778,3	11,87 años
Saturno	1427	29,46 años
Urano	2896	84 años
Neptuno	4496	164,8 años
Plutón	5900	248 años

Figura 12.11

12.13. Activar las diapositivas

Para visualizar las diferentes diapositivas creadas, debe activarlas, una a una, empleando alguno de los siguientes métodos:

- Las teclas <**RePág**> y <**AvPág**> activan (visualizan) las diapositivas anterior y posterior, respectivamente.
- Al desplazar el indicador de la barra de desplazamiento vertical, el programa informa de la diapositiva que se visualizará al soltarlo en esa posición.

- Los botones Diapositiva siguiente y Diapositiva anterior, situados debajo de la barra de desplazamiento vertical.

Una vez que la diapositiva está activa (visible), se pueden realizar modificaciones en su diseño. Para modificar un objeto bastará con editar su marco (haciendo clic o doble clic), y operar de forma parecida a la realizada para crearlo.

Tenga en cuenta que la activación de una diapositiva no sólo es interesante para visualizarla o modificarla, sino que además, a la hora de añadir una nueva diapositiva tendrá que activar aquélla tras la cuál quiera situar la nueva.

12.14. Modos de visualizar las diapositivas

Por defecto, PowerPoint presenta activa la vista Normal, en la que el área de trabajo está dividida en tres paneles; sin embargo, el programa ofrece otras vistas distintas con características particulares. Estas vistas se activan seleccionando la opción correspondiente del menú Ver o haciendo clic sobre uno de los botones de vistas situados en la esquina inferior izquierda de la ventana de documento (véase la figura 12.12).

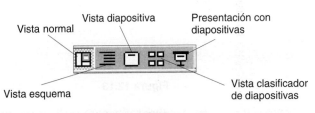

Figura 12.12

Nota: existe otra vista, Página de notas, que sólo puede activarse mediante una opción del menú Ver.

12.14.1. Vista diapositiva

Esta vista está constituida por dos paneles: el mayor está reservado para el contenido de la diapositiva activa, mientras que el pequeño, situado a la izquierda de la ventana, muestra los iconos que identifican a las diapositivas existentes en la presentación, y que pueden utilizarse para activarlas.

12.14.2. Vista Esquema

Esta vista muestra el texto de todas las diapositivas de una presentación en forma de esquema. En otros paneles se visualizarán, en miniatura, la diapositiva activa y las notas introducidas en ella. Observe, en la figura 12.13, el aspecto de la presentación con esta vista activa.

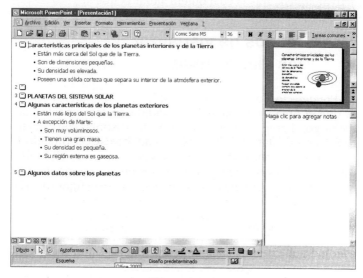

Figura 12.13

Esta vista se utiliza, sobre todo, para realizar modificaciones en el texto de las diapositivas. Cada diapositiva se simboliza con un icono, que indica su número de orden, y que permite activarla rápidamente.

12.14.3. Vista Clasificador de diapositivas

Esta vista permite ver todas las diapositivas de la presentación tal y como muestra la figura 12.14. Se utiliza para realizar ciertas operaciones con las diapositivas: moverlas, borrarlas, copiarlas...

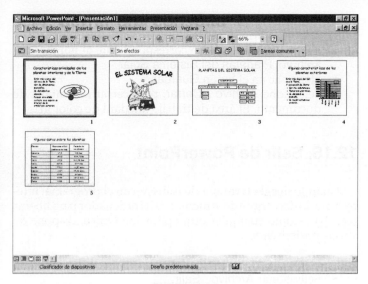

Figura 12.14

12.14.4. Vista Presentación con diapositivas

Esta vista permite realizar la presentación, es decir, visualizar todas las diapositivas de la presentación, una a una, de forma secuencial. En el próximo capítulo se estudiará con más detalle.

12.15. Guardar y cerrar una presentación

Una vez que se han creado todas las diapositivas que forman la presentación, es necesario almacenarlas para no perder su contenido. Cuando se guarda una presentación, se almacenan todas las diapositivas que la constituyen.

La forma de guardar una presentación es similar a la del resto de documentos creados con otras aplicaciones Office, aunque en este caso los archivos tendrán extensión PPT.

1. Active la vista Normal. El motivo de activar este modo de visualización es que, cuando se abra la presentación guardada, aparecerá con el modo de visualización que estuviera activo al archivarla la última vez.
2. Seleccione Archivo / Guardar o haga clic en el botón ◼ de la barra de herramientas.

3. Compruebe que la carpeta activa es **Mis documentos**; en caso contrario, actívela.
4. Escriba, en el recuadro correspondiente al nombre del archivo, **Planetas del Sistema Solar**.
5. Haga clic en el botón **Guardar**.
6. Seleccione **Archivo / Cerrar**, para cerrar la ventana de documento. El área de trabajo quedará de color gris.

12.16. Salir de PowerPoint

Cuando decida terminar de trabajar con el programa, interesa que lo descargue de la memoria del ordenador para liberar recursos. Como cualquier otra aplicación Office, dispone de varias posibilidades:

- Hacer clic en el botón **Cerrar** de la ventana de PowerPoint.
- Seleccionar **Archivo / Salir**.
- Pulsar <**Alt-F4**>.
- Hacer doble clic sobre su botón **Menú de Control**.

13

Modificar, preparar y realizar una presentación

13.1. Introducción

La preparación de una presentación no sólo consiste en crear las diapositivas que la componen, sino que existen otra serie de operaciones necesarias para que su exposición se realice correctamente: colocar las diapositivas en el orden adecuado, borrar aquéllas que sean inútiles...

El resultado final de una presentación suele ser la impresión de sus diapositivas (en papel convencional o en acetato) o, mucho más frecuentemente, su visualización a través de medios electrónicos. Esto último puede resultar espectacular gracias a los efectos de sonido y de animación que pueden agregarse a las diapositivas.

13.2. Abrir una presentación guardada

Como cualquier otro documento, una presentación puede ser abierta de varios modos, dependiendo de si el programa está ejecutándose o no.

a) Si PowerPoint no está ejecutándose, debe utilizar el cuadro de diálogo Abrir documento de Office, que se obtiene al seleccionar la opción Abrir documento de Office del menú Inicio de Windows.
b) Si el programa está ejecutándose, puede seleccionar Archivo / Abrir o hacer clic sobre el botón 🗁.

Recuerde que si la presentación es una de las cuatro últimas guardadas, podrá abrirla directamente seleccionando su nombre en el menú Archivo.

1. Abra la presentación creada en el capítulo anterior. Recuerde que su nombre es **Planetas del Sistema Solar** y que está guardada en la carpeta **Mis documentos**.

13.3. Colocar las diapositivas

Aunque puede que al crear las diapositivas haya tenido en cuenta el orden de éstas en la presentación, es muy probable que tenga que modificar, en más de una ocasión, la colocación de las mismas para que la presentación se realice en la secuenciación correcta.

La modificación de la posición de las diapositivas puede realizarla en varios modos de visualización, pero resulta más sencilla en la vista **Clasificador de diapositivas**, ya que bastará con arrastrar cada diapositiva a su nueva posición.

1. Active el modo **Vista clasificador de diapositivas**.
2. Haga clic sobre la segunda ficha para activarla y, sin soltar el botón del ratón, arrástrela hasta situarla por delante de la primera. Al soltar el botón, la diapositiva quedará colocada en la primera posición.
3. Mueva la diapositiva del organigrama a la segunda posición, arrastrándola hasta situarla entre la 1ª y la 2ª. Las diapositivas quedarán colocadas tal y como muestra la figura 13.1.

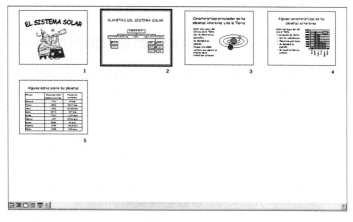

Figura 13.1

4. Active de nuevo la **Vista Normal**.

13.4. Eliminar una diapositiva

Aunque no es nuestro caso, algunas veces necesitará eliminar alguna de las diapositivas creadas. El modo habitual de hacerlo sería activar la diapositiva y seleccionar Edición / Eliminar diapositiva; existe otro método más rápido que consiste en, una vez seleccionada, pulsar <Supr>.

> **Nota:** *las diapositivas pueden copiarse mediante el Portapapeles (opciones Copiar y Pegar del menú Edición); pero además, el programa ofrece la posibilidad de duplicar una diapositiva mediante la opción Duplicar del menú Edición.*

13.5. Imprimir una presentación

Una de las formas de realizar la presentación consiste en obtener impresas las diapositivas que la constituyen. Lo más frecuente, sobre todo en ambientes profesionales, es la impresión en papel acetato para, mediante un retroproyector, poder proyectar la imagen sobre una pantalla o superficie en blanco; de este modo se puede mostrar la presentación a un grupo de personas.

La impresión de la presentación se puede realizar de distintos modos, obteniéndose resultados diferentes:

- Imprimir mediante el botón 🖨; el resultado es la impresión directa de todas las diapositivas que constituyen la presentación, con el aspecto particular de la vista activa en ese momento.
- Imprimir desde el cuadro de diálogo Imprimir (véase figura 13.2), que se obtiene al seleccionar Archivo / Imprimir.

Entre las opciones del cuadro de diálogo, algunas ya conocidas por ser análogas a las de otras aplicaciones Office, destacan las de la lista desplegable Imprimir. A continuación va a obtener la impresión de todas las diapositivas, cada una con un marco, en una única página:

1. Seleccione Archivo / Imprimir, para obtener el cuadro de diálogo Imprimir.
2. Seleccione, de la lista desplegable Imprimir, la opción Documentos.
3. Seleccione 6 de la lista Diapositivas por página y active la ordenación horizontal.

Figura 13.2

4. Active las opciones Ajustar al tamaño del papel y Enmarcar diapositivas.
5. Haga clic sobre el botón Aceptar. El resultado de la impresión será como el que se muestra en la figura 13.3.

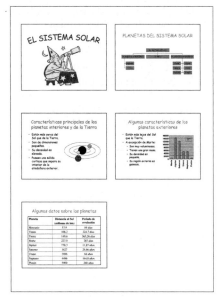

Figura 13.3

13.6. Configurar las diapositivas

La calidad de la presentación obtenida en la impresión, bien en papel bien en acetato, depende de las características de la impresora. Si desea obtener buenos resultados es indispensable disponer de una impresora a color.

Aunque ya ha comprobado que en el cuadro de diálogo Imprimir existe una opción que permite ajustar la diapositiva al tamaño de papel, lo mejor es configurar las diapositivas antes de comenzar a crear la presentación. Dicha configuración se realiza en el cuadro de diálogo Configurar página que se obtiene al seleccionar Archivo / Configurar página.

1. Seleccione Archivo / Configurar página. Obtendrá el cuadro de diálogo de la figura 13.4.

Figura 13.4

Este cuadro de diálogo permite seleccionar el tamaño y la orientación de las diapositivas, así como la orientación de las notas, documentos y esquemas. Además, es posible numerar las diapositivas a partir de cualquier número.

2. Compruebe que está seleccionado el tamaño Presentación en pantalla y que está activa la orientación horizontal para las diapositivas.
3. Haga clic sobre el botón Aceptar.

13.7 Realizar la presentación en pantalla

La realización de la presentación en pantalla permite visualizar sus diapositivas en el propio monitor del ordenador o, si dispone de un videoproyector o una pantalla de cristal líquido conectada al ordenador y acoplada a un retroproyector, podría ver la imagen ampliada en una pantalla o pared blanca. Esto último es útil si necesita realizar la presentación en un congreso, exposición...

La visualización de la presentación en pantalla, *presentación electrónica*, se consigue mediante la vista **Presentación con diapositivas**, que se activa seleccionando **Ver / Presentación con diapositivas** o haciendo clic sobre el botón de la vista correspondiente. Pero antes de realizar la presentación, interesa activar la primera diapositiva, ya que la presentación comenzará en la diapositiva activa.

1. Active la primera diapositiva.
2. Seleccione **Ver / Presentación con diapositivas**.... Visualizará, a pantalla completa, la primera diapositiva (véase figura 13.5).

Figura 13.5

Información: mientras se está realizando la presentación, es posible obtener un menú contextual haciendo clic sobre el botón de la esquina inferior izquierda o pulsando el botón derecho del ratón sobre cualquier punto. Entre las opciones de este menú destaca **Opciones del puntero / Pluma**, que activa una pluma con la que poder marcar, escribir, resaltar... en la propia diapositiva. Las indicaciones que realice con la pluma no afectarán al contenido de la diapositiva; sólo aparecerán en la visualización actual y se borrarán automáticamente al activar otra diapositiva.

13.7.1. Avance de diapositivas en una presentación

Una vez activada la presentación, existen varios modos de activar (visualizar) las restantes diapositivas; algunos de estos modos se muestran en la tabla 13.1.

Tabla 13.1

Visualizar la siguiente diapositiva	Visualizar la diapositiva anterior
Pulsar <**Barra espaciadora**>, <**Intro**>, <**AvPág**> o <**Flecha dcha**>	Pulsar <**Retroceso**>, <**RePág**> o <**Flecha izda**>.
Pulsar <**S**> (Siguiente)	Pulsar <**A**> (Anterior).
Hacer clic sobre un punto de la diapositiva.	

1. Pulse <**S**> para visualizar la siguiente diapositiva, que será la segunda.
2. Pulse <**Barra espaciadora**> para activar la diapositiva 3ª, y así sucesivamente.

Una vez que visualice la última y pulse cualquier tecla para proseguir con la presentación, ésta se cerrará y volverá a la vista Normal.

13.7.2 Transiciones e intervalos

A la forma en la que una dispositiva sustituye a la anterior, durante una presentación, se le denomina *transición*. En la presentación anterior, cada diapositiva sustituía a la anterior de forma natural, ya que no se tenía activada ninguna transición.

Se denomina *intervalo* al periodo de tiempo en que se está visualizando una diapositiva. En la presentación anterior, dicho intervalo se regulaba de modo manual.

PowerPoint ofrece diversas posibilidades de transición, cada una de las cuales dispone de tres velocidades distintas: lenta, media y rápida, que pueden ser asignadas a cada diapositiva de modo independiente. De este modo, puede conseguir que cada diapositiva tenga una forma distinta de aparecer en pantalla.

Además, PowerPoint permite indicar un periodo de tiempo (intervalo), tras el cuál se visualizará automáticamente la siguiente diapositiva. Por defecto, la opción activa es **Manual**, que obliga a que sea el usuario quien active otra diapositiva.

Realice los siguiente pasos para asignar una transición y un intervalo a cada una de las diapositivas de la presentación, excepto a la primera.

1. Active la segunda diapositiva.
2. Seleccione **Presentación / Transición de diapositiva....** Aparecerá el cuadro de diálogo Transición de diapositiva.
3. Seleccione y active las opciones que se observan el cuadro de la figura 13.6. Observe, en el ejemplo, el efecto que se conseguirá con la transición seleccionada.

Figura 13.6

No olvide activar la opción **Automáticamente después de**, e indicar el valor **5** para que, transcurridos 5 segundos de visualización, se active automáticamente la diapositiva siguiente.

4. Haga clic sobre el botón **Aplicar**. De este modo, la transición *Persianas verticales* habrá quedado asignada a esta diapositiva por lo que, al activar su visualización, aparecerá con este efecto especial.

Nota: si hubiera querido aplicar el mismo efecto a todas las diapositivas, tendría que haber hecho clic sobre el botón **Aplicar a todas**.

5. Realice los pasos anteriores hasta asignar, a las siguientes diapositivas, una transición y un intervalo diferente.
6. Active la primera diapositiva.
7. Seleccione Ver / Presentación con diapositivas.... Comenzará a visualizarse la presentación.

Como la primera diapositiva no tiene asignado ningún intervalo, tendrá que activar la visualización de la siguiente pulsando, por ejemplo, <S>; como todas las demás tienen asignado un periodo de tiempo automático, las diapositivas irán apareciendo en pantalla con el efecto seleccionado en la transición; una vez visualizada la última, finalizará la presentación y volverá a tener activa la vista anterior.

> *Nota: si dispone de una tarjeta de sonido, puede incluir efectos sonoros seleccionándolos de la lista desplegable Sonido, existente en el cuadro de diálogo Transición de diapositiva.*

8. Haga clic sobre el botón 🖫 de la barra de herramientas, para almacenar las modificaciones realizadas en la presentación.

13.8. Cambiar el diseño de las diapositivas

Una de las características más importantes que se pueden modificar, en el diseño de una diapositiva, es la combinación de los colores del fondo, de los títulos y del resto del texto.

1. Seleccione Formato / Combinación de colores de la diapositiva...
2. Active la ficha Estándar, cuyo aspecto es el que se muestra en la figura 13.7.

En este cuadro de diálogo puede seleccionar una de las combinaciones de colores disponibles en la ficha Estándar, o puede diseñar su propia combinación de colores en la ficha Personalizada.

El botón Aplicar permite aplicar la combinación de colores seleccionada a la diapositiva activa, mientras que el botón Aplicar a todo asigna los colores a todas las fichas de la presentación.

Figura 13.7

3. Seleccione una combinación de colores, haciendo clic sobre su botón.
4. Haga clic sobre el botón **Aplicar a todo**. Todas las diapositivas se visualizarán con los colores seleccionados (el proceso puede tardar algunos segundos).

> **Nota**: *en caso de haber seleccionado una combinación de colores que afecte al organigrama creado con Microsoft Organization Chart, este programa mostrará un cuadro de diálogo ofreciéndole la posibilidad de guardar los cambios; en tal caso, haga clic sobre el botón* **No**.

5. Haga clic sobre el botón 🖵, para activar la presentación electrónica y visualizar el nuevo aspecto de las diapositivas.

Además del cambio de color, es posible modificar el aspecto del fondo de las diapositivas, consiguiendo aspectos muy espectaculares. Pueden activarse sombreados, entramados, diferentes texturas e incluso es posible incluir una imagen que se visualizará como fondo, en segundo plano. Estas modificaciones se realizan en el cuadro de diálogo **Fondo personalizado**.

6. Seleccione **Formato / Fondo...**
7. Haga clic sobre el botón de lista desplegable **Relleno de fondo**. Aparecerán las distintas opciones, tal y como muestra la figura 13.8.

Figura 13.8

8. Seleccione la opción **Efectos de relleno**; se activará el cuadro de diálogo de la figura 13.9, en el que puede conseguir distintos efectos para el relleno de las diapositivas.

Figura 13.9

9. Active la ficha **Textura** y seleccione la textura **Fósil de pez**.
10. Haga clic sobre el botón **Aceptar**; volverá a activarse el cuadro de diálogo **Fondo**.
11. Haga clic sobre el botón **Aplicar**, para aplicar la textura sólo a la diapositiva activa; su aspecto será como el de la figura 13.10.
12. Si desea guardar las últimas modificaciones realizadas en el diseño de las diapositivas, seleccione **Archivo / Guardar**, o haga clic sobre el botón 🖫.

Figura 13.10

> *Nota:* cuando realice alguna modificación en el diseño de las diapositivas, y el resultado no sea de su agrado, seleccione *Edición / Deshacer acción;* también puede utilizar el botón ⤺.

13. Seleccione Archivo / Cerrar, para cerrar la ventana de la presentación.

13.9. Otros modos de crear una presentación

La presentación creada en el capítulo anterior se realizó diseñando una a una las diapositivas que la constituían; sin embargo, ésta no es la única posibilidad de hacerlo, ya que el programa ofrece otras vías más rápidas. A continuación se comentan algunas de ellas:

- Crear la presentación a partir de un diseño prediseñado por el programa; en este caso debería seleccionar Archivo / Nuevo, para activar el cuadro de diálogo Nueva presentación (véase figura 13.11) y seleccionar un diseño de la ficha Plantillas de diseño. Los diseños incorporados por el programa son numerosos.
- Utilizar una de las plantillas de presentaciones incorporadas por el programa que permiten, de forma rápida y sencilla, crear ciertas presentaciones con propósitos muy

concretos. Las plantillas se encuentran disponibles en la ficha **Presentaciones** del cuadro de diálogo **Nueva presentación**.

- Crear una presentación nueva con ayuda del Asistente para autocontenido. Éste, a través de sus cuadros de diálogo, permite diseñar una gran variedad de presentaciones, en función de la finalidad de la misma. Para activar el Asistente, debe hacer doble clic sobre su icono que está situado en la ficha **General** del cuadro de diálogo **Nueva presentación**.

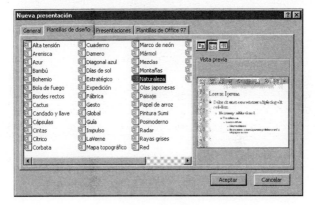

Figura 13.11

14

Integración de las aplicaciones Office. Cuadernos

14.1. Introducción

Hasta ahora, las aplicaciones Office se han utilizado de forma independiente. Sin embargo, una de las características más importantes del sistema operativo Windows es la posibilidad de trabajar con varias aplicaciones a la vez; esto, junto a la facilidad que las aplicaciones Office ofrecen para intercambiar información entre ellas, hacen de esta *suite* una herramienta de trabajo muy completa.

Además, Microsoft Office incorpora una herramienta, que no se instala con la instalación rápida, denominada *Cuaderno de Microsoft;* esta aplicación permite crear Cuadernos, que son documentos constituidos por secciones que a su vez son documentos de Word, libros de Excel, presentaciones de PowerPoint, etc.

14.2. Trabajar simultáneamente con varios documentos

Hasta ahora, el trabajo lo ha estado realizando en un único documento. Cuando finalizaba con un documento, cerraba su ventana y abría otra diferente: vacía si quería crear uno nuevo, o con el contenido de un archivo si lo que deseaba era trabajar con un documento guardado. A partir de ahora trabajará con varios documentos a la vez y comprobará lo fácil que es.

14.2.1. Documentos de una misma aplicación

La mayoría de las aplicaciones Office, excepto Access, permiten trabajar con varios documentos a la vez; para ello, cada documento tiene su propia ventana de documento, por lo que pueden estar varias ventanas abiertas e ir activando la de los documentos con los que se quiera trabajar en cada momento.

> *Información: las aplicaciones Windows pueden ser ejecutadas varias veces consecutivas, por lo que es posible disponer de dos, tres... ventanas de Word, de Excel, etc. De ese modo también se puede trabajar con varios documentos, uno en cada ventana de aplicación abierta, aunque ello supondría un gasto innecesario de los recursos del sistema, ya que los ficheros ejecutables de cada aplicación estarían cargados varias veces en memoria.*

A continuación va a trabajar con varios documentos de Word:

1. Ejecute la aplicación Microsoft Word. El programa mostrará una ventana de documento vacía.
2. Escriba el texto que muestra la figura 14.1.

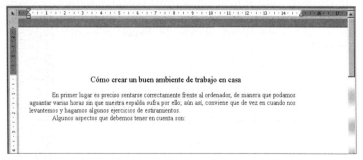

Figura 14.1

Una vez escrito el texto anterior, va a abrir el documento **Principios de ergonomía.**

3. Seleccione **Archivo / Abrir**, para obtener el cuadro de diálogo correspondiente.

4. Active, si no lo estuviera, la carpeta **Mis documentos** y haga doble clic sobre el fichero **Principios de ergonomía**, para abrirlo. Su contenido aparecerá en una ventana de documento, que ocultará la del texto escrito anteriormente.

En estos momentos tiene dos documentos abiertos a la vez, cuyos nombres se pueden visualizar en el menú **Ventana**.

5. Haga clic sobre el menú **Ventana**, para desplegarlo. Su aspecto será como el de la figura 14.2

Figura 14.2

En la parte inferior del menú encontrará el nombre de los documentos abiertos, presentando una marca de verificación el del documento activo. Para activar cualquier otro documento abierto bastará con hacer clic sobre su nombre.

6. Haga clic sobre **Documento1** del menú **Ventana**, para activar su ventana; a partir de este momento, todas las operaciones que realice afectarán a este documento.

> **Nota:** *una de las novedades de Office 2000 es que cada documento abierto está representado por un botón en la barra de tareas de Windows, que se puede utilizar para activarlo rápidamente.*

Cuando se tienen varias ventanas de documento abiertas, se pueden distribuir de forma manual o exigir al programa que lo haga automáticamente.

7. Seleccione **Ventana / Organizar todo**. Las dos ventanas se distribuirán tal y como muestra la figura 14.3

Aunque haya varias ventanas de documento visibles en pantalla, sólo una de ellas estará activa, que será aquélla que

Figura 14.3

presente su barra de título de color azul. En esta situación, se puede activar cualquier ventana haciendo clic sobre cualquier punto de ella.

8. Haga clic sobre el botón **Maximizar** de la ventana correspondiente al documento Principios de ergonomía.

14.2.2. Documentos de distintas aplicaciones

Para poder trabajar con documentos de distintas aplicaciones Office, deben ejecutarse las aplicaciones correspondientes; cada aplicación tendrá su propia ventana que, a su vez podrá tener uno o varios documentos abiertos a la vez. Para trabajar con un documento específico habrá que activar tanto la ventana de la aplicación como la propia del documento.

Aprovechando que tiene abiertos varios documentos de Word, va a abrir un libro creado con Excel.

1. Seleccione **Inicio / Abrir documento de Office,** para activar el cuadro de diálogo **Abrir documento de Office**.

2. Active la carpeta Mis documentos y haga doble clic sobre el libro Comisiones de ventas; Excel se ejecutará y aparecerá automáticamente el contenido del libro.

La ventana de Word que estaba abierta ha quedado en un segundo plano, por lo que ahora no se visualiza. La barra de tareas de Windows muestra los botones identificadores de las ventanas abiertas, de modo que un solo clic sobre ellos bastará para activarlas.

Aunque lo más frecuente es que las ventanas de cada aplicación estén maximizadas, Windows permite distribuirlas en el Escritorio para visualizar sus contenidos a la vez.

3. Pulse el botón derecho del ratón sobre un punto de la barra de tareas de Windows, para obtener su menú contextual, y seleccione la opción Mosaico vertical. Las ventanas se distribuirán como en la figura 14.4.

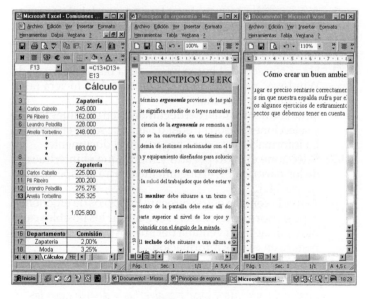

Figura 14.4

4. Cierre la ventana de Excel y maximice la ventana del documento Principios de ergonomía.

14.3. Transferencia de información

Una vez que ha visto lo fácil que resulta tener abiertos varios documentos de la misma o distintas aplicaciones, comprobará que la transferencia de información entre ellos es igualmente sencilla.

La transferencia de información entre cualquier documento se realiza a través del Portapapeles, empleando las mismas técnicas que en Word, Excel, etc.

14.3.1. Entre documentos de una misma aplicación

A continuación va a transferir información entre los dos documentos de Word que tiene abiertos; tan sólo debe tener en cuenta qué documento será el origen, para tomar la información, y cuál el destino, para pegarla.

1. Active, si no lo estuviera, la ventana del documento **Principios de ergonomía** y seleccione los párrafos con viñeta.
2. Seleccione **Edición / Copiar** o haga clic sobre el botón.
3. Haga clic sobre el botón de la barra de tareas de Windows, para activar el **Documento 1**; si hiciera falta, maximice su ventana.
4. Sitúe el cursor al final del documento, en una nueva línea, y seleccione **Edición / Pegar** o haga clic sobre el botón. La información quedará pegada en el documento.
5. Seleccione el texto pegado y modifique el interlineado de los párrafos a 1; el documento tendrá el aspecto de la figura 14.5.
6. Active la ventana del documento **Principios de ergonomía** y, posteriormente, ciérrela sin guardar los posibles cambios. No cierre la ventana del nuevo documento, ya que pegará en él más información.

Nota: existe un método alternativo para transferir información entre documentos. Una vez abiertas y distribuidas las ventanas de los documentos implicados, bastará con seleccionar la información y arrastrarla de una ventana a otra; el texto se moverá. Si desea copiarlo, tendrá que mantener pulsada la tecla <Control> mientras lo arrastra.

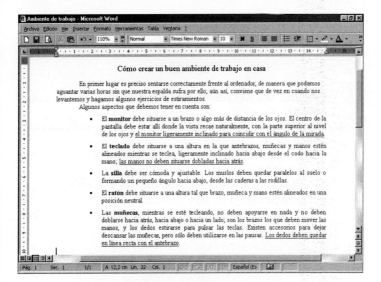

Figura 14.5

14.3.2. Entre documentos de distintas aplicaciones

La transferencia de información entre documentos de distintas aplicaciones se realiza con la misma facilidad que entre documentos de Word aunque, dependiendo de la naturaleza de los documentos origen y destino, la información pegada tendrá distintas características. Así, los datos transferidos desde un libro o una base de datos a un documento Word, tendrán el aspecto de una tabla, y como tal se comportarán. Por el contrario, si se transfieren objetos de las diapositivas de PowerPoint, o diapositivas completas, éstos seguirán teniendo las mismas propiedades que tenían en su origen.

Como ejemplo práctico, va a transferir el resultado de una consulta de Access al documento de Word que tiene activo; pero antes escribirá un párrafo de texto.

1. Escriba, al final del documento, el párrafo que muestra la figura 14.6.
2. Seleccione Inicio / Abrir documento de Office, para activar el cuadro de diálogo correspondiente.
3. Active la carpeta Mis documentos y haga doble clic sobre la base de datos Discos musicales; aparecerá la

> Tan importante como la postura frente al ordenador, es el ambiente que se cree en el lugar de trabajo; la música suave no impide la concentración pero sí ayuda a mantenerte relajado. Una posible selección para este fin sería la siguiente:

Figura 14.6

ventana de Microsoft Access con la base de datos abierta.
4. Active, en la ventana de la base de datos, la ficha **Consultas**.
5. Haga doble clic sobre la consulta **Discos de Enya y Elton John disponibles,** para abrir su ventana de datos.
6. Modifique el ancho de las columnas y el tamaño de la ventana de consulta, tal y como muestra la figura 14.7; si no lo hiciera, al pegarla en el documento de Word quedaría demasiado grande.

Figura 14.7

7. Seleccione **Edición / Seleccionar todos los registros** y haga clic sobre el botón 🖻.
8. Haga clic sobre el botón 🗎Document..., en la barra de tareas de Windows, para activar la ventana del documento de texto.
9. Sitúe el cursor en una nueva línea, al final del documento y haga clic sobre el botón 🖻. Los datos de los registros se pegarán, en forma de tabla, con los mismos atributos que tenían en la ventana de la consulta.
10. Corrija los posibles errores ortográficos. El aspecto final del documento, en el modo de visualización **Pantalla completa** y con un valor del zoom del 75%, será análogo al de la figura 14.8.
11. Guarde el documento con el nombre **Ambiente de trabajo**; posteriormente, imprima el documento y cierre la ventana de Word.
12. Cierre la ventana de Microsoft Access, sin guardar los cambios realizados en el formato de la consulta.

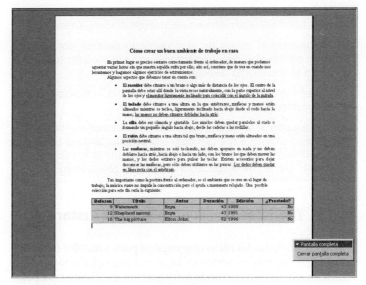

Figura 14.8

14.4. Vincular e Incrustar

Hasta ahora ha estado transfiriendo información u objetos entre documentos sin tener en cuenta el proceso en sí. Sin embargo, conviene que sepa que existen dos técnicas distintas para transferir información: vincular e incrustar.

En la siguiente tabla se muestran las características de cada una de estas técnicas.

Tabla 14.1

Vinculación
La información sólo existe en el documento origen. En el documento destino no está la información como tal, únicamente contiene un vínculo con el documento origen que permite visualizar la información.
Si se modifica la información en el documento origen, los cambios se verán reflejados automáticamente en el documento destino.
Si se realizan modificaciones en el objeto del documento destino, éstas afectarán automáticamente al documento origen.

> *Incrustación*
>
> La información sí estará en el documento destino, por lo que existirán dos objetos independientes, uno en el documento origen y otro en el documento destino.
>
> Si el objeto se ha incrustado durante su creación, éste sólo existirá en el documento destino.
>
> La modificación de un objeto incrustado se realiza en la ventana del documento destino. Para que esto sea posible, tanto la barra de menú como las barras de herramientas de la aplicación destino se sustituirán por las de la aplicación propia del objeto incrustado.

14.4.1. Técnicas para vincular e incrustar

De las distintas técnicas que existen para vincular o incrustar objetos, la más genérica es la que utiliza el Portapapeles. Hasta ahora ha transferido la información mediante las opciones Cortar/Copiar y Pegar; sin embargo, la opción Pegado especial del menú Edición ofrece varias posibilidades para pegar la información en el destino, a través del cuadro de diálogo Pegado especial (véase figura 14.9).

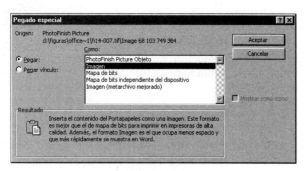

Figura 14.9

Las opciones del recuadro Como, que dependen de las aplicaciones origen y destino del intercambio de información, permiten convertir el objeto o la información antes de pegarlos en el documento destino.

Si observa el cuadro de diálogo, existen dos botones de opción, excluyentes entre sí, que permiten vincular o incrustar la información. La opción Pegar vínculo permite pegar la información con las características indicadas anteriormente para la vinculación, mientras que la opción Pegar permite pegar la información sin vínculo, lo que equivale a incrustar el objeto en el documento destino.

> *Información:* los objetos que diseñó con alguna de las herramientas incorporadas en Office: Microsoft WordArt, Microsoft Editor de ecuaciones... se crearon directamente en el documento destino y quedaron automáticamente incrustados en él.

14.5. Cuadernos

Los *cuadernos* son unos documentos especiales creados con una aplicación incorporada en Office, denominada *Microsoft Cuaderno*. Su principal característica es que están constituidos por *secciones*, que en realidad son documentos creados con las aplicaciones Office: Word, Excel, PowerPoint...

Una de las ventajas de los cuadernos es que permiten agrupar, en un único archivo, varios documentos relacionados con un mismo tema, lo que mejora sustancialmente la organización de los documentos.

> *Información:* si ha realizado una instalación rápida de Office, no dispondrá de la herramienta Cuaderno; en ese caso, instálela tal y como se indicó en el capítulo 1, teniendo en cuenta que se encuentra en el grupo Herramientas.

14.5.1. El entorno de Microsoft Cuaderno

Como cualquier otra aplicación Office, Microsoft Cuaderno puede ser ejecutado de varios modos:

a) Seleccionando Inicio / Programas / Herramientas de Microsoft Office /Cuaderno de Microsoft.
b) Seleccionando Inicio / Nuevo documento de Office, para activar el cuadro de diálogo Nuevo documento de Office, y haciendo doble clic sobre un cuaderno vacío.

Una vez que la aplicación esté ejecutándose, aparecerá su ventana con un aspecto similar al de la figura 14.10.

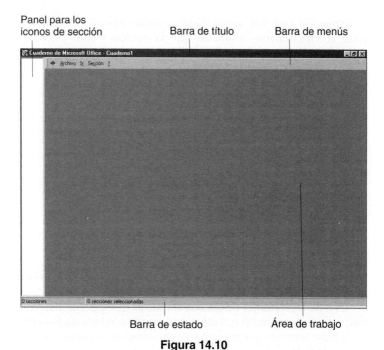

Figura 14.10

Cuando tenga que salir del programa podrá emplear cualquiera de los métodos ya indicados para las demás aplicaciones Office.

14.5.2 Agregar secciones

La creación de un cuaderno consiste, realmente, en agregar secciones. Para ello existen dos posibilidades: agregar una sección vacía y crear en ella un documento, o agregar, como sección del cuaderno, algún documento creado y guardado con anterioridad.

1. Seleccione **Sección / Agregar**. Aparecerá el cuadro de diálogo de la figura 14.11.
2. Haga clic sobre el icono representativo de la aplicación con la que desea crear la sección (**Documento en blanco de Word**), y sobre el botón **Aceptar**. Se añadirá el icono de la sección en el panel de secciones y aparecerá, en el área del cuaderno, la ventana de Microsoft Word.

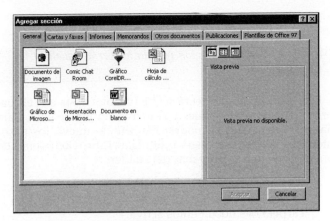

Figura 14.11

Observe que la ventana del cuaderno muestra ahora los menús (con pequeñas diferencias), las barras de herramientas y todos los elementos típicos del procesador de textos; el modo de trabajo es idéntico al explicado en los capítulos de Microsoft Word.

3. Escriba el texto que muestra la figura 14.12.

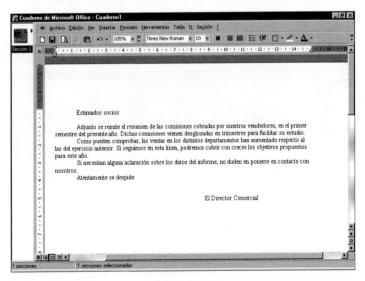

Figura 14.12

> **Nota:** *es posible cerrar la ventana de iconos de sección para ampliar el área de trabajo. Para ello debe hacer clic sobre el botón* ◆. *Este mismo botón permite volver a visualizar los iconos de las secciones.*

Esta sección permanecerá activa (visible) hasta que el cuaderno tenga otras secciones y se active alguna de ellas. Para añadir otras secciones, podría realizar de nuevo los pasos anteriores, pero en este caso va a agregar el libro Comisiones de ventas como una sección más del cuaderno.

4. Seleccione Sección / Agregar desde archivo... Aparecerá el cuadro de diálogo Agregar desde archivo, con la carpeta Mis documentos activa.
5. Haga clic sobre el libro Comisiones de ventas y sobre el botón Agregar. Aparecerá el icono de la nueva sección, pero seguirá activa la sección anterior.
6. Haga clic sobre el icono de la sección Comisiones de ventas, en el panel de iconos de sección. Se cargará en memoria el módulo de la aplicación con la que se ha creado esta sección (Microsoft Excel), y aparecerán los menús, barras de herramientas y otros elementos característicos de esta aplicación; además, se visualizará el contenido del libro, tal y como muestra la figura 14.13.

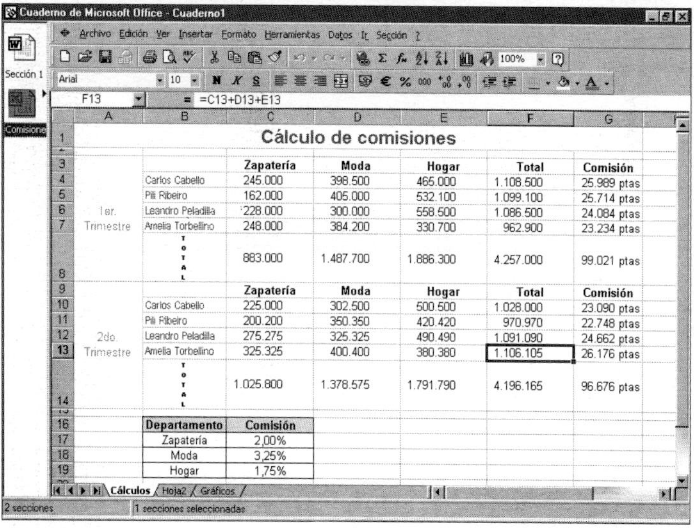

Figura 14.13

14.5.3. Organizar las secciones

Una vez que el cuaderno tiene varias secciones, éstas se pueden organizar tantas veces como se quiera. Para ello bastará con seleccionar Sección / Reorganizar..., para activar un cuadro de diálogo en el que mover las secciones mediante los botones existentes.

14.5.4. Imprimir un cuaderno

A la hora de imprimir la información de un cuaderno, puede optar por las siguientes posibilidades:

a) Si sólo desea imprimir el contenido de la sección activa, seleccione Sección / Imprimir. Aparecerá el cuadro de diálogo Imprimir, propio de la aplicación con la que se haya creado la sección (Word, Excel...), desde el que podrá realizar la impresión.
b) Si desea imprimir el contenido del cuaderno, puede hacerlo con todas las secciones o sólo con algunas, dependiendo de las opciones que active en el cuadro de diálogo Imprimir cuaderno (véase la figura 14.14).

1. Seleccione Archivo / Imprimir cuaderno. Obtendrá el cuadro de diálogo de la figura 14.14.

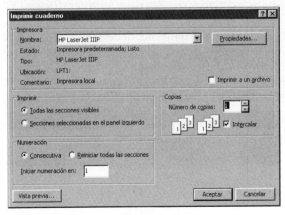

Figura 14.14

Por defecto, las opciones activas permiten imprimir el contenido de todas las secciones; además, las páginas se numerarán de forma consecutiva, comenzando por las de la primera sección.

Para imprimir el contenido de algunas secciones, debe activar la opción Secciones seleccionadas en el panel izq., pero previamente debería haber seleccionado las secciones haciendo clic sobre sus iconos, mientras mantiene pulsada la tecla <**Mayús**>.

Si desea que la numeración de páginas comience en cada sección, active la opción Reiniciar todas las secciones.

2. Active las opciones que desee, e imprima el contenido del cuaderno haciendo clic sobre el botón **Aceptar**.

14.5.5. Guardar y abrir un cuaderno

Las operaciones de abrir y guardar los cuadernos creados con esta aplicación se realizan del mismo modo que en cualquier otro documento Office.

1. Seleccione **Archivo / Guardar cuaderno**. Aparecerá el cuadro de diálogo correspondiente.
2. Escriba, Cuaderno de comisiones y haga clic sobre el botón **Guardar**. Al guardar un cuaderno, se graba la información de todas las secciones incluidas en él.

Nota: los cuadernos se guardan en archivos de extensión OBD.

Si deseara abrir un cuaderno, debería seleccionar **Archivo / Abrir cuaderno**, para activar el cuadro de diálogo correspondiente, y seleccionarlo de la lista.

Si por el contrario deseara crear un cuaderno nuevo, debería seleccionar **Archivo / Nuevo cuaderno**.

3. Seleccione **Archivo / Salir**, para cerrar la ventana de la aplicación y salir de Microsoft Cuaderno.

Microsoft Office e Internet

15.1. Introducción

La aparición y los constantes avances de Internet obligan a que las aplicaciones estén en permanente actualización, para adecuarse y poder sacar el máximo provecho de las nuevas tecnologías.

Si ya la versión anterior de Office, Microsoft Office 97, supuso un gran avance ya que permitía trabajar con sus aplicaciones en redes de área local, Internet e Intranet, Office 2000 ha profundizado aún más y ofrece una mayor integración entre sus aplicaciones y la tecnología utilizada en este tipo de redes, sobre todo en cuanto a la posibilidad de convertir, trabajar y manipular documentos HTML.

Para realizar algunos ejercicios prácticos de este capítulo necesitará disponer de acceso a Internet y tener correctamente configurado su ordenador para establecer la conexión. De todos modos, se ha procurado desarrollar el capítulo para que se pueda leer y comprender sin necesidad de disponer de conexión a Internet.

15.2. Redes de área local, Internet e Intranet

Cada vez es más frecuente que los usuarios no utilicen ordenadores independientes, sino que éstos suelen estar conectados con otros, bien en una red privada (red de área local o Intranet) bien en la red de redes (Internet).

15.2.1. Redes de área local

Una red de área local no es más que una serie de ordenadores conectados físicamente mediante un cable especial, denominado *cable de red*, que permite transferir información entre ellos; además de este cable, es necesario que cada ordenador disponga de una tarjeta especial que proporciona el puerto en el que se conecta dicho cable.

Las ventajas de una red son enormes, como fácilmente puede deducirse al pensar en las posibilidades que ofrece el que varios ordenadores puedan compartir recursos; sin embargo, estas redes tienen la limitación de que los ordenadores han de estar en un área geográfica muy reducida: lo más habitual es reducirlo a una misma habitación o a un edificio.

15.2.2. Internet

Se puede definir Internet como una red pública de ordenadores, a nivel mundial, enlazados entre sí por medio de líneas telefónicas. Existen dos maneras de estar conectados a Internet: de forma permanente (servidores o nodos) o de modo temporal (clientes).

La mayoría de los usuarios, e incluso muchas empresas, realizan conexiones temporales; para poder realizar esta conexión es necesario, además de una línea telefónica y un *módem* (dispositivo que convierte la información digital en analógica y viceversa), disponer de un *proveedor*, que no es más que un nodo conectado físicamente a Internet y que ofrece sus servicios como *puerta* a Internet.

Al contrario de lo que a priori parece, Internet no sólo consiste en ver las páginas Web de los distintos servidores, sino que dispone de otros servicios, entre los que destacan: *FTP* (transferencia de archivos), *e-mail* (envío y recepción de correo electrónico) y los *grupos de noticias* (tertulias sobre diferentes temas).

Pero sí es verdad que el servicio más utilizado es el Word Wide Web (WEB o WWW) que no es sino el interfaz de comunicación utilizado para visualizar la información en Internet; sus características permiten visualizar páginas Web (documentos con formato HTML) espectaculares en las que se mezclan textos, imágenes, vídeos, sonidos.... Elementos característicos de estas páginas son los *hiperenlaces o hipervínculos* que, con un solo clic, permiten saltar directamente a otros lugares dentro de la red.

Para poder visualizar las páginas Web es necesario disponer de un *navegador Web* que las decodifique. Los navegadores más populares y utilizados son *Microsoft Internet Explorer* y *Netscape*.

Las páginas Web se encuentran almacenadas en los distintos servidores, por lo que hay que llegar hasta ellos para poderlas visualizar. Para que esto sea posible, cada servidor tiene una dirección específica, y cada página una ruta de acceso, que son conocidas habitualmente como direcciones Internet (URL). Un ejemplo de dirección URL es: http://www.microsoft.com.

15.2.3. Intranet

Intranet es una red de trabajo que utiliza las características y propiedades de Internet. Suele utilizarse para conectar ordenadores de una misma empresa u organización. A diferencia de Internet, el acceso a ella no es público, sino que sólo pueden acceder sus usuarios mediante autorizaciones personales.

15.3. Abrir y guardar documentos de otros lugares

Las aplicaciones Office permiten abrir y guardar documentos de otros ordenadores conectados a través de una red de área local, Internet o Intranet. Es frecuente que sea necesario disponer de autorización para poder abrir o guardar documentos en otros ordenadores, sobre todo si éstos son lugares FTP.

15.3.1 Abrir documentos

El proceso que debe realizar para abrir un documento Office guardado en otro lugar (servidor) es similar al que tendría que realizar si estuviera almacenado en su ordenador; aunque eso sí, si el documento es muy extenso, el tiempo empleado será superior.

Los pasos que debe realizar para abrir un documento son:

1. Una vez que se está ejecutando la aplicación correspondiente, seleccionar **Archivo / Abrir**, para activar el cuadro de diálogo **Abrir**.

2. Desplegar la lista Buscar en y seleccionar la opción correspondiente (véase figura 15.1).

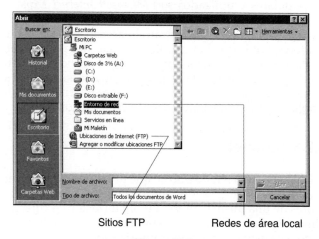

Figura 15.1

3. Localizar el documento en el otro ordenador y abrirlo haciendo doble clic sobre su nombre.

15.3.2. Guardar documentos

El proceso para guardar documentos Office en Internet resulta igualmente sencillo. Bastará con, una vez creado el documento, grabarlo directamente en el lugar adecuado; tenga en cuenta que en la mayoría de los casos, sobre todo en lugares FTP, es necesario disponer de permiso para poder almacenar archivos. Los pasos que debería realizar son:

1. Seleccionar Archivo / Guardar como.
2. Seleccionar, del recuadro Guardar en, el destino del documento.
3. Escribir el nombre del archivo y hacer clic sobre el botón Guardar.

Nota: si trabaja con direcciones FTP, tenga en cuenta que la opción **Agregar o modificar ubicaciones FTP** de la lista desplegable Guardar en permite obtener un cuadro de diálogo en el que se pueden añadir, modificar o borrar direcciones FTP.

15.4. Enviar documentos Office por correo electrónico o por fax

Si dispone de correo electrónico, puede enviar cualquier documento Office en un mensaje electrónico a cualquier otra persona. Básicamente, los documentos pueden ser enviados de dos modos: como el propio mensaje de correo o en un archivo adjunto al mensaje.

Además, si su módem tiene la posibilidad de enviar y recibir fax, también podrá enviar cualquier documento Office por fax.

Una vez creado o abierto el documento que desee enviar, tendrá que seleccionar una de las posibilidades ofrecidas por el programa en la opción Enviar a del menú Archivo. Tenga en cuenta que no todas las aplicaciones de Office tienen las mismas opciones, siendo Word la que más ofrece (véase la figura 15.2).

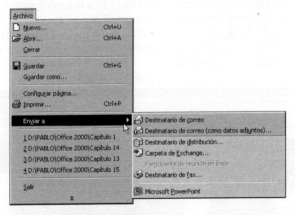

Figura 15.2

15.5. Navegar por la WEB

Las principales aplicaciones Office ofrecen la posibilidad de ser utilizadas como lanzaderas para visualizar el contenido de páginas Web. Aunque éstas pueden abrirse como cualquier otro documento, mediante el cuadro de diálogo Abrir, lo mejor es utilizar la barra de herramientas Web. Para activar esta barra debe actuar como con cualquier otra, por ejemplo, seleccionándola de la opción Barras de herramientas del menú Ver. Observe, en la figura 15.3, el aspecto y funcionalidad de los botones de dicha barra.

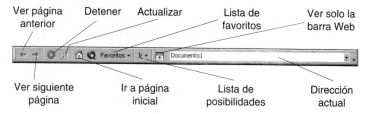

Figura 15.3

1. Arranque Microsoft Word, y active la visualización de la barra de herramientas Web.
2. Escriba, en el recuadro Dirección de la barra, la dirección URL http://www.AnayaMultimedia.es y pulse <Intro>. Si ya estuviera conectado a Internet, se ejecutará Internet Explorer y visualizará la página solicitada en su ventana, tal y como muestra la figura 15.4. Si no hubiera estado conectado, aparecería el cuadro de diálogo para realizar la conexión.

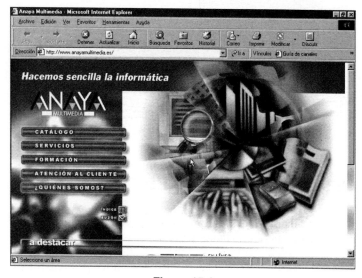

Figura 15.4

3. A partir de este momento puede navegar tal y como lo hace habitualmente con su navegador; cuando decida cortar la conexión, realice el siguiente paso.
4. Haga clic sobre el botón 🖳 de la barra de tareas de Windows, para activar el cuadro de diálogo Conectado a ..., y sobre el botón Desconectar, para cortar la conexión.
5. Cierre la ventana del navegador Internet Explorer.
6. Con la ventana de Word activa de nuevo, desactive la visualización de la barra Web.

15.6. Publicar documentos Office en la Web

Además de poder guardar y abrir documentos desde cualquier servidor de una red local, Intranet o Internet, todas las aplicaciones Office tienen la posibilidad de publicar sus documentos como documentos HTML, formato específico del interfaz WWW.

Esta operación, que resulta muy sencilla de realizar, es común para todas las aplicaciones Office excepto para Access. Una vez creado o abierto el documento que se desea publicar, hay que guardarlo como página Web mediante la opción correspondiente del menú Archivo.

> *Nota: no debe confundir las operaciones de guardar un documento y publicar un documento en Internet. Al guardarlo, el documento mantendrá el formato específico de la aplicación con la que se ha creado (DOC, XLS, PPT, MDB y OBD) mientras que al publicar un documento en Internet éste se transformará al formato HTML, para que pueda ser visualizado y editado por cualquier navegador.*

15.6.1. Publicar un documento Word

La publicación de un documento Word es una tarea tan sencilla como guardarlo con el formato apropiado, HTML. Además de esta posibilidad, Word permite crear páginas Web, con o sin ayuda del Asistente, tal y como verá más adelante.

A continuación va a guardar el documento Principios de ergonomía como documento HTML.

1. Ejecute Word, si no lo estuviera, y abra el documento **Principios de ergonomía**.
2. Seleccione Archivo / Guardar como página Web; aparecerá el cuadro de diálogo de la figura 15.5.

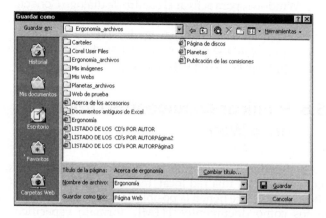

Figura 15.5

Si dispusiera de un sitio Web para publicar la página, debería seleccionarlo o escribir su dirección URL en el recuadro **Guardar en**. En nuestro caso almacenaremos la página en la carpeta **Mis documentos**.

3. Haga clic sobre el botón **Cambiar título...** e introduzca **Acerca de ergonomía** como título de la página; el título de una página Web es el texto que aparecerá en la barra de título del navegador cuando ésta se visualice.
4. Compruebe que está activa la carpeta **Mis documentos**, escriba el nombre del archivo, **Ergonomía** y haga clic sobre el botón **Guardar**.
5. Aparecerá un cuadro de diálogo indicando que existe una característica del documento no compatible con los navegadores. Haga clic sobre el botón **Continuar** para que el programa lo solucione automáticamente. Al final del proceso, la vista activa será **Diseño Web**.
6. Seleccione **Archivo / Cerrar**, para cerrar la ventana del documento.

Si desea comprobar el aspecto con el que se hojearía el documento HTML al navegar por Internet, realice los siguientes pasos:

> *Nota: los documentos HTML tienen la extensión htm.*

7. Ejecute, sin acceder a Internet, su navegador habitual.
8. Escriba, como dirección URL, c:\mis documentos\ergonomía.htm y pulse <**Intro**>. El navegador mostrará el documento con un aspecto análogo al de la figura 15.6, en la que se ha utilizado Microsoft Internet Explorer como navegador.
9. Minimice la ventana del navegador, y cierre la ventana de Word.

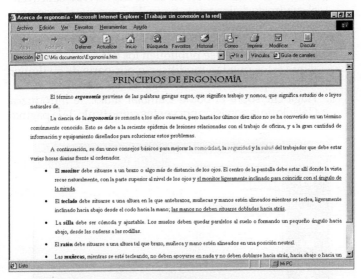

Figura 15.6

> *Información: en la mayoría de las aplicaciones Office existe la posibilidad de comprobar cómo se visualizaría el documento activo en un navegador Web si se guardara como página Web. Para ello debe seleccionar* **Archivo / Vista previa de la página Web***, con lo que se ejecutará automáticamente el navegador y visualizará el aspecto del documento con formato HTML.*

15.6.2. Publicar un libro de Excel

La publicación de un libro de Excel se realiza igual que la de un documento Word. Tendrá la posibilidad de publicar el libro completo o sólo parte de él (rangos de celdas, gráficos...); además, los datos publicados pueden ser estáticos (no podrán ser modificados por ningún navegador) o interactivos, con lo que desde el propio navegador de páginas Web podrán modificarse.

A continuación va a realizar los pasos necesarios para publicar parte del libro Comisiones de ventas.

1. Ejecute Excel y abra el libro Comisiones de ventas.
2. Active la hoja Cálculos y seleccione el rango A1:G15.
3. Seleccione Archivo / Guardar como página Web; se activará el cuadro de diálogo de la figura 15.7, aunque el programa presenta activadas, por defecto, otras opciones.
4. Active las opciones Selección y Agregar interactividad, de modo que sólo se publiquen los datos seleccionados y que éstos puedan modificarse por parte de cualquier usuario que los visualice en su navegador.
5. Haga clic sobre el botón Cambiar título... e introduzca Cálculo de la comisión por ventas como título de la página.

Figura 15.7

Información: cuando no se publica un libro completo, el botón Publicar... permite especificar qué rangos de celdas, gráficos y otros objetos del libro se desea publicar en la página Web.

6. Seleccione la carpeta Mis documentos como destino del nuevo archivo.

7. Introduzca Publicación de las comisiones como nombre del archivo HTML, y haga clic sobre el botón **Guardar**.
8. Cierre la ventana de Excel, sin guardar los posibles cambios realizados en el libro.
9. Maximice la ventana del navegador que tiene minimizada, y visualice la página Web creada anteriormente. Su aspecto será análogo al de la figura 15.8, en la que se ha utilizado el navegador de Microsoft y en la que se puede comprobar la dirección URL de este documento.

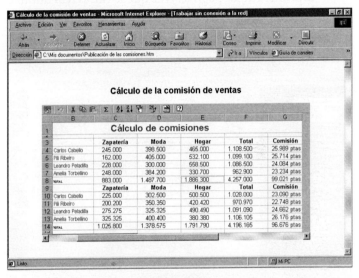

Figura 15.8

10. Compruebe que Internet Explorer permite trabajar con el rango de datos como si fuera Excel; las modificaciones que realice no afectarán al libro **Calculo de comisiones**.
11. Cierre la ventana del navegador.

15.6.3. Publicar una presentación de PowerPoint

A continuación va a publicar la presentación **Planetas** como documento Web, proceso que resulta tan sencillo como con documentos de Word y libros de Excel, a pesar de que, en este caso, se crearán varias páginas Web (una por diapositiva) e hipervínculos que permitirán navegar por ellas.

En este caso, y antes de realizar la publicación, vamos a comprobar el aspecto que tendrá la presentación una vez publicada. Para ello:

1. Ejecute PowerPoint y abra la presentación **Planetas del Sistema Solar**.
2. Seleccione **Archivo / Vista previa de la página Web**; se activará la ventana del navegador y en ella se visualizará la primera de las páginas Web que se van a crear durante la realización de la publicación (véase la figura 15.9).

Figura 15.9

3. Haga clic sobre los distintos hipervínculos existentes en el panel del esquema (izquierdo) y compruebe el aspecto de todas las páginas Web. También puede utilizar los botones de navegación situados en la parte inferior del panel central.

Las páginas que se están visualizando en el navegador pertenecen a un archivo temporal por lo que, cuando se cierre el navegador se descargarán de la memoria RAM. Por lo tanto, si el resultado es de su agrado, debe crear las páginas Web de forma definitiva.

4. Cierre la ventana del navegador; volverá a tener activa la ventana de PowerPoint.
5. Seleccione Archivo / Guardar como página Web; aparecerá el cuadro de diálogo Guardar como, análogo al que aparece en Word y Excel.
6. Especifique un destino, Mis documentos, un título para la página Web (El Sistema Solar) y un nombre para el archivo, Planetas.
7. Haga clic sobre el botón Guardar.

El resultado será la creación de varias páginas Web así como multitud de imágenes gráficas. Todas estas páginas e imágenes, excepto la principal, estarán grabadas en una carpeta, de nombre planetas_archivos; esta carpeta y la página principal estarán en el destino especificado en el cuadro de diálogo Guardar como, es decir, en la carpeta Mis documentos.

8. Si desea comprobar la multitud de archivos creados durante la publicación, ejecute el Explorador de Windows y active la carpeta indicada anteriormente (véase figura 15.10).
9. Cierre la ventana de PowerPoint, sin guardar las posibles modificaciones de la presentación.

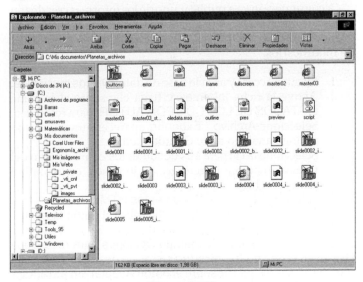

Figura 15.10

Si desea volver a comprobar el resultado de la publicación, ejecute su navegador y cargue la página **Planetas.htm** existente en la carpeta especificada como destino, que en nuestro caso es **Mis documentos**. Cuando termine de ver todas las páginas, cierre la ventana del navegador.

15.6.4. Publicar información de una base de datos de Access

La publicación de información desde una base de datos se realiza de forma diferente que en el resto de aplicaciones Office. Además, existen dos posibilidades bien diferenciadas:

- Publicar tablas, consultas, formularios o informes de una base de datos en documentos HTML estáticos, de modo que puedan ser visualizados pero no modificados.
- Publicar datos de tablas y consultas en páginas web dinámicas, de manera que los usuarios que accedan a ellas puedan introducir nuevos registros, modificar los datos existentes...

Publicar información en páginas estáticas

A continuación va a publicar uno de los informes creados en la base de datos **Discos musicales**, en una página Web estática, de modo que sólo puedan visualizarse los datos sin posibilidad de modificarlos:

1. Ejecute Access y abra la base de datos **Discos musicales.**
2. Active la ficha **Informes** y haga clic sobre el informe **LISTADOS DE LOS CD's POR AUTOR**, para resaltarlo.
3. Seleccione **Archivo / Exportar**; aparecerá un cuadro de diálogo análogo al de **Guardar como**.
4. Seleccione la carpeta **Mis documentos** como destino del nuevo archivo e introduzca, si lo desea, otro nombre para el archivo.
5. Seleccione la opción **Documentos HTML** en el recuadro **Guardar como tipo** y haga clic sobre el botón **Guardar**.

Aparecerá el cuadro de diálogo **Opciones para resultados HTML**, en el que podrá introducir, si así lo desea, una plantilla para los datos. Haga clic sobre el botón **Aceptar** sin introducir plantilla alguna; volverá a tener activa la ventana de la base de datos. Si desea comprobar el aspecto de la página Web creada (véase la figura 15.11) opere de modo similar al realizado en los apartado anteriores.

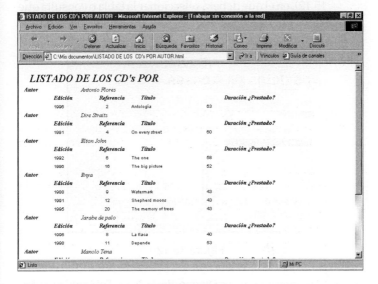

Figura 15.11

> *Nota: del mismo modo que ha publicado un informe, puede publicar los datos de cualquier tabla, consulta o formulario de la base de datos; la única diferencia estará en el objeto de la base de datos que deberá activar a la hora de exportar los datos.*

Publicar información en páginas dinámicas

La creación de páginas Web dinámicas es, sin duda alguna, una de las funciones más potentes de esta versión de Access. Estas páginas permitirán a cualquier usuario que las abra, gestionar los datos de una tabla, o consulta, como si estuvieran almacenadas en su propio ordenador.

Como ejemplo práctico, va a crear una página Web que permitirá ver y modificar los datos de la tabla **Discos** de la base de datos.

1. Active la ficha **Páginas** de la ventana de la base de datos; si hubiera cerrado esta ventana o la aplicación Access, ábralas.

2. Haga doble clic sobre la opción **Crear una página de acceso a datos utilizando el Asistente**; aparecerá el primer cuadro de diálogo del Asistente (véase la figura 15.12), en el que deberá seleccionar la tabla o consulta que desea incluir en la página y los campos que contendrá.

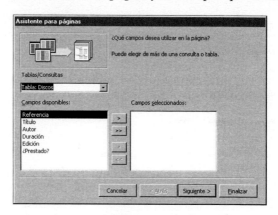

Figura 15.12

3. Seleccione la tabla **Discos** de la lista **Tablas/Consulta**, haga clic sobre el botón », para agregar todos los campos, y sobre el botón **Siguiente**; aparecerá el siguiente cuadro de diálogo en el que se puede especificar un campo para agrupar los registros.
4. En este caso no va a agrupar los registros, por lo que debe hacer clic sobre el botón **Siguiente** sin seleccionar ningún campo; aparecerá un nuevo cuadro en el que podrá indicar una ordenación para los registros (véase figura 15.13).
5. Seleccione el campo **Título** como primer campo de ordenación, tal y como muestra la figura 15.13, y haga clic sobre el botón **Siguiente**. Se activará el último cuadro de diálogo, en el que puede modificar el título de la página e indicar qué acción desea realizar al finalizar el proceso.
6. Introduzca el título **Dossier de CD's musicales**, active la opción **Abrir la página** y haga clic sobre el botón **Finalizar**.

El Asistente creará la página y la abrirá automáticamente en una ventana, cuyo aspecto será el de la figura 15.14. Observe que existe una barra de herramientas cuyos botones permiten realizar las operaciones con tablas estudiadas en los capítulos de Access.

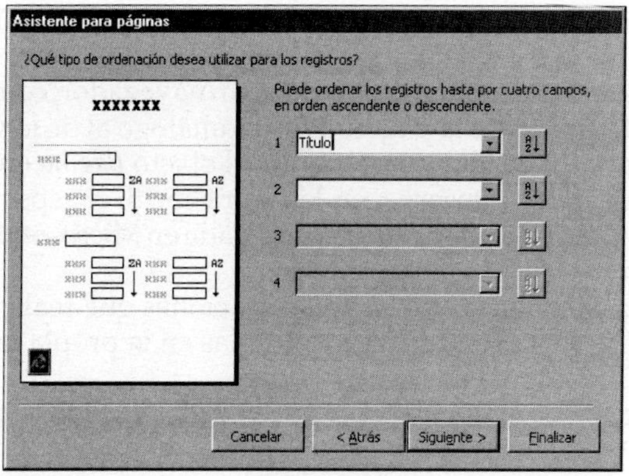

Figura 15.13

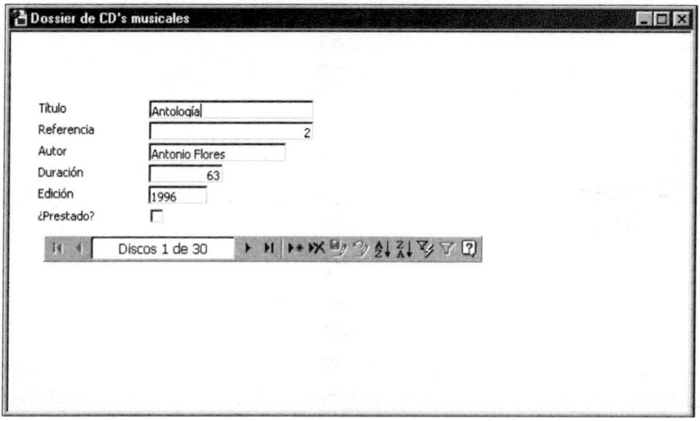

Figura 15.14

7. Cierre la ventana de la página creada, por ejemplo haciendo clic sobre su botón ⊠; el programa preguntará si desea guardar la página.
8. Haga clic sobre el botón Sí, para activar el cuadro de diálogo Guardar como página de acceso a datos.
9. Seleccione la carpeta Mis documentos como destino de la página, escriba Página de discos como nombre del archivo y haga clic sobre el botón Guardar.

El resultado final del proceso es la creación de una página Web que se ha grabado como archivo HTML en la carpeta Mis documentos, y un nuevo objeto de base de datos de tipo *Página*, tal y como puede observar si mira la ficha **Páginas** de la ventana de la base de datos.

Si visualiza el archivo HTML con un navegador, comprobará que el aspecto de la página Web es análogo al de la ventana de la figura 15.14, que corresponde al objeto *Página* creado en la base de datos. Observe, en la figura 15.15, el aspecto de la página Web de acceso a datos visualizada en Microsoft Internet Explorer.

Tenga en cuenta que las modificaciones que realice en los datos de la tabla sí quedarán reflejadas en la propia tabla.

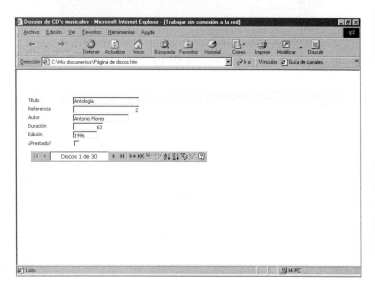

Figura 15.15

15.7. Utilización de hipervínculos en documentos Office

Todas las aplicaciones Office permiten utilizar, de uno u otro modo, hipervínculos en sus documentos. Es importante tener en cuenta que los hipervínculos pueden ser utilizados para acceder directamente tanto a documentos y archivos situados en el mismo ordenador (o en otro al que se tenga acceso), como a documentos y páginas Web situadas en servidores de Internet o Intranet.

> *Información:* los hipervínculos son elementos muy utilizados en las páginas Web y en los documentos multimedia, ya que permiten acceder a otros documentos, secciones de documentos, páginas Web... con sólo hacer clic sobre ellos.

15.7.1. Insertar hipervínculos en documentos Office

Cualquier documento creado con las aplicaciones Office, excepto Access, admite la inserción de hipervínculos para *saltar* a otros documentos u objetos. El caso de Microsoft Access es especial, ya que permite insertar hipervínculos en Formularios e Informes, y, además, ofrece la posibilidad de almacenarlos en una tabla mediante un campo especial.

Existen varios modos de insertar un hipervínculo en un documento, tal y como se va a describir a continuación.

Pegar como hipervínculo

Cuando se desea insertar un hipervínculo en un documento Office, existe la posibilidad de realizar un pegado especial, *como hipervínculo*, de una parte del documento al que se quiera acceder.

A continuación va a insertar, en un nuevo documento de Word, un hipervínculo al libro Comisiones de ventas.

1. Ejecute Word y escriba, en una ventana de documento vacía, el texto que muestra la figura 15.16.

CÁLCULO DE COMISIONES

Estimados comerciales:

Si desean consultar los datos que obran en nuestro poder, que han sido utilizados para realizar el cálculo de las comisiones del primer y segundo trimestre, pulsen el botón izquierdo del ratón sobre la siguiente imagen; este enlace les llevará directamente al libro de Excel.

Figura 15.16

2. Ejecute Excel y abra el libro Comisiones de ventas.
3. Seleccione el rango B4:B7 de la hoja Cálculos; los datos de este rango constituirán el hipervínculo.
4. Seleccione Edición / Copiar.
5. Active Word, haciendo clic sobre el botón Document... en la barra de tareas de Windows, y sitúe el cursor en una nueva línea al final del documento.

6. Seleccione **Edición / Pegar como hipervínculo**. Los datos del rango seleccionado se visualizarán en el documento Word.
7. Si sitúa el ratón encima de los datos pegados, comprobará que éstos no son datos normales, sino que se trata de un hipervínculo a otro documento, cuyo nombre y ruta de acceso aparece en un cuadro emergente, tal y como muestra la figura 15.17.

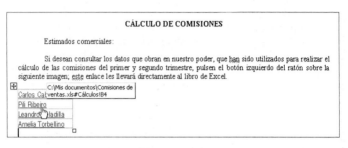

Figura 15.17

8. Haga clic sobre el hipervínculo, y comprobará que accede al libro **Comisiones de ventas**.
9. Cierre la ventana de Excel; volverá a tener activa la ventana de Word.

Insertar hipervínculos

Otro método que puede utilizarse para agregar hipervínculos, tanto si éstos son a documentos como a páginas Web o direcciones electrónicas, es el de insertar el hipervínculo en el documento.

A continuación va a crear un hipervínculo para acceder directamente al servidor del diario MARCA, cuya dirección URL es http://www.recoletos.es/marca.

1. Sitúe el cursor al final del documento.
2. Seleccione **Insertar / Hipervínculo**; aparecerá el cuadro de diálogo de la figura 15.18, en el que debe especificar las propiedades del hiperenlace.
3. Escriba, en el recuadro **Texto**, **Acceso al diario MARCA** como texto que identificará el hipervínculo.
4. Escriba la dirección URL, http://www.recoletos.es/marca, en el recuadro correspondiente (véala en la figura 15.18). Si no supiese o recordase el nombre del archivo o de la

Figura 15.18

página Web, podría buscarla mediante los botones que aparecen en el cuadro de diálogo **Insertar hipervínculo**.
5. Haga clic sobre el botón **Aceptar**; el cuadro de diálogo se cerrará y el hipervínculo aparecerá en el documento. Observe, en la figura 15.19, el texto identificador y la dirección URL del hipervínculo.

Figura 15.19

6. Si hace clic sobre el hipervínculo accederá a la página Web especificada y podrá ver su contenido tal y como muestra la figura 15.20.
7. Cierre la ventana del documento, guardando su contenido si lo desea.

Escribir una dirección URL

Las aplicaciones Office son capaces de detectar, al escribirla, una dirección URL, y automáticamente las convierte en hipervínculos. Por ejemplo, si escribe en el documento de Word la dirección www.AnayaMultimedia.es, el programa la detectará y convertirá automáticamente en un hipervínculo al sitio Web correspondiente.

Figura 15.20

15.7.2. Almacenar hipervínculos en una tabla

Access permite almacenar hipervínculos en una tabla como un dato más; éstos podrán ser utilizados para acceder directamente a documentos guardados en su ordenador o en otro al que tenga acceso, a páginas Web, etc.

Para poder almacenar hipervínculos en una tabla, deberá definir un campo del tipo Hipervínculo; de lo contrario, el dato que se introduzca en el campo no actuará como tal hipervínculo sino como un texto normal.

Los datos de un campo hipervínculo se introducen como cualquier otro; el aspecto característico de estos datos (fuente de color azul y subrayada) se lo otorgará el programa al aceptar su introducción. Observe, en la figura 15.21, una tabla que contiene un campo con hipervínculos.

Una vez almacenadas direcciones URL en un campo, bastará un solo clic sobre una de ellas para acceder al documento o página Web correspondiente.

Nota: si los hipervínculos hacen referencias a sitios o páginas Web, su dirección URL comenzará por los caracteres que

> *identifican su protocolo:* **http://**. *Por el contrario, si el hipervínculo hace referencia a documentos (archivos), su dirección debe comenzar por los caracteres* **file://**.

Película	Cliente	Teléfono	Dirección URL
1	Félix Sánchez	544 44 44	http://www.senda.es/felixs.html
1	Raquel Ávila	988 44 11	http://www.comunes.es/raquelavila.html
2	Fernando López	432 22 22	
2	Ana García	444 33 33	http://www.casona.es/anagarcia.html
3	Yoli López	787 11 22	http://www.senda.es/yolilopez.html
4	Carlos García	545 54 54	http://www.casona.es/cgarcia.html
5	Amelia Sánchez	771 11 11	
5	Cecilia Aranda	544 21 21	
5	Enrique Gallego	789 78 78	http://www.comunes.es/egallego.html
5	Pepe Genaro	111 11 11	
6	Ana García	444 33 33	http://www.casona.es/anagarcia.html
8	Mª del Prado García	777 88 66	
9	Noelia García	999 88 77	http://www.senda.es/noeliagarcia.html
10	Adoración Núñez	421 55 55	http://www.comunes.es/adonuñez.html
11	Fernando López	432 22 22	
12	Noelia García	999 88 77	http://www.senda.es/noeliagarcia.html
13	Noelia García	999 88 77	http://www.senda.es/noeliagarcia.html
13	Yoli López	787 11 22	http://www.senda.es/yolilopez.html

Figura 15.21

15.8. Creación de un sitio Web

Como ya ha comprobado en los apartados anteriores, todas las aplicaciones Office permiten publicar sus documentos en formato HTML, consiguiendo páginas Web más o menos espectaculares.

Quizá sea Word la aplicación más utilizada para publicar documentos HTML, motivo por el que, además del proceso estudiado anteriormente, ofrece la posibilidad de crear páginas Web. A continuación se indican los pasos que debe seguir para crear un sitio Web, con varias páginas, con ayuda del Asistente:

1. Ejecute Word, si no lo estuviera, y seleccione **Archivo / Nuevo**; se activará el cuadro de diálogo **Nuevo**.
2. Haga clic sobre la solapa de la ficha **Páginas Web**, para activarla.
3. Haga doble clic sobre el icono **Asistente para páginas Web**; aparecerá el cuadro de diálogo del asistente, que le muestra los pasos que va a seguir en la creación del sitio Web.
4. Haga clic sobre el botón **Siguiente**; aparecerá el cuadro de diálogo de la figura 15.22, en el que debe escribir un título para el sitio Web y la carpeta en la que se guardará.

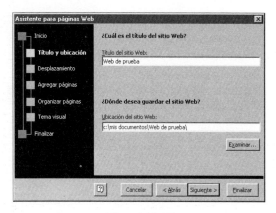

Figura 15.22

5. Escriba los datos que muestra la figura 15.22 y haga clic sobre el botón Siguiente. En el próximo cuadro debe indicar en qué zona desea que aparezcan los vínculos que le permitirán desplazarse por las páginas del sitio Web.
6. Elija la opción **Marco vertical** y haga clic sobre el botón Siguiente.

En el siguiente cuadro de diálogo debe seleccionar el tipo de páginas que van a formar el sitio Web: páginas en blanco, con marcos a la derecha o a la izquierda,... e incluso documentos ya creados. Por defecto, el programa presenta tres páginas para el sitio Web, pero este número puede modificarse. A continuación va a eliminar las páginas incluidas por el programa y a añadir dos nuevas: una página de plantilla y un documento guardado en un archivo.

7. Seleccione, una a una, las páginas del cuadro de diálogo y haga clic sobre el botón **Quitar página**.
8. Haga clic sobre el botón **Agregar página de plantilla**. Aparecerá un cuadro de diálogo con los tipos de plantillas, del que debe seleccionar **Columna a la derecha** y hacer clic sobre el botón **Aceptar**.
9. Haga clic sobre el botón **Agregar archivo existente**, active la carpeta **Mis documentos** y seleccione el archivo **Principios de ergonomía**.
10. Una vez agregadas las páginas, haga clic sobre el botón **Siguiente**. En el cuadro de diálogo que aparece puede cambiar el nombre de las páginas que ha seleccionado.

11. Cambie el nombre de la página Columna a la derecha por Página de introducción y haga clic sobre el botón Siguiente.

Ahora puede elegir un formato de los que ofrece el programa para las páginas; esto condicionará el aspecto con el que aparecerán las páginas: tipo y color de la fuente, fondo de la página, etc.

12. Haga clic sobre el botón Examinar temas; aparecerá el cuadro de diálogo de la figura 15.23 con los estilos disponibles.

Figura 15.23

13. Haga clic sobre el tema Bebida de limón y sobre el botón Aceptar.
14. Haga clic sobre el botón Siguiente; aparecerá el último cuadro de diálogo, en el que se indica el final de la creación del sitio Web.
15. Haga clic sobre el botón Finalizar. El Asistente se cerrará y aparecerá el sitio Web creado, con la primera página activa. El resultado será similar al que muestra la figura 15.24.

La figura muestra la página con el diseño elegido, Ahora sólo falta sustituir el texto de la plantilla por el que se desea publicar en Internet; para ello, bastará con seleccionar el existente y

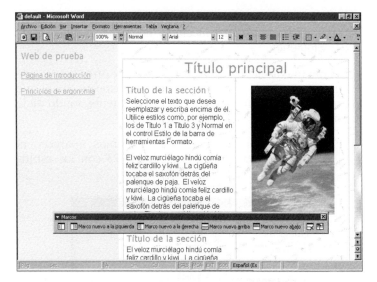

Figura 15.24

escribir el nuevo. También puede, si así lo desea, reemplazar las imágenes gráficas por otras. Para activar las otras páginas del sitio Web, puede utilizar los enlaces correspondientes del panel izquierdo.

Una vez que haya escrito el contenido de las páginas, debe guardar el sitio Web.

16. Seleccione **Archivo/Guardar**; el sitio Web se guardará en la carpeta **Web de prueba**, situada en **Mis documentos**. Esta carpeta contendrá todos los archivos, plantillas y figuras incluidas en las páginas Web que ha creado.
17. Cierre la ventana de Word.

Si desea comprobar el aspecto del sitio Web creado, comience a visualizar sus páginas cargando, en el navegador, el documento **default.htm**, guardado en la carpeta C:\Mis documentos\Web de prueba.

> *Nota: sin duda alguna, las posibilidades de Microsoft Word para crear páginas Web son muchas y magníficas. La imposibilidad de poder detallarlas en este libro me hacen sugerirle, si está interesado, la consulta de alguno de los libros publicados sobre este tema.*

16

Microsoft Outlook

16.1. Introducción

Microsoft Outlook es una aplicación que permite gestionar todo tipo de información personal: citas, notas para recordar, reuniones, mensajes electrónicos, etc. Se trata de un administrador de información que aunque puede ser utilizado por una persona de forma independiente, está diseñado para sujetos que trabajen en un grupo, con un ordenador conectado a una red local y a Internet.

Debido a la diversidad de tareas que se pueden realizar con Microsoft Outlook, este capítulo no puede ser otra cosa que una mera exposición de sus posibilidades y una primera toma de contacto con el programa, de modo que cada usuario pueda comenzar a manejarlo e investigarlo para obtener el máximo rendimiento de él.

16.2. Configurar los servicios de Outlook

La primera vez que se ejecuta Outlook, se activa un Asistente que guía todo el proceso de configuración del programa. Este Asistente se encargará de pedir todos los datos necesarios para configurar su cuenta de correo electrónico, y le ofrecerá la posibilidad de configurar el programa Symantec WinFast para enviar y recibir faxes desde el ordenador; para este último servicio es necesario disponer de un módem-fax. Al final de todo este proceso de configuración, el Asistente ofrecerá la oportunidad de activar Microsoft Outlook como programa predeterminado para correo.

En el caso de que el programa no haya configurado correctamente alguno de sus servicios, o desee agregar otros nuevos (muy frecuente es añadir nuevas cuentas de correo electrónico), tendrá que introducir la información necesaria para configurarlo. Para ello, y una vez arrancado el programa, deberá realizar los siguientes pasos:

1. Seleccionar **Herramientas / Servicios (Cuentas)**; aparecerá un cuadro de diálogo en el que se visualizarán los servicios configurados.
2. Hacer clic sobre el botón **Agregar**, para obtener un lista desplegable o un cuadro de diálogo, desde donde se podrá seleccionar el tipo de servicio que se quiera crear. Al hacerlo, se activará un Asistente que le guiará durante el proceso.

16.3. La ventana de Microsoft Outlook

Microsoft Outlook se puede ejecutar, como cualquier otra aplicación Office, mediante su opción situada en el menú **Inicio / Programas**. Además, el programa de instalación situó el icono de acceso directo 🔲 en la barra **Inicio** que está incorporada a la barra de tareas de Windows.

1. Haga clic sobre el icono de acceso directo 🔲; si no dispusiera de este icono, ejecute el programa seleccionando **Inicio / Programas / Microsoft Outlook**.

El programa se cargará en memoria y aparecerá su ventana; si ésta es la primera vez que arranca el programa, se activará el Ayudante.

2. Oculte el Ayudante, para poder visualizar la ventana de Outlook con un aspecto similar al de la figura 16.1.

Información: Microsoft Outlook es muy flexible en cuanto a su configuración; una de las opciones que el usuario puede modificar es la carpeta que desea activar al arrancar el programa; en la figura 16.1 está activa la carpeta **Bandeja de entrada**, *pero también es muy frecuente obtener la carpeta* **Outlook para hoy;** *si desea activar esta opción, actívela en las opciones de personalización de esta carpeta.*

Figura 16.1

16.3.1. Carpetas

Microsoft Outlook utiliza una serie de carpetas en las que almacena los distintos elementos; el número de carpetas depende de los servicios de mensajería disponibles en su ordenador y de la configuración personal del usuario, ya que pueden crearse, borrarse o renombrarse.

El programa ofrece iconos de acceso directo, en la barra Outlook, que permiten abrir las distintas carpetas y visualizar así sus contenidos. Estos iconos están agrupados en tres categorías: Accesos directos de Outlook, Mis accesos directos y Otros.

Por defecto, el programa muestra los iconos de acceso directo de la categoría Accesos directos de Outlook; para visualizar los agrupados en otra, bastará con hacer clic sobre el botón identificador de la categoría, situado en la parte superior o inferior de la barra Outlook. Observe, en la figura 16.2, los accesos directos predeterminados de las tres categorías.

Figura 16.2

Una vez activada una carpeta, en la ventana visualizará sus elementos; desde ese momento, podrá añadir nuevos elementos, leer los existentes, borrar los innecesarios, ordenarlos por distintos criterios, etc. Todas estas operaciones se pueden realizar utilizando las opciones de los menús o mediante los botones de las distintas barras de herramientas que el programa activará automáticamente.

Otro modo de activar las distintas carpetas consiste en seleccionarlas del menú Ver / Ir a, o de la lista que se despliega al hacer clic sobre el botón identificador de la carpeta activa. Si deseara mantener abierta esta lista, puede optar por hacer clic sobre el icono o por seleccionar Ver / Lista de carpetas.

El problema de tener abierta la lista de carpetas es que ocupa parte de la ventana de elementos, lo que reduce el área de trabajo; si decide cerrarla, hágalo haciendo clic sobre su botón Cerrar o desactivando la opción Lista de carpetas del menú Ver.

16.4. Utilización de Outlook

Como ya se ha indicado, Microsoft Outlook es un administrador de información, tanto personal como profesional. Pero claro está que, para que el programa pueda administrar información, ésta debe introducirse previamente. La información puede ser introducida por el usuario en forma de elementos: mensajes, citas, tareas, reuniones, contactos, documentos Office..., o puede llegar al ordenador a través de los distintos servicios de comunicación como faxes, mensajes electrónicos, propuestas de reuniones, etc.

Cuando el usuario introduce información, lo hace escribiendo los datos de los elementos en cuadros de diálogo, que serán característicos para cada tipo de elemento. Una vez escritos los datos en el cuadro de diálogo, éste debe cerrarse (habitualmente con el botón **Guardar y cerrar**), con lo que el elemento quedará guardado automáticamente en su carpeta. Posteriormente bastará con activar las distintas carpetas para visualizar sus elementos y poder realizar con ellos otras operaciones: leerlos, marcarlos, moverlos, copiarlos, borrarlos, etc.

El método más general para crear un nuevo elemento consiste en seleccionarlo de la lista asociada a la opción **Nuevo** del menú **Archivo** o al botón ⊡Nuevo ▾ de la barra de herramientas.

1. Haga clic sobre el botón que despliega la lista del botón ⊡Nuevo ▾, para visualizar los distintos elementos que pueden crearse, que serán los de la figura 16.3.

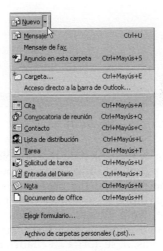

Figura 16.3

La creación de los distintos elementos se aborda en los correspondientes apartados, por lo que ahora va a cerrar esta lista sin elegir ninguna opción:

2. Haga clic sobre un punto exterior a la lista desplegada.

16.5. Outlook para hoy

Outlook para hoy es una carpeta que muestra las anotaciones hechas en el calendario para el día actual, así como un listado de tareas y otro con el número de mensajes sin leer y enviar. Observe, en la figura 16.4, el aspecto de esta carpeta.

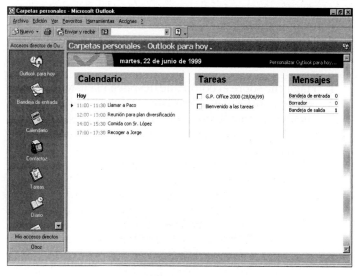

Figura 16.4

Pero la carpeta de Outlook para hoy no sólo muestra información, sino que puede ser utilizada como puerta para entrar en las distintas herramientas del programa; por ejemplo, las cabeceras de cada columna son enlaces que permiten acceder a las carpetas Calendario, Tareas y Mensajes; además, al hacer clic sobre cualquier elemento visible en la carpeta (citas, eventos, reuniones, tareas...), se abrirá su cuadro de diálogo en el que podrá visualizar y/o modificar sus datos.

> *Información:* muchos usuarios activan la carpeta **Outlook para hoy** para que aparezca automáticamente al arrancar Outlook; para ello hay que hacer clic sobre el enlace **Personalizar Outlook para hoy**, existente en su ventana, y activar la opción correspondiente.

16.6. Correo electrónico

Una de las principales utilidades de Outlook es la administración de todo el correo que pueda enviar y recibir desde su ordenador. El programa utiliza tres carpetas diferentes para administrar el correo: Bandeja de entrada, Bandeja de salida, Bandeja de elementos enviados.

16.6.1. Bandeja de entrada

La bandeja de entrada contiene todos los mensajes recibidos. Éstos, como los elementos de cualquier otra carpeta, pueden ordenarse por cualquier criterio con sólo hacer clic sobre el botón cabecera de la columna correspondiente al criterio. Por ejemplo, para ordenarlos por su fecha de entrada, debería hacer clic sobre el botón de la columna Recibido.

Si la opción Panel de vista previa del menú Ver está activa, podrá leer las primeras líneas del mensaje activo. Para poderlo leer de forma completa, puede utilizar la barra de desplazamiento o abrirlo haciendo doble clic sobre él; en este último caso, el mensaje aparecerá en una nueva ventana que, una vez leído el mensaje, podrá ser cerrada como cualquier otra. Observe en la figura 16.5, el aspecto de esta carpeta con un mensaje abierto.

Las opciones que permiten realizar las operaciones más habituales con los mensajes se encuentran en el menú Edición; con ellas podrá marcar los mensajes como leídos, borrarlos, copiarlos, moverlos a otras carpetas, etc.

Aunque el programa dispone de una planificación para leer los mensajes del servidor de forma automática, también puede utilizar el botón [Enviar y recibir] para buscar nuevo correo en los distintos servicios de información que tenga configurados.

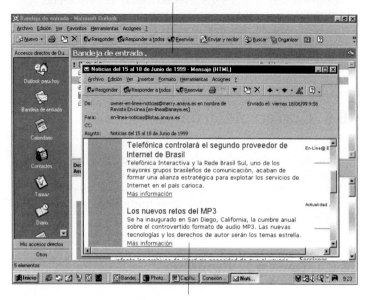

Figura 16.5

16.6.2. Bandeja de salida

La creación de nuevos mensajes se hace en la ventana **Mensaje**, que se activa al seleccionar **Acciones / Nuevo mensaje**. Esta ventana (véase figura 16.6) tiene el aspecto y las opciones habituales de los programas de mensajería.

Una vez escrito el mensaje, debe hacer clic sobre el botón **Enviar** de su ventana; si en ese momento está conectado a Internet, el mensaje se enviará automáticamente; en caso contrario, el mensaje quedará almacenado en la **Bandeja de salida**, esperando a que Outlook realice una conexión para leer nuevo correo (por ejemplo mediante el botón Enviar y recibir), momento en el que serán enviados automáticamente todos los mensajes situados en esta carpeta.

16.6.3. Bandeja Elementos enviados

La otra bandeja de correo almacena los elementos (mensajes o fax) enviados mediante algún servicio de correo; estos

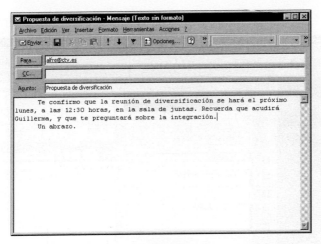

Figura 16.6

elementos podrán leerse, volverse a enviar al mismo o a distinto destinatario, etc.

> *Información:* la carpeta **Elementos eliminados** guarda todos aquellos elementos borrados de sus correspondientes carpetas. La misión de esta carpeta es análoga a la de la **Papelera de reciclaje**, ya que permite recuperar elementos eliminados.

16.7. Calendario

En la carpeta **Calendario** se almacena y administra toda la información personal en forma de citas, tareas, eventos, reuniones, etc. El aspecto de esta carpeta puede ser muy diferente, dependiendo de la vista que esté activa: **Día**, **Semana** o **Mes**. En la figura 16.7 se muestra la carpeta **Calendario** con la vista **Día** activa.

Como puede comprobar, la plantilla diaria está dividida en franjas horarias con un periodo de 30 minutos; en ella se visualizarán las citas, reuniones y notas que se hayan introducido.

Las dos plantillas mensuales, correspondientes a los meses actual y siguiente, permiten acceder directamente a la plantilla de un día determinado con sólo hacer clic sobre él.

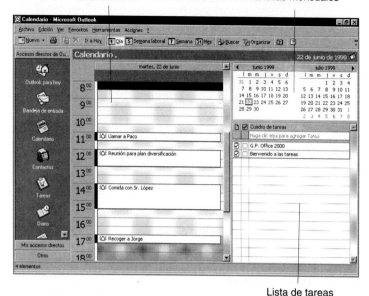

Figura 16.7

16.7.1. Añadir citas

El modo más rápido para añadir una cita consiste en hacer clic sobre la franja horaria, en la plantilla del día correspondiente, y escribir el texto con el que desee identificarla. Por ejemplo, si desea escribir una cita con el dentista a las 17:30 horas del día siguiente al actual, debería realizar los siguientes pasos:

1. Haga clic sobre el día, en la plantilla mensual, para activarlo.
2. Haga clic sobre la franja correspondiente a las 17:30; en caso de que no estuviera visible, debería utilizar las barras de desplazamiento.
3. Escribir el texto de la cita y pulsar <Intro>; la cita quedará introducida y aparecerá el símbolo de aviso sonoro.

16.7.2. Modificar, mover y eliminar citas

Si desea modificar cualquier característica de una cita (texto, fecha y/u hora...), lo mejor es abrir su cuadro de diálogo haciendo doble clic sobre ella. El cuadro de diálogo de una cita (véase figura 16.8) permite modificar todas sus características.

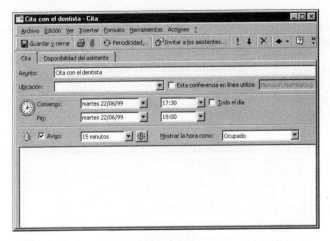

Figura 16.8

> **Nota:** *puede mover una cita a otra hora, arrastrándola por su cuadro de selección (cuadro azul situado a la izquierda del texto de la cita); si arrastrase la cita a otro día de las plantillas mensuales, ésta quedaría situada a la misma hora que tuviera.*

16.7.3. Agregar un evento

Un evento es un acontecimiento, que suele durar todo un día, y que no puede olvidarse en una fecha determinada: un cumpleaños, un aniversario, etc. Como los eventos afectan a todo el día (no tiene una hora fija), el programa los muestra en la parte superior de la plantilla del día.

El modo más rápido de agregar un evento consiste, una vez activada la plantilla del día correspondiente, en hacer doble clic sobre la franja gris situada en la parte superior; aparecerá el cuadro de diálogo correspondiente, en el que deberá introducir el texto y las características del evento.

> **Nota:** *si desea modificar o eliminar un evento, lo más sencillo es hacer doble clic sobre él, para abrir su cuadro de diálogo y realizar en él las modificaciones.*

16.8. Tareas

Aunque las tareas pueden visualizarse y modificarse en varias carpetas distintas, sólo están guardadas en la carpeta Tareas.

Como siempre, un modo de agregarlas consiste en utilizar el botón Nuevo elemento o la opción Nuevo del menú Archivo; en ambos casos se activará el cuadro de diálogo correspondiente (véase figura 16.9), en el que podrá especificar todas sus características.

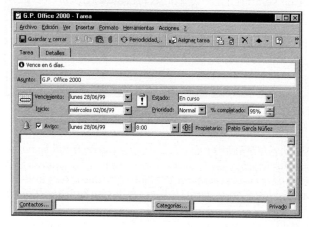

Figura 16.9

Una vez introducidos los datos de la tarea, deberá hacer clic sobre el botón Guardar y cerrar, para que el cuadro de diálogo desaparezca y la tarea quede almacenada en la carpeta correspondiente.

Para modificar una tarea, lo más sencillo es hacerlo en el cuadro de diálogo que se activa al hacer doble clic sobre su icono representativo, visible en el listado de la carpeta Tareas o en la zona de tareas de la carpeta Calendario.

16.9. Contactos

La carpeta Contactos permite administrar todos los datos personales y profesionales de todas aquellas personas, o empresas, con los que habitualmente tiene trato personal o profesional.

Los datos que pueden introducirse de cada persona o empresa son muy variados: nombre completo, cargo dentro de la empresa, dirección personal y de la empresa, diversos números telefónicos (personal, oficina, móvil, fax…), dirección de correo electrónico, etc. Todos estos datos se introducen en el cuadro de diálogo que se activa al crear un nuevo contacto.

La carpeta Contactos, cuyo aspecto se visualiza en la figura 16.10, permite acceder a los datos de cualquier persona o empresa haciendo doble clic sobre su elemento, situado en la lista; utilice las solapas del lateral derecho para localizar rápidamente un elemento.

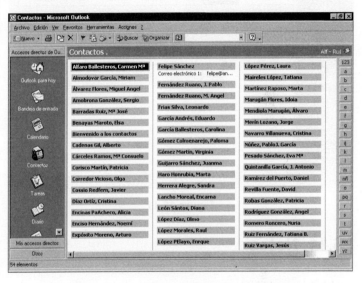

Figura 16.10

16.10. Diario

La carpeta Diario permite llevar un control de todas las actividades realizadas, así como de todos los documentos creados y modificados con las aplicaciones Office. El diario tiene distintas opciones de presentación, por lo que su aspecto puede variar sustancialmente; se puede visualizar, gracias a los botones de la barra de herramientas, el diario de un solo día, el de una semana o el de un mes; además, las actividades se muestran por grupos, que se pueden abrir o cerrar según interese mediante sus botones.

Observe, en la figura 16.11, el aspecto del Diario con presentación **Semana** activa, y con todos los grupos cerrados excepto los correspondientes a las llamadas telefónicas y a los documentos creados con Word.

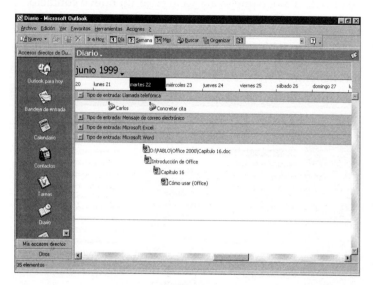

Figura 16.11

16.11. Notas

En la carpeta **Notas** se encuentran todos aquellos mensajes que hayamos escrito para recordar detalles sobre un tema determinado. La figura 16.12 muestra el aspecto de una nota de ejemplo.

Recuerde que puede agregar un nuevo elemento, en este caso una nota, sin necesidad de activar su carpeta; para ello debe seleccionar **Archivo / Nuevo / Nota**, o la opción **Nota** de la lista del botón **Nuevo elemento**. Sin embargo, para editar una nota sí es necesario activar la carpeta y hacer doble clic sobre ella.

Para eliminar una nota, como cualquier otro elemento, puede seleccionarla y pulsar <**Supr**>.

Figura 16.12

16.12. Explorar el PC

Microsoft Outlook también permite copiar archivos, crear carpetas... de modo parecido a como lo haría con el Explorador de Windows. Para ello, y dentro de la categoría Otros, el programa ha incluido inicialmente los iconos de acceso directo a las carpetas Mi PC, Mis documentos y Favoritos, que permiten activarlas y visualizar sus contenidos. Observe, en la figura 16.13, cómo muestra el programa el contenido de la carpeta Mis documentos.

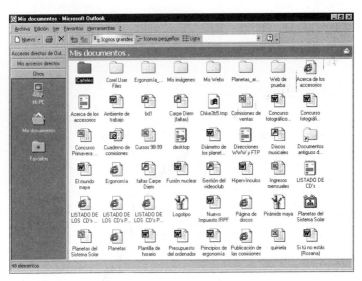

Figura 16.13

Una vez que visualice el contenido de cualquier carpeta (carpetas y archivos grabados en ella), podrá realizar las habituales operaciones de copiar, mover, crear, borrar, renombrar, imprimir…

Si quisiera activar otra carpeta sin icono de acceso directo, lo mejor es seleccionarla de la lista de carpetas que está disponible cuando se está examinando el PC. Pero si lo desea, puede agregar nuevos accesos directos mediante la opción **Acceso directo a la barra de Outlook** del menú contextual de dicha barra.

16.13. Cerrar Outlook

Cada vez que crea un elemento, éste queda guardado en la carpeta correspondiente, por lo que puede cerrar en cualquier momento Outlook sin peligro de perder los elementos creados o modificados. Para ello seleccione **Archivo / Salir**.

Índice alfabético

A

Abrir
    documentos Office en Internet, 307
    un cuaderno, 304
un documento Office, 29
un documento Word, 57
un formulario, 231
un informe, 240
un libro de Excel, 121
una base de datos, 195
una consulta, 218
una presentación, 275
una tabla, 187
Agregar o eliminar componentes de Office, 24
Alinear,
    el contenido de las celdas, 154
párrafos, 74
Altura de filas, 153
Ancho de columna, 153
Área de trabajo, 36
Arrancar una aplicación Office, 26, 41, 105, 174, 259
Atributos de la fuente, 71
Autocorreciones, 48
Autoformato, 161
Ayuda, 37
Ayudante de Office, 38

B

Barra de acceso directo a Office, 27
Barras,
    de desplazamiento, 36
    de estado, 36
    de fórmulas, 106
de herramientas, 34
Bases de datos, 173
Bordes, 81, 159

Borrar,
 el contenido de una celda, 119
un bloque de texto, 67
un rango, 130
Búsqueda de texto, 83, 201

C

Calendario, 339
Campos,
crear, 181-183
definición de, 179
tipos de, 180
Celdas relativas y absolutas, 135
Cerrar,
 un documento Word, 56
 un formulario, 231
un informe, 235
un libro, 120
una aplicación Office, 40
una base de datos, 193
una consulta, 209
una presentación, 273
una tabla, 187
Citas, 340
Consultas,
añadir los campos, 210
comodines en, 214
concepto, 204
condiciones de las, 211, 216
operadores, 214
ordenar el resultado de, 212
Contactos, 342
Controles, trabajar con, 225-230
Copiar,
 bloques de texto, 65
 fórmulas en un rango, 133
 rangos, 127
Corrector ortográfico,
en Access, 193
en Excel, 120
en Word, 44
Correo electrónico con Outlook, 337-339
Crear,
 bases de datos, 174
 campos de una tabla, 179-183
 consultas con el Asistente, 205
 consultas en su ventana de diseño, 209
 cuadernos, 300
 diapositivas, 262-270, 286
 documentos a partir de una plantilla, 60
 documentos con Word, 42, 58
 documentos de Office, 28
 formularios mediante el Asistente, 220

. informes automáticos, 232
informes con ayuda del Asistente, 235
tablas, 178, 184
Cuadernos, 299

D

Deshacer acciones, 68, 131, 192
Desplazar el cursor por,
    un documento de Word, 48-50
    un libro de Excel, 108
    una tabla, 190
Destacar texto, 72
Diario, 343
Dibujo, herramientas de, 257
Diseñar tablas, 176
Distribuir texto alrededor de un objeto, 257
Documentos Office, extensiones e iconos, 30

E

Editar,
    datos en un libro, 118
    datos en una tabla, 191
    funciones, 144
Eliminar,
    diapositivas, 277
filas o columnas, 131
registros, 192
Encabezados y pies de página, 96
Enviar documentos por correo o fax, 309
Espaciado, 79
Estilos, 73
Eventos, 341

F

Filtros, 203
Formatos numéricos, 156
Formularios, 219
Fórmulas, prioridad en las, 115
Fuente, cambiar en
    Excel, 151
    Word, 69
Funciones,
    Ayudante para, 142
    descripción de algunas, 144-149
    escribir, 140
    introducción de, 139
    paleta de, 140
    sintaxis de las, 139

G

Galería de imágenes, 242
Gráficos,
    borrar, 166

cambiar el tipo de los, 169
  copiar, 166
  crear, 163
  modificar el tamaño de, 166
  mover, 166
Guardar,
  documentos Office en Internet, 308
un cuaderno, 304
un documento Word, 55, 58
un formulario, 231
  un informe, 235
  un libro de Excel, 120
  una consulta, 213
  una presentación, 273
una tabla, 183

H

Hipervínculos,
  almacenar en una tabla, 326
  escribir en un documento, 325
  insertar en documentos, 323

I

Imprimir,
  el resultado de una consulta, 218
  los datos de un libro, 170
  los datos de una tabla, 199
  parte de un documento Word, 102
un cuaderno, 303
  un documento Word, 100
  un informe, 240
  una presentación, 277
Incrustar, 297
Informes, 231
Insertar,
fechas y horas, 91
filas o columnas, 132
objetos, 93, 241
textos prefijados, 91
Instalación de Microsoft Office, 21
Interlineado, 79
Internet e Intranet, 305
Introducción de,
  datos en una tabla, 185
fechas y horas en un libro, 116
fórmulas en un libro, 113
números en un libro, 112
registros en una tabla, 188
rótulos en un libro, 110

L

Libro, ventana de, 107
Llenar un rango, 137

M

Márgenes de página, cambiar, 94, 172
Menú contextual o menú rápido, 33
Menús,
    convenciones de los, 33
    utilización de los, 32
Microsoft Editor de ecuaciones, 247
Microsoft Graph 2000, 254
Microsoft Note-It, 249
Microsoft Organization Chart, 250
Microsoft WordArt, 244
Mover,
    un bloque de texto, 66
    rangos, 129

N

Nombrar,
un rango, 125
una hoja, 162
Notas, 344
Numeración de páginas, 92

O

Ordenar,
    Diapositivas, 276
    el resultado de una consulta, 212
    las secciones de un cuaderno, 303
los registros de una tabla, 196
Outlook para hoy, 336

P

Párrafos,
    alineación de, 74
    espaciado, 79
    interlineado, 79
    sangrías de, 76
Portapapeles de Office, 36
Publicar, en Internet, información de,
    base de datos en páginas dinámicas, 319
    base de datos en páginas estáticas, 318
libros de Excel, 313
presentación de PowerPoint, 315
Word, 311
Publicar un sitio Web, 327

R

Realizar una presentación, 279-281
Reemplazar texto, 85
Rehacer acciones, 68, 131

S

Salir de,
    Access, 194

Excel, 122
Microsoft Cuaderno, 304
Outlook, 346
PowerPoint, 274
Word, 62
Salto de página, 98
Sangrías,
activar, 76
aumentar o disminuir, 78
modificar mediante la regla, 78
Secciones, añadir a un cuaderno, 300
Seleccionar,
un bloque de texto, 63
rangos de celdas, 123
Sombrear un párrafo, 81

T

Tabulaciones,
modificar mediante el cuadro de diálogo, 90
modificar mediante la regla, 87
utilización de las, 86
Tamaño de página, cambiar el, 95, 172, 201, 279
Tareas, 342
Tipo de letra, cambiar, 69, 151
Trabajar con varios documentos, 59, 289-293
Transferencia de información entre documentos, 294-296
Transiciones e intervalos en una presentación, 281

V

Ventana de,
Access, 176
Excel, 105
Microsoft Cuaderno, 300
Outlook, 332
PowerPoint, 261
Word, 42
Ventana de diseño de,
un formulario, 223
un informe, 233
una consulta, 207
una tabla, 184
Vincular, 297
Viñetas, 79
Vista preliminar, 99, 171, 199
Vistas de un documento Word, 51-53
Visualización a pantalla completa, 54, 121
Visualización de diapositivas, 271

Z

Zoom, 51, 122